编委会

第 **8** 卷

"一带一路"法律研究

Legal Research on the "Belt and Road"

主　编　刘晓红
执行主编　张继红

中国政法大学出版社

2023·北京

图书在版编目（ＣＩＰ）数据

"一带一路"法律研究.第 8 卷/刘晓红主编.—北京：中国政法大学出版社，2023.12

ISBN 978-7-5764-1332-8

Ⅰ．①一… Ⅱ．①刘… Ⅲ．①法律－研究－世界 Ⅳ．①D910.4

中国国家版本馆 CIP 数据核字(2023)第 257077 号

出 版 者	中国政法大学出版社
地　　址	北京市海淀区西土城路 25 号
邮寄地址	北京 100088 信箱 8034 分箱　邮编 100088
网　　址	http://www.cuplpress.com (网络实名：中国政法大学出版社)
电　　话	010-58908285(总编室) 58908433 （编辑部） 58908334(邮购部)
承　　印	固安华明印业有限公司
开　　本	650mm×960mm　1/16
印　　张	19.5
字　　数	283 千字
版　　次	2023 年 12 月第 1 版
印　　次	2023 年 12 月第 1 次印刷
定　　价	99.00 元

CONTENTS

目　录

全球安全治理

争端解决机制

粤港澳大湾区法治

热点聚焦

域外法治

研究综述

Contents

Global Security Governance

Dispute Settlement Mechanisms

Rule of law in Guangdong-Hong Kong-Macao Greater Bay Area

 Spotlights

Extraterritorial Rule of Law

Research Review

全球安全治理

"海上丝绸之路"倡议下智能船舶事故数据安全难题与治理研究[*]

张丽英[**]　苗文卿[***]

摘　要：智能船舶的出现为"海上丝绸之路"共建国海洋科技合作提供了新的动力。智能船舶以算法和数据为运行基础,"海上丝绸之路"共建国处理智能船舶航行事故时将依次面对数据处理所依赖的算法是否可解释、如何调取事故数据、如何进行事故数据多主体共享以及如何推进国际共治四大难题,所指向的是算法解释权规制、数据存储与数据主权平衡、数据开放与数据主体权益平衡、国际规则协调四大法律挑战。"海上丝绸之路"各国应当依托既存的倡议合作平台,合作开展符合技术发展现实、数据安全现实和航运现实的敏捷治理,设置限制性算法解释权、推广虚拟测试数据集等低强度监管;进行强制性算法评估和备案、强制性事故后数据共享等高强度监管。

关键词：海上丝绸之路;智能船舶;数据安全;敏捷治理

作为发展国际海运经济的重要平台,"21 世纪海上丝绸之路"倡议(以下简称"海上丝路")应当适应智能时代对海洋科技的要求,逐步加强信息化、数字化、智能化等方面的海洋合作。智能船舶的出现与应用将为"海上丝路"提供更多的科技合作机遇;同时,这一智能化产物也将为"海上丝路"航运安全带来新的挑战。在法

---

　*　基金项目：2018 年国家社科专项课题项目"'一带一路'国际合作框架机制设计"(项目编号：18VSJ050)。

　**　中国政法大学教授。研究方向：海商法、数字贸易规则。

　***　中国政法大学 2022 级博士研究生。研究方向：海商法、数字贸易规则。

律规制方面，有关智能船舶、无人船的研究议题包括法律地位〔1〕、船舶监管〔2〕、船舶碰撞〔3〕、海难救助〔4〕等，大多是关于智能船舶对现行海上航行规则的适应性探讨。实际上，传统船舶与无人驾驶船舶之间的智能化鸿沟不仅存在于从人工操作转向智能控制方面，更存在于人工智能的"算法黑箱"、自主性数据收集、存储、处理、共享等对人类中心主义的冲击。从"海上丝路"的角度出发，各共建国的数据安全、数据保护、数据共享等制度水平参差不齐，影响各国共同发展和应用智能船舶。故而，智能船舶的法律适应性研究，不仅涉及传统的海商法维度，还应当关注新兴的数据安全维度。但是，目前在智能船舶数据治理方面的研究较为鲜见，智能船舶航行的数据安全挑战尚未得到充分关注。

智能船舶在各领域的应用都可能会使"海上丝路"的船方产生航行安全顾虑，因此在智能船舶开航前应当预先规范智能船舶航运安全问题。例如，当发生有涉智能船舶的碰撞事故时，是远程控制人的操作过错还是自动驾驶过错？是人工智能算法设计过错还是智能驾驶系统经过深度学习而作出的自动化决策过错？"海上丝路"各国如何裁判此类事故？为了在事故归责中回答这些问题，必然要对已经存储的数据进行提取、解释和共享，具体包括存储数据、从云端获取自动驾驶数据并根据数据分析智能船舶行为且必要时在事故主体和司法主体及政府部门之间共享数据。因此，在智能船舶时代，分析航运安全事故必须先行解决的问题是"算法黑箱"是否会影响数据存储、存储的数据如何调取、调取自动驾驶数据是否会对个人信息保护造成危害以及"海上丝路"各国对此是否规制统一等。换

---

〔1〕 See Jan Rodseth, Hans-Christoph Burmeister, "Developments toward the Unmanned Ship", available at http://www.unmanned-ship.org/munin/wp-content/uploads/2012/08/Rødseth-Burmeister-2012-Developments-toward-the-unmanned-ship.pdf, last visited on Mar. 10, 2023.

〔2〕 参见曾青山、王永坚：《智能船舶对海事监管的影响和对策研究》，载《中国海事》2018年第9期。

〔3〕 参见王国华、孙誉清：《无人船碰撞相关的责任》，载《上海海事大学学报》2019年第2期。

〔4〕 参见郭萍、徐房茹：《古老与未来的碰撞：无人船在海难救助中的法律问题》，载《中山大学法律评论》2021年第2期。

言之，自动驾驶数据的规制模式与规制边界问题是分配智能船舶航运安全责任的前置问题。在此背景下，将智能船舶作为海商法与数据安全法的交叉节点，从数据安全的视角分析"海上丝路"的智能航运安全难题，具体剖析智能船舶在"算法黑箱"、数据调取、数据共享、国际规制统一等方面对"海上丝路"航运安全的冲击与疏解，为"海上丝路"各国共同发展智能船舶提供规制建议。

一、问题的提出："海上丝路"倡议下的智能船舶事故数据安全难题

作为"海上丝路"的倡导国，我国在智能船舶研发与应用方面处于领先地位。放眼全球，多国已经开始将智能船舶用于测量、勘探、军事等场景，挪威、日本、中国等已经有商用智能货船完成试航，智能船舶应用指日可待。

（一）从技术角度看智能船舶对数据的依赖

所谓智能船舶，是指利用传感器、通信、物联网、互联网等技术手段，自动感知和获得船舶自身、海洋环境、物流、港口等方面的信息和数据，并基于计算机技术、自动控制技术以及大数据处理和分析技术，在船舶航行、管理、维护保养、货物运输等方面实现智能化运行的船舶。[5]目前，国际上及我国船级社所认可的智能船舶也被称为"海上水面自主船舶"或"无人船"，国际海事组织（IMO）将其定义为能够在没有任何船员的情况下，在水面上进行可控制的移动的船。[6]换言之，智能船舶将依赖自身内置的自动驾驶系统自主完成航行、避碰、停泊等，属于人工智能设备。

智能船舶的人工智能属性决定了数据对其运行的根本性意义。技术上，无人船是通过借助无人驾驶系统（或称"自动驾驶系统"）航行的船舶。无人驾驶系统是通过利用已置入的算法对传感

---

〔5〕 参见《智能船舶规范》（2023）1.1.3。

〔6〕 See CMI, "Unmanned Ships are Those Which are Capable of Controlled Movement on the Water in the Absence of any Onboard Crew", available at https://comitemaritime.org/wp-content/uploads/2018/05/CMI-QUESTIONNAIRE-ON-UNMANNED-SHIPS.pdf, last visited on Mar. 10, 2023.

器等收集到的数据、信息进行分析和处理，实现自动行驶、避碰等的一个复杂系统。这一系统主要包含三个部分：算法端、云端和用户端。其中，算法端是指完成传感、感知、识别和决策等关键步骤的算法部分。基于算法，自动驾驶系统识别和决策的过程包括基于规则和基于学习两大类，其中基于规则的决策是指将行驶规则、知识、经验、法规等建立行为规则库，按照规则逻辑来确定不同行驶状态下的行为；基于学习的决策是通过对环境样本进行自主深度学习，将环境信息与根据数据建立的行为规则库进行行为匹配，继而输出决策。[7]在上述两类"感知—识别—决策—避碰"过程中，无人船作出判断所依赖的是通过算法分析经验数据或者实时收集的数据。

从智能船舶发展要求方面来看，智能船舶发展监管的重心是数据合规。目前，船级社、国际组织等已经发布了一些为无人船的建造和出海标准提供指导性建议的规范性文件，如英国劳氏船级社于2017年发布了《海上无人驾驶系统规范》，中国船级社发布了《智能船舶规范2020》《船用软件安全及可靠性评估指南》《船舶网络系统要求及安全评估指南》《智能船舶发展行动计划》《智能航运发展指导意见》等，其中对智能船舶远程控制人员的专业要求包括数据管理与应用、网络安全与信息安全等，可见智能船舶的运作核心已经从传统的航海、仪器及轮机实操等转变为数据和网络管理。

从数据类型来看，在智能船舶逐步走向商业化的过程中，智能船舶航行中所涉及的数据越来越多样化，既包括环境数据、地图数据、他船数据等非个人数据；也包括船方数据、货方数据、旅客数据等个人数据；还会涉及船舶航行到特定海域、港口中收集的地理信息或者港口流量等反映经济运行情况的重要数据。

在船舶碰撞视阈下，类似于检验传统船舶驾驶行为、船舶管理行为、船舶适航状态，剖析智能船舶驾驶过错同样需要审视自动驾驶系统算法所设计的驾驶行为、管理行为、事故数据收集和使用状

---

〔7〕　参见刘少山等：《第一本无人驾驶技术书》，电子工业出版社2017年版，第7~13页。

态等。智能船舶发生碰撞事故或者其他航运安全问题应归责于算力支持、算法逻辑和数据处理等存在过错。因此，除了审视智能船舶对现行船舶碰撞规则的适应性之外，智能船舶航行安全规制问题还应当从数据安全法律所规定的数据处理活动的角度寻求答案。

（二）共建国现行数据制度与智能船舶的适应性不足

现行数据安全与数据保护有关规制较为严格，且国家间差异明显，保证自动驾驶系统在各环节的数据处理安全并非易事。在数据安全法律语境下，所谓数据处理安全是指围绕算法处理活动的收集、存储、使用、加工、传输、提供、公开等环节的安全。[8]为了聚焦智能船舶航运安全中对数据安全的需求，本文主要关注智能船舶事故数据存储、提供和公开环节的安全。这些环节或面临以下事实困难和法律挑战：

第一，算法解释问题。算法是自动驾驶系统使用数据的基本前提。算法与智能船舶最终输出的决策之间是静态基础与动态结果的关系，而非直接因果关系，无法通过算法的外部表征解释内部的自动化决策过程；[9]而"算法黑箱"的存在进一步降低了算法的透明度，可能出现隐匿痕迹的现象。因此，对于船方主体而言，即使获取了静态的算法，也可能无法解释动态的船舶航行过程，导致他们对船舶管理与运行的控制权有所减弱。故而，应当赋予他们要求系统设计商对算法运行和结果输出作出解释的请求权。而目前，算法解释权相关制度设计并不充分。

第二，数据存储问题，这方面可能导致在事故面前有关各方难以拿到准确且可公开的数据集以供剖析。自动驾驶系统数据存储往往采用云存储的方式，由此将引发事故数据云存储对数据主权的冲击：一方面，数据云存储本身就代表着服务器所在地与数据控制者（系统设计商）所在地之间的分离，受限于两地的数据存储规则；另一方面，数据控制者（系统设计商）与船体本身的分离性进一步加

---

[8] 参见戴龙主编：《数字贸易法通论》，中国政法大学出版社2022年版，第169页。

[9] See Ajay Agrawal, et al., *Prediction Machines: The Simple Economics of Artificial Intelligence*, Harvard Business Review Press, 2018, p. 105.

剧了数据主权方面的矛盾。

第三，数据持续保护问题。为了解决事故问题以及方便交通部门进行长效监管，可能需要在各主体之间共享数据。而算法和数据在自动驾驶系统中扮演着核心角色，一般不为系统设计商所披露，遑论将数据在各主体之间公开。由此将引发数据安全与个人信息保护之间的矛盾，如果系统设计商披露了算法数据，在披露边界不确定的情况下又容易导致用户数据泄露，落入数据安全与个人信息保护的交叠困境之中；而如果不进行数据共享，则可能对交通部门的监管带来阻碍。

第四，船舶的国际航行性质表明，智能船舶可能收集多国数据，且可能在任何海域或者港口发生事故。目前，"海上丝路"覆盖范围广泛，同时包括了意大利、新加坡等数据保护水平较高的国家以及菲律宾、缅甸、越南等数据保护水平较低的国家，数据安全水平差异明显，各国间如何协同处理智能船舶事故数据安全、数据跨境流动问题是智能船舶事故数据安全面临的一大难题。

因此，智能船舶的航运安全问题将转换为算法解释权规制、数据存储与主权、数据开放与个人信息保护的平衡、共建国规则协调四大法律挑战。

二、"海上丝路"共建国的智能船舶事故数据安全挑战

综合技术、监管和航运现实来看，数据处理的行为将在数据控制者（系统设计商）、船方主体和监管者（船方主体所在国）之间形成基于数据的对立关系，各方在算法解释、数据存储、数据共享、数据保护的全过程内都可能对航行安全和数据安全产生忧虑。

（一）算法解释权制度设计不足

智能船舶所内置的自动驾驶系统处理数据时以算法为基础，故而智能船舶数据安全问题所面对的首个挑战即为算法公信力问题。从航运安全的角度来说，船方主体对智能船舶的把控程度因算法技术难题而锐减。为了从权利义务视角下应对这种风险，船方主体应当被赋予算法解释权，以法定权利对抗"算法黑箱"和自动化决策

的不确定性，即在调取数据之后，船方主体需要数据控制者作出解释并使其信赖有关解释。

所谓算法解释权，是权利人请求人工智能运营者对算法及其自动化决策的过程作出解释的权利。[10]为了实现算法解释权，系统设计商应当承担一定程度的算法披露义务和算法解释义务。对于船东而言，算法解释权的实现方式主要有两种：根据算法，对智能船舶作出决策的行为进行通俗化解释；或通过比较说明，对比解释算法所对应的决策行为与船员的决策行为之间的差异。当发生智能船舶航行安全事故时，船方主体可依据算法解释权请求自动驾驶系统设计商具体解释智能船舶为什么会作出这种决策、为什么没有其他输出、哪些参数对决策影响最大等[11]对于智能船舶作出决策有重大影响的问题。

目前，已经有一些规范提及算法解释权，如《中华人民共和国个人信息保护法》、《中华人民共和国民法典》及欧盟《通用数据保护条例》（以下简称 GDPR）等，个人数据主体有权要求获得自动化决策的说明，或者明示、解释处理行为等。[12]英国《人工智能决策说明指南》（Explaining Decisions Made with AI）还对如何解释人工智能作了指引。[13]但是，从已有规范来看，算法解释权在制度设计方面存在诸多不足，导致在智能船舶事故算法和数据解释问题上，算法解释权的适用性、内容和问责等都存在挑战。具体而言：

第一，现有规范无法适用于智能船舶所属的调度决策类算法。现行法规范的大多是在"个人信息处理者利用个人信息"情形下的

---

〔10〕 参见刘云：《论可解释的人工智能之制度构建》，载《江汉论坛》2020 年第 12 期。

〔11〕 美国国防高级研究计划局的一项研究列举了需要解释的七项主要问题（含上述三个问题）。See David Gunning, Explainable Artificial Intelligence, DARPA 2017.

〔12〕《中华人民共和国个人信息保护法》第 24 条第 3 款规定："通过自动化决策方式作出对个人权益有重大影响的决定，个人有权要求个人信息处理者予以说明，并有权拒绝个人信息处理者仅通过自动化决策的方式作出决定。"《中华人民共和国民法典》第 1035 条规定处理个人信息的应当"明示处理信息的目的、方式和范围"。GDPR 序言第 71 段规定："在任何情况下，数据主体有权获得对于自动化决策的解释。"

〔13〕 See ICO, "Explaining Decisions Made with AI", available at https://ico. org. uk/for-organisations/guide-to-data-protection/key-dp-themes/explaining-decisions-made-with-ai/, last visited on Mar. 10, 2023.

算法解释权，一般是指推荐算法，而对类似于智能船舶的人工智能产品类的算法解释权缺乏规范。在船舶碰撞事故中，事故所涉主体复杂，且大多不是数据主体，而是与船舶有关的利益主体或司法主体，如船方主体、货方主体、第三方主体以及法院和仲裁机构等，这些主体是否均可请求或者要求算法解释并无明确规范。

第二，即使是将算法解释权扩充至调度决策类算法，规范内容界定并不清楚，将加大行权的困难。在权利角度，算法解释权的行权范围都没有明确界定，如适格主体、权利内容等都不够明确。在义务角度，一是解释的范围并不明确，可能导致算法平台和解释权利人之间在商业秘密保护和算法解释权保护方面失衡。权利主体或者司法主体可能要求系统设计商能够在事故发生时提供充分且全面的解释，系统设计商的解释义务可能远超算法设计本身。二是没有规定关于"算法黑箱"等抗辩，自动驾驶系统本身存在"算法黑箱"，算法内部的连接及其所形成的算法神经网络错综复杂，无法打开而又无法通过外部观察来确定其运行状态。[14]因此，智能船舶内部运作方式和程序输出过程不透明可能导致系统设计商也无从得知或者难以解释智能船舶的算法逻辑。系统设计商能否因"算法黑箱"进行抗辩仍有待规范。

第三，算法解释权的问责与责任承担的问题不清。在事后救济方面，船舶碰撞之诉和算法解释权之诉的关系不明，是在船舶碰撞之诉中前置性地解决算法解释权之诉，亦或是在船舶责任人承担责任后再向系统设计商提出追责，还是将两者作为合并之诉并不明确。同时，因为自动化决策和"算法黑箱"的存在，智能船舶的自动驾驶行为、过失和因果关系并不能从算法中找到确切依据，在举证责任方面将面临较大的困难。

因此，虽然算法解释权规制已经成为一种国际趋势，但是算法解释权制度设计不足将导致"算法黑箱"和自动化决策的负面效应无法通过赋予船方主体等权利人以解释权来移除，继而导致事故数

---

〔14〕 参见［英］W. R. 艾什比：《控制论导论》，张理京译，科学出版社1965年版，第53页。

据难以理解、无法获取或者不可用。

（二）数据主权制度限制智能驾驶系统数据云存储

在算法主导智能船舶运作之余，作为涉数据量特别巨大的移动系统，智能船舶航行中需要借助云平台进行数据的云存储，保证发生事故时能够灵活、及时、可靠地存储和访问数据。而云端、云存储的核心特点是服务器位置与设备本身分离，因此可能会出现云存储服务器与智能船舶自动驾驶系统设计商所在地分布在不同国家的情况。由于智能船舶所收集数据可能涉及特定海域、港口的地理信息等重要数据，在调取事故数据时可能涉及调取存储在境外的数据或者调取境外数据的问题，则有关智能船舶数据保护的问题将上升为"海上丝路"各国的数据主权问题。

智能船舶航行中可能涉及两个方面的数据域外存储：

首先是存储在境外的情形，即地理位置上的分离性导致的域外存储，包括系统设计商所在地与船东所在地的分离性、服务器所在地与系统设计商所在地的分离性。商业逻辑上，根据人工智能研发产业链推断，未来会有较大比例的智能船舶是通过新型科技公司向船舶公司提供人工智能航行的模式运营，如美国的海上机器机器人技术公司（Sea Machines Robotics）就已经提出将会在未来负责无人船的操作。[15]这种运行模式下，船东可能会购买他国新型科技公司所设计的自动驾驶系统设备，这些自动驾驶设备将由境外系统设计商管理与控制，数据将被收集、存储至境外系统设计商服务器所在地。同时，如果系统设计商将云端数据中心设置在他国，同样会出现境外存储。例如，在东盟地区提供数据服务的企业往往会选择在新加坡设立一个统一的数据中心。

其次是存储境外数据的情形，即船舶航行的国际性将会模糊所存储数据的境内境外区分界限，导致智能船舶航行数据存储可能受到"海上丝路"的多个共建国管辖。航行过程中，智能船舶对数据

---

〔15〕 See Machines Robotics, "Unmanned Surface Vessel（USV）: Operations Manual and Code of Conduct", available at https://sea-machines.com/wp-content/uploads/2018/09/SeaMachines-CodeOfConduct-_Aug-2017.pdf, last visited on Mar. 10, 2023.

的收集和存储是全程性的，因此国际航行的智能船舶所存储的数据必然涉及多国。在调取所存储的数据时，可能会出现调取境外数据的情形。

在上述两种情形中，数据存储问题都将指向数据本地化原则及其背后的数据主权问题，而这一问题缺乏可行的协调机制：其一，从主动进行数据出境的角度来看，在国际通行做法下，数据出境受到限制，如 GDPR 规定数据出境时应当进行充分性认定，我国要求进行安全评估等。部分国家还强制要求对数据进行本地化存储，如越南要求对互联网服务和在线信息进行本地化存储；[16]我国规定关键信息基础设施运营中收集和产生的个人信息和重要数据应当在境内存储。[17]如果在能否境外存储方面存在争议，则智能船舶运营商在各个国家设立数据中心进行数据境内存储，其运营成本将大幅增加。其二，从被动进行数据调取的角度来看，当发生安全事故时，如果自动驾驶系统设计商没有主动提供事故数据，申请调取数据的主体可能为事故船船东、受害船船东等私主体，而私主体是否要借助双边司法协助程序进行调取以及如何调取等尚不明确。其三，从管辖权角度来看，云存储所导致的是数据存储地原则与数据控制者原则相对立的管辖权，各国对人工智能、算法等规制不同，在不同管辖模式下，不同的管辖地可能对智能船舶安全事故作出不同的裁判，可能出现法院选择、平行诉讼等问题。

（三）数据共享与权利保护难以平衡

从长效保障航运安全的角度来说，不仅需要在事故后对数据进行调取，还需要长期有效的数据共享机制。数据共享主要体现在两个方面：一是交通主管部门、司法部门、网信部门需要获取自动驾驶数据以实现维护航运安全、调查数据收集情况等执法目标。二是各个智能驾驶系统设计商之间需要共享数据来训练自动驾驶系统，

---

〔16〕 See Articles 24, 25, 28, and 34 of Decree No. 72/2013/ND-CP of 15 July 2013, on the Management, Provision and Use of Internet Services and Online Information, Vietnam.

〔17〕 参见《中华人民共和国网络安全法》第 31、37 条，《中华人民共和国数据安全法》第 31 条。

一方面避免在智能船舶无法试航的地方发生因未知气候、环境、航道等发生事故，如他国航道、他国港内等；另一方面通过其他智能船舶的事故数据、险情数据等训练智能驾驶系统避免有关事故或者险情。

从数据平台运营经验来看，数字经济时代有关数据使用、收集和处理的运营模式主要是以企业自主运营为主，政府等公共主体借助既有大型平台提供公共服务。[18]智能船舶领域的运营也正在向这个方向发展，如谷歌公司（Google）、罗尔斯-罗伊斯公司（Rolls-Royce Ltd.）已经提出将共同研发无人自动驾驶船，由谷歌提供云机器学习引擎，由罗尔斯-罗伊斯公司提供船舶数据集等。[19]因此，在智能航运发展中，私主体将占据适应智能驾驶的公共航运基础设施、航运路线等的主要控制地位。长久来看，智能航运领域可能出现的情况是头部智能航运企业垄断智能航运数据集、航运市场和基础设施，一方面可能导致各国间航运发展因数据集掌控力不同而愈加不平衡，出现不正当竞争；另一方面会导致各国政府对航运的控制力降低，交通部门可能需要依靠私主体所构建的智能航运平台来监控船舶行为、重现事故现场等，可能出现逃逸监管、隐匿数据等情况。在传统船舶和智能船舶共存的混合航海时代，传统船舶对航运安全的担忧会随着私主体的控制力提升而增加。因此，促进数据共享的法律制度是智能船舶研发和投入使用过程中的必要制度。

然而，"海上丝路"各共建国的法律制度在平衡数据共享和权利保护方面缺陷明显，导致智能船舶运营商对自动驾驶数据共享顾虑颇多：一方面，从数据控制者的角度，"海上丝路"各共建国均未制定明确的数据权属规范，企业数据欠缺充分保护。自动驾驶系统运营企业作为数据控制者，基于商业秘密保护、隐私保护等权利保护方面的考量，对其所设计的算法和所掌握的数据十分重视。但是，

---

〔18〕 参见郑戈：《数据法治与未来交通——自动驾驶汽车数据治理刍议》，载《中国法律评论》2022年第1期。

〔19〕 See Digital Ship, "Google to Boost Unmanned Ship Quest", available at https://www.thedigitalship. com/news/electronics-navigation/item/5163-google-to-boost-unmanned-ship-quest, last visited on Mar. 30, 2023.

各国法律制度对企业算法和数据的保护均有所不足。例如，我国强调个人信息保护中的个人信息数据权益，而没有界定有关非个人数据或者处理个人信息数据的数据运营者的数据权益。在此背景下，分享有关自动驾驶的数据更加剧了企业对保护商业秘密的担忧。

而另一方面，从数据主体的角度，数据共享有可能损害个人信息权益，智能船舶运营商需承担个人信息保护方面的责任。目前，有关人工智能数据共享的规范缺位，数据共享的相对人、数据类型、是否要进行安全评估、能否跨境共享等均不明确。一旦开放了数据共享，数据将在不同企业之间、不同开发者之间进行共享，开发者均可在共享平台上共享数据、开发算法等。数据共享将涉及多类型数据的整合，其中可能会涉及可识别到个人的数据，而各国的数据保护水平差异较大，且对匿名化和数据脱敏的技术处理不同，既可能直接造成个人信息泄露，又可能出现恶意买卖、利用共享数据中的个人信息的黑灰产业链，这些责任都将落到智能船舶运营商一方。

（四）"海上丝路" 共建国规制协调困难

如前所述，智能船舶事故数据安全面临的具体挑战包括数据主权冲击、算法解释权规制不足、数据共享与权利保障冲突等。面对上述具体的规制难题，智能船舶数据安全方面的治理应当提上日程。基于船舶航行的国际性，特定国家的数据安全治理路径对船舶的适用性较低，智能船舶数据安全问题有赖于通过国际共治实现。

基于其船舶属性，智能船舶的航行、操作和商业营运应当被纳入海商法规制体系。海商法的主要特征之一即为其具有高度的国际统一性，各国的现行海商法大多与海商领域的国际公约保持一致。[20]因此，智能船舶被纳入海商法体系时，也不可避免地应当考虑国际统一问题。同时，在智能船舶与传统船舶共存的混合航海时代，只有国际社会就智能船舶的航行安全问题达成共识，才能最大限度地打消对智能船舶加入国际航运的担忧。

---

〔20〕 参见郭瑜：《海商法的未来——中国的方向和方法》，北京大学出版社2022年版，第193页。

基于上述讨论，智能船舶的数据安全问题是其航运安全的重要子问题，故而这一问题应当在国际上达成共识。但是，将智能船舶数据安全问题放入国际数据治理的维度，从目前的国际数据治理格局来看，国际数据安全治理规则很难达成国际共识。在多边层面上，世界贸易组织（WTO）制定数字规则不足，自1998年《全球电子商务宣言》（Declaration on Global Electronic Commerce）提及制定多边电子商务规则以来，WTO并未在该领域形成实质性成果。迟滞的多边规则供给现状催生了诸多有域外效力的国内法以及在缔约国之间具有强制约束力的区域或双边数字贸易规则。然而，基于不同的数字经贸利益，"海上丝路"共建国家对数字安全的态度迥异，规制步调也差异明显，出现低强度规制与高强度规制冲突的局面：一方面，希腊、意大利等欧盟成员国遵循隐私保护的历史惯性，依据GDPR限制数据出境，要求第三国提供的数据保护水平不得减损，且不允许强制性数据本地化存储等；[21]另一方面，东盟各国数据保护水平较低，无法提供与GDPR同等程度的保护，且越南等国仍有关于数据本地化存储的强制性要求。因此，在数据治理国际分歧较大的情况下，智能驾驶船舶数据安全问题很难在"海上丝路"各国之间达成国际共识，很大程度上加剧了智能船舶航运安全共治的难度。

三、"海上丝路"共治：低强度规制与高强度规制相结合的敏捷治理

目前，智能船舶尚处研发阶段，"海上丝路"共建国的数据治理也大多处于初级阶段，故而在智能船舶的研发与规制中均存在诸多未知之处。因此，"海上丝路"应当采取开放的态度，倡导鼓励技术、适当限制的智能船舶数据安全治理模式，规避单维度的治理路径，敏捷治理模式可为"海上丝路"提供一个有效的治理范式。

（一）"海上丝路"进行敏捷治理的优势

敏捷治理发轫于"敏捷制造"概念，自2018年世界经济论坛起

---

[21] 参见 GDPR 第 44 条关于数据转移至第三国的一般原则的规定。

获得广泛关注，[22]在新技术的法律规制研究中有所应用。敏捷治理可被定义为"快速感知外部技术创新与变化，并能够及时作出有效回应，且由多方共同参与政策制定和协调过程的一种治理模式"。这种治理模式具有敏捷性、灵活性、互动性、动态性等特征。在平衡技术与监管方面，敏捷治理模式的核心逻辑是探究技术创新和政府监管之间的融合式发展，减少监管对技术的限制。

对于"海上丝路"而言，敏捷治理模式存在技术、航运和监管三个方面的优势：

首先，从技术现实来看，所涉国家的智能船舶技术大多尚处于发展阶段，在数据收集、存储和处理过程中必然会出现"数据冗余"现象。如果过度关注技术本身并为其设置严格的数据保护门槛，不仅会在所保护的数据集类型方面超出必要范围，导致效率偏低，还会导致自动驾驶系统缺乏充分可用的数据，缺少足够的事故数据以供分析。

其次，从监管现实来看，一方面，国际数据安全监管分歧显著，而"海上丝路"共建国在国际共同监管问题上的话语权较小，"海上丝路"为各国在数据监管问题上提供了互信的谈判平台，可借由智能船舶数据安全治理问题进行数据监管谈判。另一方面，敏捷治理的效果将在国际合作中更为充分地发挥，该治理范式将促进各国国内数据安全监管灵活化、多元化。诸多"海上丝路"共建国的数据监管思路仍然较为保守，且许多国家并无专门的非个人数据监管规则。如果仅在一国国内开展敏捷治理，基于船舶航行的国际性，其治理效果很难发挥。而在"海上丝路"平台上共同开展敏捷治理，将促进各共建国尽快调整本国数据监管模式和灵活规制非个人数据的空间。

最后，航运的基础法律关系是私主体之间的法律关系，作为管理和控制船舶的主体，船方主体承担管货、管船、航行安全等义务；但是，船舶行驶数据的数据控制者为独立于船方主体的自动驾驶系

---

〔22〕 See World Economic Forum, Agile Governance Reimagining Policy-making in the Fourth Industrial Revolution, 2018, p. 6.

统的设计商，船方主体对于自动驾驶系统收集、使用数据的行为缺乏控制。而敏捷治理强调主体之间的互动性，能够将各环节、各主体和各监管机制耦合在一起。

（二）低强度规制与高强度规制结合的路径

在"海上丝路"共治智能船舶数据安全的语境下，为了解决上述四大法律挑战，各国应当以平衡低强度规制与高强度规制为线索，仅在特定场景下限制智能船舶收集、处理、存储和共享数据。敏捷治理范式中，"强度"所指的是政府对私主体的干预程度。敏捷治理要求逐步放松管制，减少干预程度高的高强度规制工具，转而更多地适用干预程度低的低强度规制工具。[23]在监管工具方面，低强度规制工具往往是指政策激励、监管沙盒、私主体治理等更为务实的方式，对企业的限制较少，也不会使企业在产业发展中因政策变化遭受较大的损失，规制的主要目的是促进技术的发展；高强度规制工具往往是指强制性规范、事前审批、许可等措施，往往预先限制私主体行为。

一方面，为了促进智能船舶技术进步，在智能船舶系统设计商、船东等私主体之间，赋予船方主体以中性的算法解释权；推动各私主体设置并共用虚拟训练场域，而不苛以严格的数据存储限制，为智能船舶发展创造良好的制度环境。另一方面，为了保证各国数据安全，智能船舶开航前应当进行安全评估与备案，航行中涉及的国家港口、航运等重要数据、事故数据均应当在企业与监管侧之间共享，采用高强度的政策工具保证国家数据安全。同时，通过设计灵活、互动的规则，"海上丝路"各国的监管协调问题或将迎刃而解。

四、低强度规制：促进技术发展

在智能船舶数据规制方面的低强度规制主要体现在有关促进技术发展的规制内容中。为此，应当关注社会关系和法律关系的规制

---

〔23〕　参见彭峰：《敏捷治理时代生态环境行政许可的改革及其限度》，载《行政法学研究》2022年第6期。

需求：在船方和自动驾驶系统设计商之间，允许合意约定算法解释权；在各自动驾驶系统设计商之间，允许共用虚拟训练场域。

（一）赋予船东限制性的算法解释权

船方主体的算法解释权应当更加明确，同时应当赋予算法持有者以拒绝的权利。换言之，船方主体的算法解释请求权应当是限制性的。

首先，算法解释权应当从现行规制的推荐类算法扩张至自动驾驶系统所属的调度决策类算法。以智能船舶为例，此类算法的影响力较大、危险性较高，一旦发生事故则需要通过较大的努力来排查事故原因，其中对算法的排查是重要的一环。同时，此类算法较为复杂，理解难度更大，碰撞所涉主体很难通过观察事故当时的外部情景来理解智能船舶所作出的决策是否有过错。

其次，算法解释权应当在平衡商业运行和权利保护的基础上决定算法解释权的适格主体、适用场景和责任，且以各方事先约定为主，而非以强制性规范为主。具体而言，一是权利主体应当限于事故所涉的智能船舶所有人，即船东。有学者主张将算法解释权适格主体扩张至行业协会、第三方评估机构等，[24]在算法解释权制度不完善的情况下，这种扩张既有可能导致有关算法解释权的滥诉，也达不到更加公允解释的目的。二是算法解释权的行使场景应当以各方的事前约定为主，避免不定时、多主体等提出有关算法解释的请求。在智能船舶自动驾驶系统设计商与船东就船舶买卖签订的合同中应当将有基础的算法运作方式通俗化解释，除此之外应当限定在事故后行使算法解释权为主。三是算法解释权的问责问题上，如果系统设计商拒绝对算法作出合理解释，则被推定承担侵犯解释权的侵权责任。但是，如果系统设计商尽到解释义务，且阐释了特定行为是由于算法本身的深度学习作出的自动化决策、"算法黑箱"等无法解释的原因，系统设计商不应当承担解释权之诉的责任。

---

〔24〕 参见丛颖男、王兆毓、朱金清：《论算法解释权的重构——全算法开发流治理与分级分类解释框架》，载《计算机科学》2023年第7期。

（二）建立"海上丝路"共用虚拟测试数据集

为了降低跨境存储的风险，监管重心可从限制数据出境转为改变数据存储类型。在测试阶段，智能船舶以收集、处理数据为主反复进行航行试验和短线航行，所需的测试数据量大，且必须尽可能涵盖足够广泛的测试场景。如果允许智能船舶任意试航，则智能船舶可能要在大量域内和域外的港口、海域收集数据并进行数据跨境传输与存储，威胁航运安全和数据安全。

该阶段可采取的方法是从数据使用的源头入手，允许"海上丝路"范围内的自动驾驶系统设计商在港口等重要场景下使用虚拟数据集及在特定场域可以训练船舶，并许可各共建国企业共享虚拟数据集。这种虚拟场景把企业与监管者之间的数据安全矛盾转为企业之间的法律关系，将从两个方面降低境外存储的风险：一是境外存储的数据类型从重要数据降级为一般数据，企业之间可通过标准合同、出境安全评估等通行方式实现虚拟数据集出境，满足"海上丝路"各国的本土化数据监管要求；二是数据处理行为从数据跨境处理转为本地化处理，避免在测试阶段将大量数据通过物理携带的方式出境并存储。

基于此，监管的触角不应当过多触及虚拟测试场景。如果智能船舶在测试阶段使用的是虚拟数据集，则不应当对智能船舶施加较重的数据出境安全评估义务、个人信息保护义务等。同时，"海上丝路"范围内的虚拟测试合作应当进一步倒逼"海上丝路"各国在数据出境方面的规范合作。

五、高强度规制：保障数据安全

在低强度规制之余，由政府实施的高强度规制同样有适用的空间：一方面，在智能船舶开航前，政府虽可减少对智能船舶自动驾驶技术的限制，但是仍应当要求企业将其技术进行备案；另一方面，发生事故后，智能船舶是否数据共享不仅与事故处理有关，还关系到各国航运安全与数据安全，同样属于高强度规制范畴。

（一）将算法影响评估义务及备案义务引入适航义务

面对算法解释的不确定性，算法持有者应当进行算法影响评估，并对算法及其影响评估结果进行备案。随着智能船舶发展走向成熟，在智能船舶试航和出售前，应当对其是否履行评估义务、是否赋予算法解释权进行审查，两者应当被认为是智能船舶适航的两个条件。

首先，应根据国际上对人工智能的规制趋势设计"海上丝路"通用的智能船舶算法影响评估制度或者设计"海上丝路"的智能船舶算法影响评估互认机制。目前，国际上已经有一些关于算法影响评估的制度设计。例如，美国《算法问责法（草案）》（2023）要求对算法进行系统和数据保护的影响性评估，评估内容包括算法的设计、训练、数据、目标等描述；数据最小化和数据存储时间等个人信息保护要求；消费者获取和修改决策的消费者权利；算法对个人信息和安全的影响；持有者降低风险的措施等几个方面。[25]再如，我国 2018 年发布的《人工智能深度学习算法评估规范》结合人工智能深度学习的特点规定了关于人工智能的可靠性评估流程和体系。这些已有的算法评估能够为智能船舶算法评估提供一些参考。在具体评估设计方面，目前可参考的模式不多，建议采用问卷加描述的形式，不深入研判过多的技术细节，仅评估从数据输入算法到结果输出过程的通俗化描述。

其次，算法影响评估制度应当设置分类分级评估标准。目前，已经开展的算法影响评估大多是依托于个人信息保护中的影响评估制度，即针对新闻算法、搜索算法等个性化推荐算法，重点针对个人信息保护要求的合规义务履行方面进行评估。[26]但是，此类评估对智能船舶自动驾驶系统算法而言适配性较低。智能船舶获取数据主要是为了训练算法继而完成航行决策，其影响评估应当重点关注其是否收集港口和/或海域等重要数据、对数据的利用方式、事故数据存储三个方面，面向需求、设计、实现和运行四个阶段展开评估，具体评估方式可参考我国《人工智能深度学习算法评估规范》以及

---

〔25〕 参见汪庆华：《算法透明的多重维度和算法问责》，载《比较法研究》2020 年第 6 期。

〔26〕 参见张吉豫：《论算法备案制度》，载《东方法学》2023 年第 2 期。

美国《算法问责法（草案）》（2023）。在智能船舶算法评估之后，应当将算法的影响划分为无危险、轻微危险、一般危险、严重危险四个等级，分别对其作出可自由使用、小范围限制使用场景、大范围限制使用场景以及禁止使用等多个评估决策。

最后，系统设计商应当对算法本身和算法评估后的结果进行备案，并在船舶出售时向船东提供，并作为船舶适航的标准之一。一般情况下，应当由智能船舶自动驾驶系统设计商履行评估和备案义务，船东仅对此尽合理审查义务。未来，当智能船舶发生事故时，应当首先根据智能船舶开航前的备案情况确定智能船舶的算法危险程度，作为决定其算法解释程度、数据调取范围和标准的参考，继而在责任认定和责任分配方面发挥作用。

（二）事故后强制进行"海上丝路"数据共享

如果发生事故，则在事故后应当进行强制性事故数据共享。上文已述，私主体全面掌握智能船舶数据的发展趋势不利于各国航运平衡以及政府掌控航运动态。因此，为了平衡数据控制者权利和航运发展，应当要求智能船舶进行数据共享，且在数据脱敏后在"海上丝路"范畴内进行共享。

具体而言，在数据共享主体方面，应当由船东向其本国主管部门共享，且由船东和智能驾驶系统设计商对数据共享义务承担连带责任。这意味着，当我国船东所有的智能船舶发生航运事故后，应当向我国交通主管部门分享事故数据。在共享范围方面，应包括智能船舶的基本算法描述、事故前后所采集的数据及其决策过程。在平衡利益方面，事故后数据共享主要是为了主管部门监管智能船舶。交通主管部门通过分析事故数据，能够为智能船舶设立更加完善的航行标准和基础设施建设标准，通过强制性设计标准来避免同类事故反复出现。因此，在制定事故后数据共享规范时，同时应当限制私主体对共享数据的获取以及主管部门对数据的匿名化处理等，打消系统设计商的共享疑虑。

结　论

有关智能船舶事故数据治理问题已经不单是海商法领域下的船

舶事故处理和责任分配问题，智能船舶的事故数据治理问题应当结合多主体利益平衡、航行国际性和技术发展性三个方面的因素开展国际共治。"海上丝路"作为合作基础较好的国际海洋科技合作平台，各共建国应当就智能船舶事故数据安全问题开展规制合作，从平衡各国的高强度规制和低强度规制的角度进行敏捷治理。为了促进技术发展，应当赋予私主体较强的自治空间，许可各方就算法解释权的范畴、数据集使用、自动驾驶训练场域等方面自治；为了保障国家数据安全，自动驾驶系统算法应当进行安全评估并备案，且事故后应当进行"海上丝路"范围内的数据共享。通过预先设置灵活、互动的监管规则，"海上丝路"各国将收获敏捷治理的边际效益，即不仅能够促进"海上丝路"各国共同发展智能船舶产业，还将促进各国在数据领域的规范合作。

（本文责编：殷敏）

A Study on the Management of Intelligent Ship Accidents' Data Security under the "Maritime Silk Road"

Zhang Liying, Miao Wenqing

Abstract: The emergence of intelligent ships provides a new impetus for the marine science and technology cooperation among the countries along the "Maritime Silk Road" Initiative. Intelligent ships run on algorithms and data. When the countries along the "Maritime Silk Road" deal with intelligent ship accidents, they are faced with four difficult problems: whether the algorithm is interpretable, how to retrieve accident data, how to share accident data and how to promote international co-governance, pointing to four legal challenges: the regulation of algorithmic interpretation right, balance of data storage and data sovereignty, balance of data sharing and data subjects' rights, international rules coordination. Countries along the "Maritime Silk Road" shall, relying on the existing initiative and cooperation platform, cooperate in the agile governance in line with the reality of technology development, the reality of data security and the reality of shipping, license the restricted algorithmic interpretation right and virtual test data set, and compulsorily conduct algorithm evaluation and record-filing, and conduct post-accident data sharing and other high-intensity regulation.

Keywords: "Maritime Silk Road" Initiative; Intelligent Ships; Data Security; Agile Governance

"一带一路"视角下供应链安全保障研究[*]

胡洋铭[**]　杜　涛[***]

摘　要：有效保障"一带一路"供应链安全，是推动"一带一路"高质量发展的新要求。通过分析美国和欧盟供应链安全保障体系的发展历史和主要经验，并结合"一带一路"供应链的风险特点，有助于构建专属于"一带一路"供应链的安全保障框架。保障"一带一路"供应链安全应当从多边层面、区域层面和国内层面"多层面"入手：多边层面应当推动供应链贸易纳入世界贸易组织议题，并运用争端解决机制揭示美欧供应链措施的非法性。区域层面则要以 RCEP 的签署为契机，进一步强化区域内供应链，减轻对于欧美产品和市场的依赖。国内层面应加快制定紧急状态法，提升应对紧急情况的能力和效率，进而增强供应链韧性。

关键词："一带一路"；供应链安全；供应链风险；国家紧急状态

2023 年 3 月 31 日，中共中央网络安全和信息化委员会办公室（以下简称"网信办"）公告称将对美光科技有限公司（Micron Technology, Inc.，以下简称"美光科技"）——一家总部位于美国爱达荷州博伊西市的半导体制造公司在华销售的产品实施网络安全审查。据称，此次安全审查旨在保障关键信息基础设施供应链安全，防范产品问题隐患造成网络安全风险，维护国家安全。[1] 2023 年 5

---

　*　基金项目：2019 年国家社科基金重大项目"中国特色社会主义对外关系法律体系构建研究"（项目编号：19ZDA167）。

　**　华东政法大学国际法学院 2022 级博士研究生。

　***　华东政法大学国际法学院教授。

〔1〕　参见中央网络安全和信息化委员会办公室：《关于对美光公司在华销售产品启动网络安全审查的公告》，载 http://www.cac.gov.cn/2023-03/31/c_1681904291361295.htm，最后访问日期：2023 年 7 月 18 日。

月 21 日，网信办发布公告称美光科技在华销售的产品未通过网络安全审查。我国本土的关键信息基础设施的运营者不得再采购美光科技的产品。[2]业内部分人士认为，美光科技"被禁"有助于重塑国产存储芯片的供需格局，加速存储芯片领域的国产替代进程。[3]美光科技事件后，美国迅速作出反应。2023 年 5 月 27 日，美国商务部部长雷蒙多（Gina Raimondo）参加印太经济架构（IPEF）贸易部长会议时表示不会容忍中国"封杀"美国科技公司的行为，将与盟友合作应对此种"经济胁迫"。同时，雷蒙多宣布美国已联合 13 个国家达成供应链协议，该协议是自拜登政府 2022 年 5 月发起 IPEF 以来的首个实质性成果，核心目的是在中国之外建立一套供应链机制。[4]

无独有偶，美国也曾以国家安全为由对我国存储芯片领域企业施加限制。2018 年 10 月 29 日，美国商务部以维护国家安全为名，将福建晋华集成电路有限公司（以下简称"福建晋华"）列入出口管制实体清单，进而切断了对福建晋华的零部件、软件和技术产品出口。[5]这一禁令直接导致中国台湾联华电子（以下简称"台湾联电"）与福建晋华之间达成的技术合作项目告吹。[6]而促使美国商务部出台禁令的始作俑者正是美光科技。2017 年 12 月，美光科

〔2〕 网信办认定美光科技的产品存在较严重网络安全问题隐患，对我国关键信息基础设施供应链造成重大安全风险，影响我国国家安全。详见中央网络安全和信息化委员会办公室：《美光公司在华销售的产品未通过网络安全审查》，载 http://www.cac.gov.cn/2023-05/21/c_ 1686348043518073.htm，最后访问日期：2023 年 7 月 18 日。

〔3〕 参见郑晨烨：《美光"被禁"国产存储芯片供需格局重塑》，载《经济观察报》，载 http://www.eeo.com.cn/2023/0527/593214.shtml，最后访问日期：2023 年 7 月 18 日。

〔4〕 参见李蓉茜：《美国和 13 国达成供应链协议"排挤"中国 遭商业团体抵触》，载 https://companies.caixin.com/2023-05-30/102060312.html，最后访问日期：2023 年 7 月 18 日。

〔5〕 See Bureau of Industry and Security, Commerce, "Addition of an Entity to the Entity List", available at https://www.federalregister.gov/documents/2018/10/30/2018-23693/addition-of-an-entity-to-the-entity-list, last visited on July 18, 2023.

〔6〕 2016 年，中国台湾联电与福建晋华签署技术合作协定，约定台湾联电受福建晋华委托开发 DRAM 技术，由福建晋华提供 DRAM 所需的机台设备，并依开发进度向台湾联电支付技术报酬金作为开发费用，而开发成果将由双方共同拥有。2018 年 10 月 31 日，台湾联电宣布已接获中国台湾电机电子工业同业公会转发的"国贸局"函令，决定暂停为福建晋华开发技术，直到禁令解除后，才会恢复为福建晋华开发技术。

技在美国加州北区联邦地方法院起诉台湾联电与福建晋华，称台湾联电通过美光科技台湾地区员工窃取其关键技术，并交由福建晋华，该行为侵害了美光科技的商业秘密。[7]尽管法院最终以缺乏管辖权为由驳回了起诉，但这一指控最终却成了美国行政介入的依据。

随着技术不断革新，新兴产业不断发展壮大，各国为了在新兴产业的国际分工体系中占据更有利的位置，纷纷开始对产业供应链的形成和布局进行干预，甚至不惜发起贸易战、科技战。修昔底德陷阱（Thucydides's Trap）下，全球供应链已然成了各国角力的新战场。供应链安全也不再局限于企业管理领域，更是成了国家安全战略的重要组成部分，与一国的经济安全和发展利益休戚相关。在这当中，"一带一路"供应链涉及国家和地区众多，其安全保障是牵涉多方、不容小觑的关键问题，有必要予以特别关注。[8]综观各国实践，以美国为首的西方国家较早开始重视对供应链安全的保护，纷纷制定供应链国家战略，以维护国家经济安全。[9]在此背景下，本研究立足于"一带一路"供应链风险的发展特点，通过梳理美欧保障供应链安全的制度路径，总结其主要经验做法，以期为保障"一带一路"供应链安全提供可行的路径参考，进而深化推动"一带一路"倡议高质量发展。[10]

一、"一带一路"视角下供应链风险的成因与特点

（一）外因：国际经济格局东升西降下西方的安全假想

当今世界正经历百年未有之大变局，发达国家和发展中国家之

---

〔7〕 详见《美光科技就美国司法部提起窃取商业机密诉讼的声明》，载 https://investors.micron.com/static-files/4c9e13bf-3fe6-4d38-bb53-3adbeb9439fd，最后访问日期：2023 年 7 月 18 日。

〔8〕 参见梁昊光：《"一带一路"：内在逻辑、全球定位和学理支撑》，载《深圳大学学报（人文社会科学版）》2019 年第 4 期。

〔9〕 参见林梦、李睿哲、路红艳：《实施供应链安全国家战略：发达经济体样本解析》，载《国际经济合作》2020 年第 4 期。

〔10〕 参见杨长湧：《深化推动"一带一路"高质量发展的四大机制建设》，载 https://www.gov.cn/zhengce/2019-04/25/content_5386058.htm，最后访问日期：2023 年 7 月 18 日。

间的力量对比正在发生变化，发展中国家，特别是新兴经济体快速崛起，传统发达国家整体式微，实力相对下降。[11]为了缓解新兴经济体崛起的压力，以美国为首的西方国家提升了"国家安全"的重要性和覆盖面，将以中国为代表的发展中国家认定为具有安全威胁，以将其牢牢锁定在全球价值链低端。[12]具体到供应链领域，则体现为以"国家安全"的名义，通过解构和重塑供应链格局、施加技术垄断干扰新兴经济体的供应链构建。[13]

随着"一带一路"倡议的不断推进，西方国家开始担忧"一带一路"建设会动摇自身在全球治理中的主导与核心的地位，因而通过设置贸易壁垒、实施技术垄断等手段排挤、破坏"一带一路"供应链。[14]为了更好地发展和强化自身在全球供应链中的主导优势，以美国为首的西方国家和区域联盟在新贸易投资规则中有选择地发展战略伙伴，形成封闭式区域供应链，抑制发展中国家本土企业的实力增长。[15]2021 年 12 月，欧盟对标"一带一路"倡议推出了"全球门户"战略，[16]旨在依托自身经济实力，将基础建设投资与欧盟价值观相捆绑，向与欧盟"志同道合"的伙伴国输出话语体系和规则标准，最终提升地缘政治影响力并获取地缘政治利益。[17]欧盟委员会主席冯德莱恩（Von der Leyen）公开表示，"全球门户"战略将成为

---

〔11〕 参见沈伟：《国际经济法的安全困境——基于博弈论的视角》，载《当代法学》2023 年第 1 期。

〔12〕 参见吴茜：《现代金融垄断资本主义的危机及其制度转型》，载《马克思主义研究》2020 年第 6 期。

〔13〕 参见刘云：《全球供应链安全问题的理论及现实研究》，载《亚太安全与海洋研究》2022 年第 4 期。

〔14〕 参见孙祁祥、锁凌燕、郑伟：《"一带一路"与新型全球化：风险及应对》，载《中共中央党校学报》2017 年第 6 期。

〔15〕 参见王中美：《MEGA 与全球供应链：变化、响应与反作用》，载《世界经济研究》2017 年第 6 期。

〔16〕 欧盟委员会主席冯德莱恩曾公开表示，"全球门户"战略将成为"一带一路"倡议的"真正的替代品"。See European Commission, "Statement by President Von der Leyen on the Global Gateway", available at https://ec. europa. eu/commission/presscorner/detail/en/STATEMENT _ 21 _ 6522, last visited on Jul. 18, 2023.

〔17〕 参见孙彦红：《欧盟通过"全球门户"计划加入全球基建潮》，载《世界知识》2022 年第 3 期。

"一带一路"倡议的"真正的替代品"。[18]欧盟的"全球门户"战略与美国的 IPEF 大幅地挤压了"一带一路"倡议的合作空间及影响力，同时插足中国周边安全事务，通过介入地区热点问题拓展其地缘政治影响。[19]

另一方面，发达国家对尖端技术形成垄断，大部分发展中国家过度依赖于发达国家的技术服务。一旦发达国家中断技术供应，发展中国家原本既定的生产过程将被迫暂停，短期内影响对应供应链产品的制造，长期来看甚至会阻碍自身经济发展。[20]且由于供应链对当下既定的关键技术的依赖具有较强的不可替代性，摆脱技术依赖往往漫长而曲折，因此技术垄断的杀伤性在短期内无法消解。美国颁布的《芯片与科学法案》（CHIPS and Science Act）便是此类风险的一大实例。该法案要求获得美国政府补助的芯片企业在未来 10 年内不可参与在中国或其他受关注国家[21]的实质性扩大半导体产能的重大交易，意在打击特定国家的半导体供应链。

（二）内因："一带一路"区域的政治博弈和利益冲突

"一带一路"共建国家间关系、格局固化，要想推动供应链层面的互联互通，可能会与既定地缘政治格局中某些国家的利益和战略产生一定程度的冲突，进而引发既定格局主导者以及利益攸关方的反弹甚至反制。[22]目前既定的地缘政治格局包括俄罗斯对中亚地区的掌控、印度对南亚印度洋地区的主导、东盟对东南亚地区的主导以及日本对东盟的影响显著等。

---

〔18〕 See European Commission, "Statement by President Von der Leyen on the Global Gateway", available at https://ec. europa. eu/commission/presscorner/detail/en/STATEMENT _ 21 _ 6522, last visited on Jul. 18, 2023.

〔19〕 参见吴昊、杨成玉：《欧盟"全球门户"战略及其对"一带一路"倡议的影响》，载《国际问题研究》2022 年第 5 期。

〔20〕 参见张兴祥、杨子越：《地缘政治冲突与全球供应链安全及中国的应对策略》，载《亚太经济》2023 年第 2 期。

〔21〕 截至目前，"受关注国家"（Foreign Country of Concern）：中国、朝鲜、俄罗斯、伊朗和其他被美国国务院认定为应受关注的国家。

〔22〕 参见林跃勤：《论"一带一路"倡议实施中的地缘环境建设》，载袁易明主编：《中国经济特区研究》第 10 期，社会科学文献出版社 2017 年版，第 47~48 页。

就中亚地区而言，"一带一路"倡议与俄罗斯提出的"欧亚联盟"战略在区域上有所重合，都涉及俄罗斯和中亚地区国家战略。由于"欧亚联盟"战略的思想基础来源于新欧亚主义和新俄罗斯思想强烈的民族情怀，强调维护俄罗斯民族的利益具有一定的封闭性，[23]因此俄罗斯对"一带一路"倡议抱有戒心，担心参与后形成对华战略依赖，冲击其主导的"欧亚联盟"战略，削弱其对西伯利亚地区的控制以及在中亚的传统影响力。[24]

就南亚印度洋地区而言，一直以来，印度致力于确认其在南亚地区的主导地位。"一带一路"倡议通过在斯里兰卡、巴基斯坦、孟加拉国、缅甸等共建国家进行基础设施建设，中国在南亚地区的影响力不断增强。[25]印度自感在南亚的霸主地位受到撼动，地区领导权正在被消解，[26]进而对"一带一路"倡议产生了忧虑，出现了阻止"一带一路"倡议在南亚推进的现象，并试图通过构建新的区域互联互通倡议抵消"一带一路"倡议在南亚的影响力。[27]除此之外，中印两国间存在着边界争议，印度占领了中方宣示主权的九万多平方公里领土，边界问题严重影响着中印两国的战略互信。[28]

对于"一带一路"倡议，日本从最初就表现出消极的态度，在经贸合作领域通过推动、构建 TPP（CPTPP）谈判与"高质量基础设施合作伙伴关系"对"一带一路"倡议进行围堵与牵制。[29]除了争夺贸易规则制定的主导权外，日本在供应链领域颁布了《经济安

---

〔23〕 参见黄河等：《中国企业在"一带一路"沿线国家投资的政治风险及权益保护——以中线、北线 B 和南线为例》，载《复旦国际关系评论》2015 年第 1 期。

〔24〕 参见王卫星：《全球视野下的"一带一路"：风险与挑战》，载《人民论坛·学术前沿》2015 年第 9 期。

〔25〕 参见刘勇：《印度对"一带一路"的认知及应对》，载《南昌大学学报（人文社会科学版）》2021 年第 4 期。

〔26〕 参见林民旺：《中印战略合作基础的弱化与重构》，载《外交评论（外交学院学报）》2019 年第 1 期。

〔27〕 印度推出的"香料之路"计划、"季风之路"计划、"跨印度洋海上航路和文化景观"计划，其目的便在于强调印度是"印度洋地区秩序的组织者"。

〔28〕 参见张根海、王颖：《印度周边战略及对中国"一带一路"倡议的认知与反应》，载《理论视野》2018 年第 3 期。

〔29〕 参见董顺擘：《日本的印太秩序构想及其对"一带一路"的认知与反应》，载《日本学刊》2021 年第 S1 期。

全保障推进法》，以摆脱对"特定国家经济依赖"为名推动供应链多元化，通过资金补助鼓励在华日企将生产线撤回日本或转向东盟其他国家，并积极与"志同道合国家"组建供应链合作网络，而将中国排除在外。[30]

（三）"一带一路"视角下供应链风险的特点

当前，百年变局正加速演进，新一轮科技革命和产业变革带来的竞争日趋激烈，构建"一带一路"供应链面临的国际环境日趋复杂，"一带一路"的外部风险与倡议推进过程中存在的自身问题叠加累积，这便为供应链风险带来了许多新的特点，有必要进行全面的梳理。

1. 战略竞争风险长期存在

随着东西方力量出现结构性变化、美西方对发展中国家遏制力度的不断加强以及"一带一路"倡议的深入推进，美国和欧盟提出了若干与"一带一路"倡议相竞争的战略对冲计划，并通过舆论拉拢印度、日本等周边地区大国乃至部分"一带一路"共建国家，不断强化对"一带一路"的战略制衡。这势必对共建"一带一路"供应链的高质量发展造成冲击，推动共建"一带一路"高质量发展的战略竞争风险将长期存在。[31]

2. 传统与非传统安全风险居高不下

从地理上看，"一带一路"倡议途经地区与民族宗教矛盾复杂、热点问题众多的"世界动荡之弧"有着较高的空间吻合性。[32]相关国家和地区热点问题、领土和岛屿主权争端频发，安全风险长期存在。[33]譬如南海作为"21世纪海上丝绸之路"的起点，对"一带一路"供应链的构建有着至关重要的影响。然而南海部分海域及岛礁的归属管辖权问题并未得到实质性解决，东南亚相关国家在这一问题

〔30〕 参见卢昊：《"一带一路"推进背景下的日本角色与中日关系》，载《日语学习与研究》2022年第6期。

〔31〕 参见颜少君：《新形势下一带一路面临的风险与中国抉择》，载《开放导报》2023年第1期。

〔32〕 杜德斌、马亚华：《"一带一路"：中华民族复兴的地缘大战略》，载《地理研究》2015年第6期。

〔33〕 参见杨鹏飞、王冉：《中国与周边国家共建"一带一路"：现实挑战与推进路径》，载《云南行政学院学报》2019年第4期。

上同中国仍存在根本性分歧，未来中国在推进"一带一路"倡议的过程中不可忽视这一潜在的政治风险。同时，民族分裂主义、国际恐怖主义、宗教极端主义构成对"一带一路"供应链的非传统安全风险。

3. 数字供应链成为安全保障的重点领域

随着新一轮科技革命和产业变革的发生，数字化转型成为全球经济增长的重要引擎和国家发展的核心竞争力。为了争夺全球数字经济发展的制高点，各国致力于吸引顶尖企业在本土建立研发中心或制造工厂，完善国内供应链体系，在对外交往层面积极与关键国家构建更加紧密和畅通的供应链伙伴关系，确保供应稳定，甚至是能够获得优先供应。[34]2017 年，国家主席习近平提出构建"21 世纪数字丝绸之路"以加强共建国家在数字经济等领域的合作。[35]但"一带一路"部分共建国家在网络安全基础建设方面起步较晚，在融入"数字丝绸之路"时面临着较大的网络安全风险。[36]

二、供应链安全保障的全球趋势

为了更好地展现供应链安全保障的全球趋势，本部分重点关注美国、欧盟供应链安全保障体系的制度目标和实施路径，总结其主要经验做法，以期为保障"一带一路"供应链安全提供可行的路径参考。选取美欧作为考察样本主要基于三方面原因：其一，从经济体量来看，美国和欧盟常年位列全球前三。根据国际货币基金组织（IMF）提供的数据，2022 年度世界经济总量前三名分别是美国、中国和欧盟。[37]其中，美欧两方总共占据了全球 GDP 份额的一半以上。美欧庞大的经济体量使得其自身的供应链政策具有较强的国际

---

〔34〕 参见吴泽林：《数字化和能源转型下大国供应链竞争及其影响》，载《国际关系研究》2022 年第 6 期。

〔35〕 参见《习近平在"一带一路"国际合作高峰论坛开幕式上的演讲》，载 http://www.beltandroadforum.org/n100/2017/0514/c24-407.html，最后访问日期：2023 年 7 月 18 日。

〔36〕 参见杨帆：《"一带一路"框架下网络安全国际合作机制研究》，载刘晓红主编：《"一带一路"法律研究》（第 4 卷），中国政法大学出版社 2021 年版，第 323~324 页。

〔37〕 2022 年，欧盟 GDP 合计 16.6 万亿美元，次于美国和我国。See IMF, "World Economic Outlook (April 2023) -GDP, Current Prices", available at https://www.imf.org/external/datamapper/NGDPD@WEO/OEMDC/ADVEC/WEOWORLD, last visited on Jul. 18, 2023.

影响力，对全球供应链的布局和变化影响深远。其二，从全球供应链分工来看，美欧控制着供应链核心关键环节，通过控制关键技术、关键零部件的生产，使发展中国家对其形成严重依赖，从而维持产业竞争优势。[38]根据美国高德纳咨询公司（Gartner Group）发布的全球供应链25强榜单（2022年版），总收入120亿美元以上的全球供应链领先企业中，美国和欧盟企业占据了23家。[39]可见美欧基本上主导了全球供应链体系格局。其三，从安全保障实践来看，美欧相较于其他发展中国家更早地认识到供应链在经济发展中具有不可替代的重要作用，将供应链安全从企业微观层面上升至国家战略层面，具有较为丰富的实践经验。

（一）美国保障供应链安全的具体路径

1. 美国保障供应链安全的法律路径：《国家紧急状态法》

如何做好供应链的应急保障，提高供应链的柔性，是供应链安全保障的重要议题。对此，美国的国家紧急状态法律制度通过授予总统在国家紧急状态期间管理各种经济交易的广泛权力，进而提供了快速调整全球供应链的国内路径。实践中，《国家紧急状态法》（NEA）和《国际紧急经济权力法》（IEEPA）授权美国总统以行政令的形式宣布进入国家紧急状态，进而给予政府机构特定授权以落实某项政策。

NEA的主要内容规定在其第二编和第三编，其中第二编授权总统通过宣布进入国家紧急状态，以行使国会立法规定在国家紧急状态期间行使的任何特别权力。总统行使国家紧急权力时需要遵守以下程序限制：其一，总统需要在宣布国家进入紧急状态后立即通知国会，宣布进入国家紧急状态的声明应当立即传达至国会，并在《联邦公报》（Federal Register）上公布；其二，在宣布进入国家紧急状态后的6个月内，以及进入紧急状态后的每6个月，国会两院应

<hr/>

[38] 参见林梦、李睿哲、路红艳：《实施供应链安全国家战略：发达经济体样本解析》，载《国际经济合作》2020年第4期。

[39] See Gartner, "The Gartner Supply Chain Top 25 for 2022", available at https://www.gartner.com/en/articles/the-gartner-supply-chain-top-25-for-2022, last visited on Jul. 18, 2023.

举行会议就一项联合决议（Joint Resolution）进行表决，以确定是否应当终止该紧急状态；其三，总统根据第二编宣布的任何国家紧急状态后的每个周年日之前的90天内，如果总统没有在《联邦公报》上公布并向国会转达一份通知说明这种紧急状态在该周年日之后继续有效，则该紧急状态应在周年日后终止。[40]此外，NEA第三编规定，当总统宣布进入国家紧急状态时应当明确说明拟适用的法律授权和条文依据，否则不得行使法律规定的在紧急状态下可行使的权力或权限。这种说明可以在宣布进入国家紧急状态时作出，也可以随后通过在《联邦公报》上公布的一项或多项行政令作出，并传达给国会。

根据国会研究服务部（CRS）公布的数据，美国总统通过宣布进入国家紧急状态能够激活的法律授权多达117项，其中便包括IEEPA。在《美国法典》规定的117项紧急授权中，被援引最多的便是IEEPA。据CRS统计，自IEEPA颁布之日起至2022年4月，美国总统共计宣布进入国家紧急状态75次，其中未援引IEEPA的只有8次。[41]现行的IEEPA第1702条最为核心，规定了授予总统的权力范围，具体包括以下三项权力：①金融管制。包括调查、监管或禁止任何外汇交易、涉及任何外国或其国民的任何利益的银行机构之间的业务以及由受美国管辖的任何人所从事的货币或证券的进出口。②进出口管制。在2018年《出口管制改革法》（Export Control Reform Act）出台以前，两用物项和技术的监管一直由1979年《出口管理法》（Export Administration Act）予以规范。《出口管理法》赋予总统将出口管制权保留至1983年9月30日，该法到期后，历任总统以出口管制的制度缺位构成国家紧急状态为由，根据IEEPA的授权通过行政令将该法不断延期。[42]2018年的新法几乎废除了前法

〔40〕 See Congressional Research Service, "National Emergency Powers", available at https://crsreports. congress. gov/product/pdf/RL/98-505, last visited on Jul. 18, 2023.

〔41〕 See Congressional Research Service, "The International Emergency Economic Powers Act: Key Facts", available at https://crsreports. congress. gov/product/pdf/IG/IG10012, last visited on May 26, 2023.

〔42〕 参见欧福永、罗依凯：《美国〈2018年出口管制法〉评析与启示》，载《河北法学》2022年第2期。

的所有条款，但保留了其中第 11A、11B、11C 节的规定，分别涉及违反多边出口管制、导弹扩散管制、生化武器扩散管制。对于上述规定，国会要求总统根据 IEEPA 的授权继续予以适用。③没收敌对方财产。当美国从事武装敌对行动或受到来自外国的武装攻击时，没收涉及敌对行动的任何外国人、外国组织或受美国管辖的外国财产。〔43〕如果总统针对不同寻常或特殊的威胁宣布进入国家紧急状态，那么将有权行使 IEEPA 第 1702 节授予的任何权力以应对这一威胁。这类威胁应当全部来自或相当部分来自美国境外，并对国家安全、外交政策或者经济造成损害。〔44〕自颁布以来，IEEPA 主要被用于打击恐怖主义、毒品交易、跨国犯罪等严重罪行，或者通过强制性经济措施改变被制裁国的政策。〔45〕然而由于国会的默许和法院的谦抑，总统使用 IEEPA 的频率、时长、范围和目标都在不断扩大，〔46〕并逐渐成为美国政府应对供应链风险的有力工具。

自特朗普政府开始，美国依据国家紧急状态下的授权限制外国企业在美投资，并以此构建起供应链在岸外包（Onshoring）体系。〔47〕2019 年 5 月，时任美国总统特朗普根据 NEA 和 IEEPA 的授权颁布了第 13873 号行政令，以"外国对手"〔48〕制造和利用信息、通信技术与服务中漏洞的行为对美国国家安全、外交政策及经济稳定构成不同寻常的威胁为由宣布进入国家紧急状态，授权商务部采取措施以剥除通信系统与服务业供应链中的"外国要素"，进而降低本国关

---

〔43〕　50 U. S. C. §1702.

〔44〕　50 U. S. C. §1701 (a).

〔45〕　See Barry E. Carter, "International Economic Sanctions: Improving the Haphazard U. S. Legal Regime", *California Law Review*, Vol. 75, No. 4, 1987, p. 1166.

〔46〕　参见张焕波、毛天羽：《须高度重视美国〈国际紧急经济权力法〉》，载中国国际经济交流中心编：《中国智库经济观察（2019）》，社会科学文献出版社 2020 年版，第 175 页。

〔47〕　参见杨晶滢、陈积敏：《美国供应链安全政策评析》，载《印度洋经济体研究》2023 年第 2 期。

〔48〕　根据第 13873 号行政令的定义，"外国对手"是指长期从事或在个案中严重危害美国国家安全或美国人安全的任何外国政府或外国非政府人士，参见 Executive Office of the President, "Securing the Information and Communications Technology and Services Supply Chain", available at https://www.federalregister.gov/documents/2019/05/17/2019-10538/securing-the-information-and-communications-technology-and-services-supply-chain, last visited on Jul. 18, 2023.

键信息被外国对手获取、利用的可能性。[49]2020 年 8 月，为了进一步加强对信息和通信技术与服务供应链的保护，特朗普再次援引 IEEPA 发布第 13942 号行政令[50]和第 13943 号行政令[51]，要求商务部对 TikTok、Wechat 实施封禁。次年 9 月，特朗普政府认为过分依赖外国对手加工或未加工的关键矿物，对美国的国家安全、外交政策和经济构成了不同寻常的威胁，进而颁布第 13953 号行政令以宣布进入国家紧急状态，并根据 IEEPA 的授权指示美国内政部向总统通报美国依赖外国对手加工或未加工形式的关键矿物所构成的威胁，以及针对上述威胁的应对建议。[52]

除了对华在美投资施加限制之外，特朗普还曾在推特上威胁要动用 IEEPA 要求美国企业离开中国并返回美国投资，倒逼美国供应链与中国"脱钩"。美国总统根据紧急权力对本国企业的投资行为施加限制的做法最早可以追溯到 1968 年，时任总统林登·约翰逊（Lyndon Johnson）利用前任总统杜鲁门（Harry S. Truman）于 1950 年根据《对敌贸易法》（TWEA）第 5（b）条宣布的紧急状态限制美国公司的外国直接投资，以改善英国英镑贬值后美国的国际收支

〔49〕 See Executive Office of the President, "Securing the Information and Communications Technology and Services Supply Chain", available at https://www. federalregister. gov/documents/2019/05/17/2019-10538/securing-the-information-and-communications-technology-and-services-supply-chain, last visited on Jul. 18, 2023.

〔50〕 See Executive Office of the President, "Addressing the Threat Posed by TikTok, and Taking Additional Steps to Address the National Emergency with Respect to the Information and Communications Technology and Services Supply Chain", available at https://www. federalregister. gov/documents/2020/08/11/2020-17699/addressing-the-threat-posed-by-tiktok-and-taking-additional-steps-to-address-the-national-emergency, last visited on Jul. 18, 2023.

〔51〕 See Executive Office of the President, "Addressing the Threat Posed by WeChat, and Taking Additional Steps to Address the National Emergency with Respect to the Information and Communications Technology and Services Supply Chain", available at https://www. federalregister. gov/documents/2020/08/11/2020-17700/addressing-the-threat-posed-by-wechat-and-taking-additional-steps-to-address-the-national-emergency, last visited on Jul. 18, 2023.

〔52〕 See Executive Office of the President, "Addressing the Threat to the Domestic Supply Chain from Reliance on Critical Minerals from Foreign Adversaries and Supporting the Domestic Mining and Processing Industries", available at https://www. federalregister. gov/documents/2020/10/05/2020-22064/addressing-the-threat-to-the-domestic-supply-chain-from-reliance-on-critical-minerals-from-foreign, last visited on Jul. 18, 2023.

状况。[53]由于 IEEPA 继承了 TWEA 第 5（b）条的大部分内容，因此在该法的广泛授权下，总统同样有权通过设置障碍来提高在该国的经营成本，并阻止新的美国公司进入该国，进而在很大程度上剥夺美国公司及其外国分支机构和子公司在外国有效运营或扩大投资的能力。[54]

2. 美国保障供应链安全的国际合作策略："近岸外包"和"友岸外包"的构建

除国内法律措施外，美国政府还在国际上积极推进"供应链外交"，旨在建立新的经济联盟，以作为本土供应链的必要补充。[55]鉴于美国国内政策环境、产业基础以及人力成本等制约因素，推动产业全部回流国内显然并不具有可行性，美国于是将注意力转移到了邻近国家和友好国家，通过推动构建"友岸外包""近岸外包"体系，着力与价值理念相近的国家尤其是技术先进的国家合作，建立共同的政策框架，尽可能降低供应链断链风险、提升供应链"柔性"。[56]

（1）与拉美国家构建"近岸外包"体系

近年来，美国在拉美地区积极实施"近岸外包"策略。[57]在2020 年生效的《美墨加协定》中，美国制定了严格的原产地标准，倒逼高端制造业企业加强在北美地区的供应链布局，为构建"近岸外包"体系修路搭桥。[58]2021 年，美国联合墨西哥成立了供应链工作

〔53〕 See The American Presidency Project，"Executive Order 11387—Governing Certain Capital Transfers Abroad"，https：//www. presidency. ucsb. edu/documents/executive – order – 11387 – gover-ning-certain-capital-transfers-abroad，last visited on Jul. 18, 2023.

〔54〕 See Jeffrey Bialos，"The President's Ability to Block US Business from China"，available at https：//www. law360. com/articles/1192282/the-president-s-ability-to-block-us-business-from-china，last visited on Jul. 18, 2023.

〔55〕 参见李巍、王丽：《拜登政府"供应链韧性"战略探析》，载《当代美国评论》2022 年第 2 期。

〔56〕 参见马雪：《美国减少对华供应链依赖的路径及困境》，载《现代国际关系》2022年第 10 期。

〔57〕 "近岸外包"（nearshoring）是指一国的企业将业务外包给与其地理位置相近的邻近国家和地区的企业。详见杨晶滢、陈积敏：《美国供应链安全政策评析》，载《印度洋经济体研究》2023 年第 2 期。

〔58〕 参见周祺：《全球产业链重构趋势与中国产业链升级研究》，载《东岳论丛》2022年第 12 期。

组，[59]并在 2022 年美洲峰会上宣布建立"美洲经济繁荣伙伴关系"，旨在通过扩大区域贸易联系来加强供应链的多样性、可持续性和弹性。[60] 2023 年 1 月，美、墨、加三国在北美领导人峰会上宣布要与业界一同举办首届三边的半导体论坛，并加强对北美半导体供应链的投资。[61]

（2）与"友好国家"构建供应链"友岸外包"体系

"友岸外包"沿袭"近岸外包"[62]的产业战略思想，强调供应链的多元化布局，是拜登政府平衡国家安全与保持竞争优势的又一尝试，旨在通过可信赖的双多边机制来推进供应链的多样化，从而加强美国的供应链安全。[63]在 2021 年 G20 罗马峰会期间，拜登召开了"全球供应链韧性峰会"，与会方包括 11 个 G20 成员方和 4 个非成员方。[64]2022 年 5 月，拜登在东京宣布启动"印太经济框架"，确定将供应链作为主要合作目标，[65]旨在依托位于印太地区的合作伙伴，加强关键领域的供应链透明度，并合作建立备份供应链，提升

---

〔59〕 See The White House, "FACT SHEET：2022 U. S. –Mexico High–Level Economic Dialogue", available at https：//www. whitehouse. gov/briefing–room/statements–releases/2022/09/12/fact-sheet-2022-u-s-mexico-high-level-economic-dialogue, last visited on Jul. 18, 2023.

〔60〕 参见《美国、加拿大、墨西哥等国发布关于美洲经济繁荣伙伴关系的联合声明》，载 http：//chinawto. mofcom. gov. cn/article/e/t/202302/20230203391548. shtml，最后访问日期：2023 年 7 月 18 日。

〔61〕 See The White House, "FACT SHEET：Key Deliverables for the 2023 North American Leaders' Summit", available at https：//www. whitehouse. gov/briefing–room/statements–releases/2023/01/10/fact–sheet–key–deliverables–for–the–2023–north–american–leaders–summit, last visited on Jul. 18, 2023.

〔62〕 "友岸外包"（Friend-shoring）提出于 2021 年 6 月拜登政府发布的"供应链百日调查报告"，核心是以共同价值观为标准来选取合作对象，与"可信任友好国家"间构建供应链合作和贸易关系，以保障美国供应链安全与韧性。See The White House, "Building Resilient Supply Chains, Revitalizing American Manufacturing, and Fostering Broad–Based Growth 100–Day Reviews under Executive Order 14017", available at https：//www. whitehouse. gov/wp–content/uploads/2021/06/100-day-supply-chain-review-report. pdf, last visited on Jul. 18, 2023.

〔63〕 参见刘晓伟：《产业竞争与规则重塑："印太经济框架"与美国对华经济竞争新战略》，载《云南师范大学学报（哲学社会科学版）》2023 年第 2 期。

〔64〕 See The White House, "FACT SHEET：Summit on Global Supply Chain Resilience to Address Near–Term Bottlenecks and Tackle Long–Term Challenges", available at https：//www. whitehouse. gov/briefing-room/statements-releases/2021/10/31/fact-sheet-summit-on-global-supply-chain-resilience-to-address-near-term-bottlenecks-and-tackle-long-term-challenges, last visited on Jul. 18, 2023.

〔65〕 参见陈积敏、熊洁：《拜登政府"印太经济框架"评析》，载《现代国际关系》2022 年第 8 期。

供应链多元化，并最终增强美国关键供应链弹性。[66]2022 年 7 月，美国与英国、欧盟、日本召开供应链部长级论坛（Supply Chain Ministerial Forum），并将供应链透明、多元、安全和可持续确定为开展全球供应链合作的基本原则。[67]

（二）欧盟价值观下的供应链可持续性

不同于美国，欧盟在强调战略领域的供应链韧性的同时，额外关注供应链的可持续性（sustainability），基于欧盟价值观，欧盟对供应链上下游企业的社会责任、人权义务提出了要求。欧盟认为，跨国公司向外布局供应链时，为追求低成本的生产要素损害了当地环境、劳工权利。[68]对此，欧盟希望通过强制的供应链尽职调查制度来促使跨国公司改变自身行为。[69]

1. 欧盟的企业人权尽责立法：《企业可持续性尽责指令（提案）》

2022 年 2 月 23 日，欧盟委员会正式公布了《企业可持续性尽责指令（提案）》（以下简称《提案》）。《提案》主要适用于与成员方存在紧密联系且达到一定规模的特定企业，部分体量较小的企业因具有较高人权和环境风险也被囊括在内。[70]对于此类企业，《提

---

〔66〕 参见欧定余、侯思瑶：《美国"印太经济框架"的本质、影响及中国的应对策略》，载《东北亚论坛》2023 年第 2 期。

〔67〕 参见美国驻华大使馆和领事馆：《有关就全球供应链展开合作的联合声明》，载 https://china. usembassy-china. org. cn/zh/joint-statement-on-cooperation-on-global-supply-chains，最后访问日期：2023 年 7 月 18 日。

〔68〕 参见王中美：《欧美供应链韧性战略的悖论与中国应对》，载《太平洋学报》2022年第 1 期。

〔69〕 See European Parliamentary Research Service, "Towards a Mandatory EU System of Due Diligence for Supply Chains", available at https://www.google.com/search? q = Towards + a + Mandatory+EU+System+of+Due+Diligence+for+Supply+Chains&oq = Towards+a+Mandatory+EU+System+of+Due+Diligence+for+Supply+Chains&gs_lcrp = EgZjaHJvbWUyBggAEEUYOdIB-BzU1OWowajGoAg CwAgA&sourceid=chrome&ie=UTF-8, last visited on Jul. 18, 2023.

〔70〕 受约束的企业共分为四类：A 类是依据成员国法律成立、拥有超过 500 名员工、上一财年全球总营收超过 1.5 亿欧元的企业。B 类是依据成员国法律成立、拥有 250 名员工、上一财年全球总营收超过 4000 万欧元但低于 1.5 亿欧元，且总营收的至少 50%来源于纺织和皮革业、农林牧副渔业、采掘业和金属制造业的企业。C 类是依据第三国法律成立、上一财年在欧盟境内产生净营业额超过 1.5 亿欧元的企业。D 类则是依据第三国法律成立、上一财年在欧盟境内产生净营业额高于 4000 万欧元但低于 1.5 亿欧元，且至少一半净营业额源自纺织和皮革业、农林牧副渔业、采掘业和金属制造业的企业。

案》明确要求其对自身运营、附属公司和已建立商业关系的实体和价值链[71]承担人权和环境尽责义务。[72]《提案》中与供应链相关的内容体现在受约束企业基于公平原则对供应链上下游的商业伙伴以及利益相关方所承担的额外义务。具体而言，《提案》要求受约束企业通过与直接商业伙伴订立合同的方式，确保后者遵循公司尽责政策，并通过与其商业伙伴订立类似合同的方式将受约束企业的尽责政策下沉至整个价值链网络。

2. 欧盟的企业人权尽责立法对全球供应链的潜在影响

《提案》将欧盟价值观与公司治理和贸易规则相挂钩，通过市场力量将欧盟标准传导到全球供应链各端，其根本目的在于维护本土企业在全球供应链中的有利地位，提升欧盟供应链的韧性。然而，欧盟的立法在保护区域内企业利益时将繁重的合规成本与履行负担转嫁至区域外供应链企业，并且企图在全球范围内进一步推广"欧盟价值"下的人权标准、巩固不平等的国际制度体系，极有可能加剧全球供应链中的不平等现象。[73]

欧盟的企业人权尽责立法具有域外效应。从条文表述上看，《提案》只适用于与欧盟内部市场存在特定联系的公司，或是受第三国管辖但在欧盟从事市场经营行为且占据一定市场份额的特定公司。但企业人权尽责立法通过对受约束企业施加贯穿供应链的尽责义务，将承载着欧盟价值观的可持续标准间接地延伸至与欧盟公司存在供应关系的海外公司，实现了适用范围的扩张，并最终增强了对全球

---

〔71〕 欧盟委员会《提案》以"价值链"（Value Chain）取代了过往立法中采用的"供应链"（Supply Chain）概念。欧盟委员会表示，"价值链"相对于"供应链"是一个更为宽泛的概念，进一步包括更多与公司的产品生产和服务提供相关的上下游市场主体及其活动，包括产品或服务的开发、产品的使用和处置以及上游和下游与公司建立了商业关系的相关活动。See "Answer given by Mr Reynders on behalf of the European Commission", available at https://www. europarl. europa. eu/doceo/document/E-9-2022-001564-ASW_EN. html, last visited on Jul. 18, 2023.

〔72〕 根据《提案》第3（f）条规定，"已建立的商业关系"是指与特定工商企业的直接或间接业务关系，只要这种关系是长期的或者预计将是长期的，并且构成价值链的必要组成部分，就应当认定为"已建立的商业关系"。

〔73〕 参见李卓伦：《欧盟及其成员国企业人权尽责立法评介》，载《人权研究》2022年第2期。

供应链的掌控和影响力。同时，欧盟的企业人权尽责立法体现了较为明显的保护主义倾向。尽管《提案》豁免了本土中小企业的尽责义务，[74]但《提案》也要求受约束的企业要在一定范围内确保供应商达到本国法律规定的人权保障和环境保护等实质性标准。全球供应链企业多是分布在第三世界国家的中小企业，《提案》虽然对本国中小企业的利益进行了倾斜，但却漠视了高标准下国外中小企业所面临的沉重合规负担。当这些位于发展中国家的中小企业无法达到欧盟法律标准时，位于欧盟的企业只需终止合作便能避免合规风险，而丧失商业机会的发展中国家的中小企业则难以获得有效的救济和申诉机会。

（三）美欧供应链安全保障体系的差别与趋同

从表面上看，美欧供应链安全保障体系的差别较为明显。美国的供应链政策强调要加强关键领域的供应链韧性，加强近岸战略供应链的布局；而欧盟的供应链政策更侧重于对自身价值观的输出，旨在提升供应链的可持续性，使其更符合欧盟倡导的价值观。但通过比较美欧对供应链风险的识别方式，以及提出并已经着手实施的供应链安全保障战略和具体措施，相较于表面上的差别，两者在实质上存在着许多共同特点：一方面，从价值取向上看，美欧的供应链措施均从效率导向转向安全优先。现如今全球供应链的布局是全球成千上万家企业以效率为导向进行决策，在全球范围内优化资源配置的结果。[75]但随着全球化进程的不断推进，美欧跨国公司整合全球供应链的能力逐渐下降，而部分参与供应链的发展中国家对供应链的"控制力"却大幅增强。在此背景下，美欧提出的"供应链安全"本质是将经济问题安全化，通过假想的安全威胁来改造全球供应链现有秩序，打造更有利于自身的体系。另一方面，美欧供应

---

[74] 如《提案》第7条规定，如果与受约束企业订立尽责保证合同的相对方属于中小企业，则受约束企业应当向中小企业提供有针对性的和适当的支持，并承担独立第三方审计所需费用。此外，《提案》第14条规定成员国可以对受到法律影响（不论是直接还是间接）的中小企业提供财政支持。

[75] 参见陈若鸿：《从效率优先到安全优先：美国关键产品全球供应链政策的转变》，载《国际论坛》2021年第5期。

链措施的作用逻辑也大幅重合，均在于对抗或遏制已经形成的供应链节点国家的控制力。区别只是在于，欧盟的遏制措施更具有隐蔽性，不同于美国采取单边主义措施甚至是明显违反国际贸易法的措施来实现其贸易保护主义的目的。欧盟所采取的措施力图建立在某种合法性基础之上。[76]如在《提案》中，欧盟便将尽责义务与其他价值、目标相联系，通过主张价值与目标的合法性、合理性来证明其施加义务的合法性、合理性。

三、"一带一路"供应链安全保障体系的构建

"一带一路"供应链安全保障体系的建设需要全球性、区域性、双边性条约以及相关国家的国内法律。[77]为契合"一带一路"合作各方不同的现实利益需求和认知现状，我国应主导建立一种包含多种法律规范形式的"多层次"的国际合作法律保障机制，否则"蓝图虽美"但缺乏现实可操作性。[78]

（一）多边层面的国际法工具：在世界贸易组织框架下促进供应链安全

1. 将供应链贸易纳入世界贸易组织的议题

世界贸易组织（WTO）以比较优势理论作为其理论依据，[79]旨在减少国际贸易壁垒，构建全世界范围内的公平竞争环境，促进全球贸易和经济发展。[80]跨境供应链作为国际贸易的重要组成部分，

---

〔76〕 参见程卫东：《欧盟新一轮贸易保护主义的新动向》，载《人民论坛》2021 年第 34 期。

〔77〕 参见包运成：《"一带一路"建设的法律思考》，载《前沿》2015 年第 1 期。

〔78〕 参见韩永红：《"一带一路"国际合作软法保障机制论纲》，载《当代法学》2016 年第 4 期。

〔79〕 比较优势理论由大卫·李嘉图（David Ricardo）在其代表作《政治经济学及赋税原理》（On the Principles of Political Economy and Taxation）中提出，根据该理论，一个国家和一个人一样，只要出口那些它在生产率上最具有比较优势的产品或服务，它就会从贸易中获益。比较优势是国际贸易的基础，比较优势不仅决定贸易方向，而且构成了"巨大贸易利益"的来源。每个国家应根据自己的比较优势，集中生产那些利益最大或不利较小的商品，然后通过交换，在资本和劳动力不变的情况下，增加生产总量。如此形成的国际分工和贸易对贸易双方都有利。

〔80〕 See World Trade Organization, "What is the WTO?", available at https://www.wto.org/english/ thewto_ e/whatis_ e/whatis_ e. htm, last visited on Jul. 18, 2023.

其注重的安全与效率价值充分体现于 WTO 的贸易规则中，并对其成员具有普遍约束力。[81]美欧以"美国优先""欧盟价值"为导向，试图以单边主义、保护主义代替多边主义，以区域贸易协定和双边投资协定等方式绕过 WTO 框架，WTO 在全球贸易治理的中心地位已经受到侵蚀。为了避免这种分崩离析的风险，共建"一带一路"的发展中国家作为全球化的受益者，应当坚持推动以多边贸易为基础的经济全球化，将供应链贸易的特征作为重要的变革核心引入WTO 当中。[82]鉴于 WTO 各成员方在不同议题上分歧加剧，通过"协商一致"和"一揽子承诺"（Single Undertaking）的决策和谈判方式达成合意的难度较大，可以采取开放式诸边协定这类更加灵活的决策机制和谈判方式将供应链贸易这一新议题纳入 WTO 工作轨道。[83]

2. 运用争端解决机制揭示美欧供应链措施的非法性

如果说比较优势理论是 WTO 下多边贸易体制的理论基础的话，那么 WTO 争端解决机制则是确保 WTO 多边贸易体制有效性与稳定性的制度保障。[84]单就由国家单边贸易措施引发的安全例外诉讼而言，WTO 争端解决机制是守住多边贸易体制漏洞的"最后防线"。[85]我国可以充分利用 WTO 的这一机制，就美欧规制全球供应链的程序正当性和实质正当性向专家组提出质疑。尽管因为上诉机构尚处于停摆状态，专家组报告的效力悬而未决，但其对于安全例外法理的阐释和宣扬也有助于重塑多边主义的权威，为我国驳斥供应链安全泛化的合法性与正当性提供法律依据。此外，考虑到美欧仍需借助

〔81〕 参见林俊：《新全球化环境下促进跨境供应链安全与效率的法律路径》，载《中国流通经济》2022 年第 12 期。

〔82〕 参见［瑞士］理查德·巴德温：《WTO 2.0：思考全球贸易治理》，杨盼盼编译，载《国际经济评论》2013 年第 2 期。

〔83〕 参见谢程：《诸边贸易协定和 WTO 谈判的路径选择》，载《国际经济法学刊》2019年第 2 期。

〔84〕 参见陈利强：《试论 GATT/WTO 协定之私人执行——一个美国法的视角》，载《现代法学》2008 年第 4 期。

〔85〕 参见杨梦莎：《安全例外条款的功能演进与司法审查标准——以供应链安全为视角》，载《政法论坛》2023 年第 4 期。

WTO 协定稳定其与其他 WTO 成员之间的正常贸易关系，专家组的合法性评价将对其产生深远的影响。[86]

具体而言，美国以"国家紧急状态"为由，根据 NEA 和 IEEPA 的授权限制并遏制中国企业在美正常经营活动的行为可能构成对 WTO 义务的违反。[87]尽管美国可能会援引 GATT 第 21 条的"国家安全"例外原则来进行抗辩，[88]但根据 2017 年 WTO 专家组在"俄罗斯过境货物运输案"（DS512）中作出的裁决，安全例外条款并不完全是"自裁决权"（Self-Judging），还需要专家组进行客观审查判断。[89]同时，专家组认为并非任何国家安全利益都可以提升至 WTO 协定中"基本安全利益"的高度，应以是否关乎"国家关键性职能"加以判断。[90]

欧盟的《提案》也可能对来自欧盟内部市场以外第三国的货物构成歧视性待遇或变相限制。[91]相较于欧盟本土生产的货物，来自第三国的货物必须符合可持续性标准方能进入欧盟内部市场并自由流动，反之则无法进入欧盟内部市场。这实际上变相对来自第三国的货物施加了更严格的市场准入要求。对此，《提案》的实施效果可能违反 GATT 最惠国待遇和国民待遇条款中的"非歧视原则"，《提案》规定的可持续性标准也可能构成限制国际贸易的非关税贸易壁垒。

（二）区域层面的国际法工具

除了在多边层面做好应对措施以外，区域层面已有的合作机制也是保障"一带一路"供应链安全的现实基础，应充分利用现有的

---

〔86〕 参见彭岳：《中美贸易战的美国法根源与中国的应对》，载《武汉大学学报（哲学社会科学版）》2021 年第 2 期。

〔87〕 根据 WTO 协议，任何缔约方不得实施与协议不相符的某种限制或禁止性措施。

〔88〕 参见杜涛：《国际经济制裁法律问题研究》，法律出版社 2023 年版，第 192～193 页。

〔89〕 WT/DS512/R，para. 7. 102.

〔90〕 参见刘敬东：《"国家安全"条款的适用边界及发展动向评析——以国际贸易投资规则为视角》，载《法学杂志》2023 年第 2 期。

〔91〕 参见叶斌、杨昆灏：《欧洲的权利经济转型——基于对欧洲公司可持续性尽责法的考察》，载《欧洲研究》2022 年第 6 期。

双边和多边等机制，搭建灵活开放的战略伙伴关系网络。[92]而作为目前全球最大的自由贸易协定（以 GDP 总量衡量），《区域全面经济伙伴关系协定》（RCEP）的签署不仅有利于推动各类要素在区域内的自由流动，更能够协助构建畅通安全的供应链体系。[93]

首先，RCEP 有助于提升区域内的物流效率。RCEP 要求区域内正常货物可以在 48 小时内通关。[94]物流效率的提升有助于提高供应链效率和绩效，进而关键时候加强供应链韧性，缩短供应链出现中断后恢复正常所需要的时间。其次，RCEP 的实施将巩固该地区任务合作式的供应链网络。RCEP 创建的通用原产地证书协调了各成员国关于证书的信息要求和本地内容标准。[95]据此，来自任何成员国的零部件都将得到平等对待，协定优惠税率得到充分利用，跨国公司得以更加灵活地进行产业布局，进一步推动过去集中在东亚和东南亚的生产网络向亚洲其他区域拓展。[96]最后，RCEP 从海关程序入手，提升了供应链的透明度。RCEP 要求各缔约国落实包括预裁定制度、磋商和联络点制度等各项海关合作措施，以实现尽可能早地发现并化解供应链断裂风险，促进地区和全球供应链顺畅。[97]

由于 RCEP 的大多数成员也是"一带一路"共建国，RCEP 的正式生效将更加充分地发挥平台作用，不断发挥自身制度安排优势，提升"一带一路"区域内供应链的互联互通。[98]我国应以此为契机

〔92〕 参见陈淑梅：《"一带一路"引领国际自贸区发展之战略思考》，载《国际贸易》2015 年第 12 期。

〔93〕 参见索维、张亮：《RCEP、全球价值链重构及中国的应对策略》，载《江苏社会科学》2022 年第 5 期。

〔94〕 See Audrey Cheong, "Five Ways the RCEP Creates Opportunities for Logistics in Asia", available at https://supplychainasia.org/five-ways-the-rcep-creates-opportunities-for-logistics-in-asia, last visited on Jul. 18, 2023.

〔95〕 参见王中美：《RCEP 对亚洲供应链的影响：兼论"中国加一"策略》，载《亚太经济》2022 年第 3 期。

〔96〕 参见张彦：《RCEP 区域价值链重构与中国的政策选择——以"一带一路"建设为基础》，载《亚太经济》2020 年第 5 期。

〔97〕 参见朱莉欣、马民虎：《RCEP 对区域和全球供应链安全的促进及其启示》，载《中国信息安全》2021 年第 2 期。

〔98〕 参见张建：《"一带一路"背景下贸易救济法治的规则创新与制度完善》，载刘晓红主编：《"一带一路"法律研究》（第 3 卷），中国政法大学出版社 2021 年版，第 97 页。

进一步强化东亚国家间业已存在且已比较稳定的区域内供应链，减轻对于欧美关键中间品与欧美消费市场的高度依赖，增强以中日韩为核心的东亚区域供应链韧性，以地区经济驱动消解美欧"去中国化"战略带来的负面影响。[99]并以此为基础，适时启动加入CPTPP谈判和其他高标准双边或多边贸易谈判，将地区辐射影响力进一步扩大，力争构建全球性价值链体系，推动经济全球化的健康发展，为中国的经济发展创造良好的国际环境。[100]

（三）国内法工具：紧急状态法的制定与完善

除了借助国际法维护"一带一路"供应链安全，我国应考虑通过调整和完善我国涉外法律工具箱，以提高"一带一路"供应链的"柔性"和"韧性"，尽可能降低供应链中断的概率，并提高中断时恢复的效率。

1. 立法层面：考虑制定紧急状态法，提升规则的体系性、完备程度

我国紧急状态法制长期悬空，难以应对现实存在的特定风险。[101]在现行宪法体制下，国家紧急权力主要表现为轻度形态、中度形态和重度形态。而紧急状态法代表的则是中度形态的国家紧急权力，所要应对的是一个国家或其部分地区较为严重的危机，供应链中断风险与此类风险在严重程度上较为匹配。《中华人民共和国突发事件应对法》作为匹配轻度形态的国家紧急权力之法律虽然使用频繁，但权力和权利的法律关系变化不大，在应对供应链中断这类中度危机时往往难以及时有效地回应现实需要。为了提高"一带一路"供应链的"韧性"，提高事后恢复的效率，我国可以考虑制定"紧急状态法"，明确规定当供应链因为突发事件发生中断，对国家安全、国民经济运行或对人民生命财产安全造成严重威胁时，全国人大常委会有权宣布进入紧急状态，授权作为国家行政机构的国务院组织

〔99〕 参见王厚双、孟霓禾、刘文娜：《RCEP框架下创建中日韩综合合作示范区研究》，载《亚太经济》2022年第1期。

〔100〕 参见孙丽、陈士胜、关英辉：《中国构建面向全球高标准FTA网络：主要进展、战略定位与路径创新》，载《东北亚论坛》2023年第3期。

〔101〕 参见李岳德、张禹：《〈突发事件应对法〉立法的若干问题》，载《行政法学研究》2007年第4期。

实施应急措施，包括但不限于交通管制，行业管制，征收或征用特定场所、设施、运输工具，调用储备物资，实施出入境管制等。[102]

2. 执行层面：提升反制规则的可操作性、正当性

针对外国对我国的干涉、制裁、破坏等行径，我国正不断丰富和完善对外斗争法律"工具箱"。近年颁布并实施的《不可靠实体清单规定》、《出口管制法》、《中华人民共和国阻断外国法律与措施不当域外适用办法》和《中华人民共和国反外国制裁法》（以下简称《反外国制裁法》）共同构筑了我国的反制法律法规体系。[103]自2023年7月1日起施行的《中华人民共和国对外关系法》（以下简称《对外关系法》）也对反制和限制措施作出原则性规定。[104]然而在执行层面，我国现行反制法律法规体系囿于部分条文过于简略，存在工作机制和主管机构的规定模糊甚至不一致的问题。为了进一步完善反制法律法规体系，我国可从以下几个方面进一步予以完善：

首先，设立专门性反制机构。就目前而言，我国反制规则所规定的主管机关和执法部门各不相同，有可能导致反制措施政出多门、彼此矛盾的局面。从职能分工来看，我国的反制法律法规中关于主管机构的规定不一，不利于各部门职能的精准有效发挥，影响反制工作的统一开展。[105]另一方面，反制措施的实施涉及经济贸易的各个领域，需要多个政府部门的配合。[106]有鉴于此，我国可考虑依据

---

[102] 参见金晓伟：《论我国紧急状态法制的实现条件与路径选择——从反思应急法律体系切入》，载《政治与法律》2021年第5期。

[103] 参见王毅：《贯彻对外关系法，为新时代中国特色大国外交提供坚强法治保障》，载《人民日报》2023年6月29日，第6版。

[104] 《对外关系法》第33条第1、2款规定："对于违反国际法和国际关系基本准则，危害中华人民共和国主权、安全、发展利益的行为，中华人民共和国有权采取相应反制和限制措施。国务院及其部门制定必要的行政法规、部门规章，建立相应工作制度和机制，加强部门协同配合，确定和实施有关反制和限制措施。"

[105] 就主管部门而言，《对外关系法》要求"国务院及其部门制定必要的行政法规、部门规章，建立相应工作制度和机制"。《反外国制裁法》规定由"国务院有关部门"担任主管部门。《不可靠实体清单规定》的工作机制由商务部主管；《出口管制法》建立由国务院、中央军事委员会负责的出口管制工作协调机制；《阻断外国法律与措施不当域外适用办法》下的工作机制则是由商务部主管部门牵头，会同国家发展改革委和其他有关部门负责。

[106] 参见杜涛、周美华：《应对美国单边经济制裁的域外经验与中国方案——从〈阻断办法〉到〈反外国制裁法〉》，载《武大国际法评论》2021年第4期。

《对外关系法》第 33 条的规定，由国务院及其部门设立专门的反制机构，统一协调和实施对外国政府、组织和个人的反制措施，避免行政机关各行其是。其次，建立反制措施合法性审查制度。当前我国正面临各类有关中国实施"贸易胁迫"的指责，[107]为了确保我国的反制措施在国际法层面的合法性，可以考虑增设合法性审查环节，从诸如《国家对国际不法行为的责任条款草案》的"反措施"、《维也纳条约法公约》的"重大违约"及 WTO 安全例外条款等视角出发审查反制措施合法性。[108]最后，完善反制措施的救济途径。为强化反制措施的执行力和威慑力，体现其国家主权行为的性质，[109]我国法律通常强调有关部门作出的反制决定为"最终决定"。[110]对此，从提升反制措施合法性的角度出发，应考虑在国内法机制下给予被制裁方一定的程序性保障和救济渠道，如设立复议程序，允许被制裁对象提出复议等。

（本文责编：冯　硕）

Research on Supply Chain Security from the Perspective of the "Belt and Road"

Hu Yangming, Du Tao

Abstract：Effective protection of supply chain security is a new requirement to promote the high-quality development of the "Belt and Road". By analyzing the development history and main experiences of the supply chain security system of the United States and the European Union,

〔107〕　参见杜玉琼、黄子淋：《论我国反制裁法的功能及其实现路径》，载《河北法学》2023 年第 6 期。

〔108〕　参见陈喆、韦绮珊：《〈反外国制裁法〉实施中的执法问题》，载《国际商务研究》2023 年第 3 期。

〔109〕　参见霍政欣：《〈反外国制裁法〉的国际法意涵》，载《比较法研究》2021 年第 4 期。

〔110〕　例如《反外国制裁法》第 7 条规定，国务院有关部门依据该法有关规定作出的决定为最终决定；《对外关系法》第 33 条第 3 款亦规定，依据本条第 1、2 款作出的决定为最终决定。

and combining the risk characteristics of the supply chain of the "Belt and Road", it helps to build a security framework for the supply chain of the "Belt and Road". To ensure the security of supply chain of the "Belt and Road", we should start from the multilateral level, regional level and domestic level. At the multilateral level, we should promote the inclusion of supply chain trade in the World Trade Organization and use the dispute settlement mechanism to reveal the illegality of U. S. and European supply chain measures. At the regional level, we should take the signing of RCEP as an opportunity to further strengthen the supply chain in the region and reduce the dependence on European and American products and markets. At the domestic level, measures include accelerating the enactment of emergency laws to enhance the capacity and efficiency of emergency response and thus strengthen the resilience of supply chains.

Keywords: the "Belt and Road"; Supply Chain Security; Supply Chain Risk; National Emergency

争端解决机制

上合区域国际民商事争议解决面临的困境和出路[*]

许庆坤^{**} 晁双双^{***}

摘 要： 在上海合作组织命运共同体构建中，成员国之间经贸交流日益活跃。不过，在经贸合作整体向好的态势之下，各类国际经贸纠纷也在暗流涌动。由于各国之间法治水平差异较大，区域内国际民商事争议解决在国际民事诉讼、国际商事调解和国际商事仲裁三个领域均面临不同程度的困境。对此，上海合作组织可借鉴欧盟及其他国际组织的成功经验，从国际民事司法合作、国际商事调解制度协调和国际商事仲裁制度协调三个层面探索区域内的合作路径。其中，国际商事仲裁领域的制度协调难度较小。青岛作为中国–上海合作组织地方经贸合作示范区所在地，在该地筹建上合区域仲裁中心可作为一项重要举措。

关键词： 上海合作组织；国际民商事争议；国际商事调解；国际商事仲裁；上合区域仲裁中心

作为世界上幅员最广、人口最多、极具影响力的综合性区域组织，上海合作组织（以下简称"上合"）成立二十余年来，在合力反恐、共谋发展、人文交流等领域成效显著，"四个共同体"的建构成果相当可观。尤其在近年来全球经济增长放缓的世界变局下，上合成员国之间的经贸合作增长势头依然强劲。不过，在经贸合作整

---

* 基金项目：2019 年国家社会科学基金一般项目"我国国际商事法庭重大制度革新研究"（项目编号：19BFX204）。

** 上海政法学院国际法学院教授、问渠源学者。研究方向：国际私法、美国法。负责论题选择、论点设定、论义框架和第三部分的撰写。

*** 上海政法学院国际法学院 2022 级硕士研究生。研究方向：国际私法。负责前两部分的撰写。

体向好的态势之下，各类经贸纠纷也在暗流涌动。本文拟从上合区域国际民商事争议解决面临的困境出发，从国际民事司法合作、国际商事调解与国际商事仲裁三个领域探讨应对此类困境的可行路径，并尝试提出在青岛筹建上合区域仲裁中心的具体方案，以期对解决上合区域民事争端、促进经贸合作有所裨益。

一、上合区域国际民事争议解决面临的困境

相对于其他区域性国际组织，上合内的国际民事争议相对复杂，解决难度较大。目前上合内部并存大陆法系、普通法系、伊斯兰法系、社会主义法系四大法系，成员国法律制度差异较大、法治水平悬殊。据世界银行 2022 全球治理指数 WGI 之法治指数数据显示，中国以 53.85 在上合成员国中位列第一，塔吉克斯坦以 11.06 在成员国中垫底，部分成员国间法治指数差距较大（见表 1）。下文将分别从国际民事司法合作、国际商事调解和国际商事仲裁三个领域阐释上合区域国际民事争议解决面临的困境。

表 1　2022 上合组织成员国法治指数 [1]

国家/地区	估值	标准误差	法治指数	最低值	最高值
中　　国	0.04	0.16	53.85	45.67	59.62
印　　度	−0.08	0.16	51.92	40.87	56.73
哈萨克斯坦	−0.49	0.14	34.13	24.52	44.23
巴基斯坦	−0.64	0.16	27.88	19.23	39.42
俄罗斯	−0.87	0.15	20.19	12.50	28.37
乌兹别克斯坦	−0.89	0.15	19.71	12.50	26.44
吉尔吉斯斯坦	−1.07	0.15	14.42	7.69	21.63
塔吉克斯坦	−1.19	0.16	11.06	6.25	17.79
伊　　朗	−0.95	0.17	17.79	9.62	25.48

---

〔1〕 数据来源于全球治理指数（Worldwide Governance Indicators）官方网站，载 https：//info. worldbank. org/governance/wgi，最后访问日期：2023 年 8 月 5 日。

（一）国际民事司法合作之困

诉讼作为一种典型的公力救济形式，相对于国际民事纠纷解决的其他途径，具有特殊的法律强制力，可在最大限度内保护当事方的合法权益。但在上合内部，通过诉讼解决国际民事纠纷却面临司法协助的难题。以我国为例，根据 2023 年修正后的《中华人民共和国民事诉讼法》第 293 条规定，中华人民共和国缔结或者参加的国际条约是司法协助的主要根据。但我国目前并未与其余 8 个成员国共同加入任何国际司法协助公约，与部分成员国缔结的双边司法协助协定数量也非常有限。如我国与俄罗斯、印度、巴基斯坦、哈萨克斯坦均为 1965 年《海牙送达公约》的缔约国，但伊朗、乌兹别克斯坦、吉尔吉斯斯坦、塔吉克斯坦至今尚未加入该公约；我国与俄罗斯、印度和哈萨克斯坦加入了 1970 年《海牙取证公约》，但其余成员国并非该公约的缔约国。[2]此外，我国已与俄罗斯、哈萨克斯坦、乌兹别克斯坦、吉尔吉斯斯坦、塔吉克斯坦、伊朗签订了双边民事司法协助协定，与巴基斯坦订立的司法协助条约仅限于刑事领域，与印度暂未订立任何双边司法协助条约。[3]但上述部分成员国间双边司法协助协定多签订于 20 世纪 90 年代，受时代背景限制，内容并不全面，实施成效有限。此外，目前只有我国于 2017 年 9 月正式签署《海牙选择法院协议公约》，上合其他成员国迄今尚未签署，该公约尚不能为成员国之间的司法协助提供国际法依据。[4]尽管诉讼对于争端解决具有独特优势，但司法协助存在困境依然是阻碍成员国进行司法合作的现实难题。

---

〔2〕 两公约的全称分别为 1965 年《关于向国外送达民事或商事司法文书和司法外文书公约》（Convention of 15 November 1965 on the Service Abroad of Judicial and Extrajudicial Documents in Civil or Commercial Matters）和 1970 年《关于从国外调取民事或商事证据的公约》（Convention of 18 March 1970 on the Taking of Evidence Abroad in Civil or Commercial Matters）。其缔约国数量，参见海牙国际私法会议官方网站，载 https://assets. hcch. net/docs/ccf77ba4-af95-4e9c-84a3-e94dc8a3c4ec. pdf，最后访问日期：2023 年 8 月 5 日。

〔3〕 具体司法协助协定的情况，请参见外交部官方网站，载 http://treaty. mfa. gov. cn/Treaty/web/list. jsp？nPageIndex_ = 1&keywords = %E5%8F%B8%E6%B3%95%E5%8D%8F%E5%8A%A9&chnltype_ c=2，最后访问日期：2023 年 8 月 5 日。

〔4〕 参见海牙国际私法会议官方网站，载 https://www.hcch. net/en/instruments/conventions/status-table/？cid=98#legend，最后访问日期：2023 年 8 月 5 日。

（二）国际商事调解制度协调之困

国际商事调解在提高争议解决效率、降低争议解决成本以及维护友好商事关系等方面具有显著优势，但对于上合而言，通过国际商事调解来解决区域争议却面临重重困难。从上合内部来看，受国情、经济发展水平、民族文化等多种因素影响，各成员国的商事调解制度发展水平差距大，商事调解规则各异，对其予以协调并非易事。其中，印度得益于政府的支持和重视，其调解立法相对完善。[5] 1996 年《印度仲裁与调解法》中更是对国际商事调解制度作出专门且详细的规定，赋予其与国际商事仲裁相似的地位。相比之下，上合其他成员国的商事调解制度则普遍存在较多弊病。如我国与俄罗斯尽管综合实力较强，但在商事调解领域依然面临法律制度不健全[6]、专业人才储备不足、商事调解协议不具备强制执行力等难题，商事调解制度在国内的适用率远不及诉讼与商事仲裁。从世界范围内来看，上合商事调解制度与国际商事调解制度发展不同步。2020 年 9 月 12 日，《联合国关于调解所产生的国际和解协议公约》（以下简称《新加坡调解公约》）正式生效，使经调解达成的和解协议在域外具备强制执行力成为现实。我国和印度、伊朗均已签署该公约，[7]但截至目前，上合中尚未有其他成员国对其予以批准，成员国间达成的和解协议尚无可执行性。

（三）国际商事仲裁制度协调之困

目前，上合成员国均已加入 1958 年《承认及执行外国仲裁裁决公约》（以下简称《纽约公约》）。但各成员国在加入该公约时对有关事项所作的保留有所差别。

如表 2 所示，部分成员国对承认与执行外国仲裁裁决的适用地

---

〔5〕 参见赵健雅、张德淼：《"一带一路"倡议下中印商事法律纠纷解决机制比较与制度重构》，载《青海社会科学》2020 年第 4 期。

〔6〕 在我国其仅零星地分散于最高人民法院出台的司法解释（如《关于全面推进保险纠纷诉讼与调解对接机制建设的意见》《关于全面推进证券期货纠纷多元化解机制建设的意见》）及部分地方法律法规（如《山东省多元化解纠纷促进条例》《上海市司法局关于规范本市调解组织发展的规定》）。

〔7〕 参见联合国官方网站，载 https://treaties. un. org/Pages/ViewDetails. aspx？src = TREATY&mtdsg_ no=XXII-4&chapter=22&clang=_ en，最后访问日期：2023 年 8 月 5 日。

域范围作出特别声明。其中我国在加入《纽约公约》时作出互惠保留声明，规定只在互惠的基础上对在另一缔约国领土内作出的仲裁裁决予以承认与执行。对于是否要承认与执行非缔约国的仲裁裁决，俄罗斯明确规定将非缔约国的范围限于与本国建立互惠关系的国家。此外，印度和伊朗对于该公约适用法律关系的性质作出一定保留。值得注意的是，哈、乌、塔三国在加入公约时未对任何事项作出保留。其他各成员国保留事项的种类、范围及保留程度不尽相同，增加了外国仲裁裁决在上合成员国内部承认与执行的实施难度。根据《纽约公约》第5条第2款第乙项之规定，缔约国可基于"违反公共秩序"拒绝承认与执行外国仲裁裁决。但该公约并未明确界定"公共秩序"的范围，而将解释权留给了缔约国，为缔约国法院滥用自由裁量权埋下了隐患。比如，俄罗斯联邦最高法院虽多次通过司法解释对公共秩序的内涵作出明确界定，〔8〕但法院在司法实践中对公共秩序的解读却各不相同，尤其在撤销和拒绝执行外国仲裁裁决案件时对公共秩序的理解适用更为宽泛，"同案不同判"的现象屡见不鲜。〔9〕根据俄罗斯仲裁协会（Russian Arbitration Association）调查数据显示，2008年—2017年共有472份外国仲裁裁决在俄罗斯申请承认与执行，其中45份遭到拒绝，以"违反公共秩序"作为拒绝理由的裁决高达20份。〔10〕对于公共秩序适用范围的宽泛解读不仅阻滞了俄罗斯与其他成员国间仲裁裁决的承认与执行，更打击了其他国家与其进行民商事交往的信心。

---

〔8〕 比如俄罗斯联邦最高仲裁法院主席团2005年12月22日第96号函《仲裁法院审理关于承认与执行外国法院判决、关于质疑仲裁裁决、关于签发仲裁裁决的执行令案件的实务概览》和俄罗斯联邦最高仲裁法院主席团2013年2月26日第156号函《仲裁法院审理关于以违反公共秩序为由拒绝承认与执行外国法院判决和仲裁裁决案件的实务概览》。

〔9〕 2019年6月，注册于马绍尔群岛的某航运公司根据俄罗斯联邦工商会海事仲裁委的一份生效仲裁裁决向莫斯科市仲裁法院申请强制执行。但同时被申请人援引公共秩序保留条款要求撤销该仲裁裁决，莫斯科市仲裁法院经审理支持其主张，认定该仲裁裁决违反公共秩序，并予以撤销。此后申请人向莫斯科区域仲裁法院提出上诉，仲裁法院审理后，将该案件发回重审。莫斯科市仲裁法院重审后，推翻原审裁定，支持申请人请求，即基于完全相同的事实和法律依据，莫斯科市仲裁法院在两次审理中得出了完全不同的结论。

〔10〕 数据来源于俄罗斯仲裁协会官方网站，载 https://arbitration.ru/en/，最后访问日期：2023年8月5日。

表 2　上合成员国加入《纽约公约》特别声明及保留事项一览表[11]

国　家	特别声明或保留事项	注
中　国	(a)、(c)、(h)	(a) 该国适用《纽约公约》仅限于承认与执行在另一个缔约国领土上作出的裁决。
俄罗斯	(b)	(b) 对非缔约国领土上作出的裁决，该国适用《纽约公约》仅限于提供互惠待遇的那些国家。
印　度	(a)、(c)	
巴基斯坦	(a)	(c) 该国适用《纽约公约》仅限于根据国内法被认为属于商业性质而无论是否属于合同性质的任何问题在法律关系上所产生的分歧。
哈萨克斯坦		
乌兹别克斯坦		(h) 中国政府 1997 年 7 月 1 日恢复对香港的主权后，将《纽约公约》的领土适用范围延伸至中国香港特别行政区。2005 年 7 月 19 日将《纽约公约》适用于中国澳门特别行政区。
塔吉克斯坦		
吉尔吉斯斯坦	(a)、(i)、(j)	(i) 该国在《纽约公约》的追溯适用方面提出了保留。
伊　朗	(a)、(c)	(j) 该国在涉及不动产的案件中适用《纽约公约》方面提出了保留。

二、上合区域国际民事争议解决路径的可行性分析

从全球范围内的区域性国际组织来看，欧盟区域合作取得了诸多成就，积累了较多解决成员国之间民商事争议的经验。本文将重点分析欧盟区域合作经验，并结合其他国际组织、国家和地区的相关制度和实践，从推动国际民事司法合作、国际商事调解和国际商

---

〔11〕　信息来源于联合国国际贸易法委员会官方网站，载 https://uncitral. un. org/zh/texts/arbitration/conventions/foreign_ arbitral_ awards/status2，最后访问日期：2023 年 8 月 5 日。

事仲裁的制度协调三个方面探讨上合区域民商事争议解决路径的可行性。

（一）推动国际民事司法合作

1. 借鉴欧盟强化合作机制

欧盟经历 7 次扩张后，如今共有 27 个成员国。[12]为了应对成员国增加后各国制度差异带来的挑战，欧盟引入了强化合作（Enhanced Cooperation）的灵活性机制，允许部分成员国组成次级联盟（即 ECA），[13]进而推进一体化进程。与欧盟相似，上合大家庭的成员也在不断增加。2023 年 7 月 4 日伊朗的加入是上合最近一次扩员。成员国数量增加意味着上合成员国之间的已有制度差异还在增大。在该背景下，强化合作机制也可考虑在上合部分成员国之间展开适用，如中、俄两国。首先，中、俄两国不仅为上合提供了较多的物质支持，更为其可持续发展提供了重要的理念和倡议，[14]在上合框架内主要扮演引领者角色。其次，中俄两国之间"对话而不对抗、结伴而不结盟、不针对第三国"的新型关系[15]为落实强化合作程序提供了现实可能性。最后，建立强化合作关系的国家可能会成为引领潮流的先驱，若该机制取得成果，更多的成员国会加入其行列。[16]不过，其他成员国加入无需急于一时，在强化合作模式的实施取得良好效果后，采用渐进式过程不失为一种良

---

〔12〕 参见《欧盟概况》，载 https://www.mfa.gov.cn/web/gjhdq_676201/gjhdqzz_681964/1206_679930/1206x0_679932/，最后访问日期：2023 年 8 月 5 日。

〔13〕 《尼斯条约》规定，次级联盟（ECA）的建立必须满足一系列详细的政治限制条件，如要形成 ECA，必须至少 9 个欧盟成员国参与，而且 ECA 必须获得部长理事会特定多数的批准。此外，欧盟委员会还要评估拟议的 ECA 与管理欧盟的其他机构的兼容性。

〔14〕 参见李孝天：《上海合作组织扩员后的地区定位与合作格局》，载《国际展望》2021 年第 3 期。

〔15〕 参见《2019 年 9 月 16 日外交部发言人华春莹主持例行记者会》，载 https://www.mfa.gov.cn/web/fyrbt_673021/jzhsl_673025/201909/t20190916_5418029.shtml，最后访问日期：2023 年 8 月 5 日。

〔16〕 See Tomasz Kubin, "A Last Resort or a Bypass: Development of Enhanced Cooperation and Its Meaning for the Problem of Stagnation of Integration in the European Union", *Yearbook of Polish European Studies*, Vol. 20, No. 4, 2017, p. 47.

策。[17]

毋庸讳言，上合一体化的程度逊色于欧盟，因此上合应用强化合作模式可能面临多方面的挑战：首先，《欧洲联盟运作条约》规定所有成员国都应同意将专属权限领域的主权完全移交给欧盟。而上合的一体化主要集中于经济领域，远未达到欧盟一体化的"超国家"程度，若将该机制生搬硬套极可能会导致水土不服。其次，上合成员国在结婚、离婚等领域强化合作有一定难度。继将强化合作模式引入合同、专利等商事领域后，欧盟更将其扩展至结婚、离婚、分居等民事领域，[18]但这在上合内部实操性不强。各成员国情况复杂，法系林立，社会制度迥异，在合同、侵权领域统一规则、加强合作尚有可能，在婚姻家庭领域推行一体化却极为困难。受社会政策、风俗习惯、宗教等因素影响，不仅成员国间婚姻制度大相径庭，甚至在某些成员国内部都未达成统一规则。在印度，印度教徒遵循《印度教婚姻法》的规定实行一夫一妻制，而穆斯林教徒仍然实行一夫多妻制。最后，部分成员国强化合作是否会对上合整体的统一性造成破坏值得警惕。同时，如何处理参与强化合作机制的成员国与非参与国之间的关系，保证非参与国不被边缘化，也需再三斟酌。[19]

2. 参考 WTO 体制中的诸边协定

WTO 体制中的诸边协定的适用范围与上文所述的欧盟强化合作机制有异曲同工之处，实质上也是通过部分成员国间的合作带动区域整体的合作与发展。上合成员国间法律制度差异的不断拉大，为考虑推行诸边协定提供了现实因素。在该体制下，上合中部分"志同道合"的成员国可以针对特定议题（如推动司法合作等）直接在上合整体框架下制定相应的规则。部分国家通过达成诸边协定先行先试，

---

[17] 在这方面欧盟的做法提供了良好的示范：强化合作模式在欧洲货币联盟（EMU）的框架内优先得以适用，1998 年首批 11 个欧盟国家获得了货币联盟第三阶段的资格，后来其他国家才陆续加入。

[18] 2010 年 7 月 12 日，欧盟理事会第 2010/405/EU 号决定授权在离婚和合法分居适用法律领域加强合作（2010）OJL189/12。

[19] See Massimo Bordignon and Sandro Brusco, "On Enhanced Cooperation", *Journal of Public Economics*, Vol. 90, No. 10, 2006, p. 2064.

若取得良好效果，还可以不断吸纳新成员的加入。若要在上合适用该机制，首先，需要明确诸边协定的性质。部分学者将诸边协定视为"WTO 决策机制的推动器"，意即 WTO 决策机制的补充手段，[20]这警示上合应注意平衡诸边协定与现行法律体系中实体规则与制度的关系，对诸边协定可能会造成上合制度和规则边缘化的问题应予以特别防范。其次，诸边协定是手段，推动多边化才是最终目的。上合也可考虑制定相关规则使诸边协定朝着多边化方向发展，并尽可能吸收更多的成员国加入，以防诸边协定参与国完全脱离组织整体而走向极端。

综合来看，欧盟的强化合作机制和 WTO 下的诸边协定模式皆为上合提供了宏观层面的参考，但实施措施及途径并不明确，在成员国间得以展开实践的难度较大。因此，通过以上两种方式推动上合国家间民事司法合作的可行性有待进一步论证。

（二）国际商事调解制度的协调

1. 推动上合成员国内部商事调解专门立法

如前文所述，法律法规零散且不统一、调解规则差异较大等问题严重阻碍了上合国际商事调解制度的发展，推动国内商事调解立法确有必要。2002 年，联合国国际贸易法委员会（以下简称"联合国贸法会"）出台了《国际商事调解示范法》。受该示范法的影响，全球共有 33 个国家、46 个法域以此为基础形成了各自的国内商事调解立法，[21]这些立法被联合国贸法会划分为六种立法模式。[22]遗憾的是，上合中尚没有成员国尝试以该示范法为基础对国内商事调解进行立法。基于以上六种立法模式，可以考虑基于国情、国家结构形式等因素有差别地进行国内商事调解立法。比如，我国作为单一制国家，可以采用统一型商事调解立法模式制定独立的商事调解法。

---

〔20〕 参见傅星国：《WTO 决策机制的法律与实践》，上海人民出版社 2009 年版，第217 页。

〔21〕 参见赵毅宇：《中国商事调解立法模式选择及其展开》，载《法学杂志》2023 年第3 期。

〔22〕 这六种立法模式为调解示范法模式、商事调解示范法模式、调解法模式、法律修正模式、法律协调化模式和其他立法模式。其中调解示范法模式、商事调解示范法模式、法律协调化模式属于统一型立法模式，调解法模式、法律修正模式和其他立法模式属于渗透型商事调解立法模式。

事实上，学界和实务界也早已呼吁利用《新加坡调解公约》生效的契机，积极推动国内商事调解制度的单独立法。[23]俄罗斯作为联邦制国家，更适合采用统一型立法模式中的示范法模式进行立法，对此可以参考加拿大于 2005 年通过的《统一（国际）商事调解法》及安大略省颁布的《商事调解法》。

2. 加快上合成员国对《新加坡调解公约》的批准进程

在国际调解协会（International Mediation Institute）于 2014 年进行的一项调查中，90%的受访者认为和解协议缺乏强制执行机制保障是调解用于解决跨境争端的主要障碍。[24]对于和解协议的效力问题，欧盟早于 2008 年便在《第 2008/52/EC 号关于民商事调解某些方面的指令》序言中明确指出调解与诉讼等争端解决方式具有同等地位，并指出成员国应根据国内立法情况尽量赋予和解协议以强制执行力。[25]欧盟该做法可为上合提供借鉴。如前所述，《新加坡调解公约》解决了和解协议的跨境执行问题，其规定的内容代表了国际商事调解的最新发展动向。[26]若把该公约适用于上合经贸合作与争议解决，不仅能提高其商事争议解决制度公信力，推进法治进程和国际商事交往进程，更能平衡成员国间经济、文化等领域的差异，促进各国法律及文化的深度融合，进而推动上合命运共同体构建。

《新加坡调解公约》已经生效，但迄今仅有十余个国家对其予以批准，且大多为发展中国家。[27]由于《新加坡调解公约》推行"普

---

〔23〕 参见杨秉勋：《〈新加坡调解公约〉与我国调解制度的新发展》，载《人民调解》2020 年第 1 期。

〔24〕 See International Mediation Institute, "IMI Survey Results Overview: How Users View the Proposal for a UN Convention on the Enforcement of Mediated Settlements", available at https://www.imimediation.org/2017/01/16/users-view-proposal-un-convention-enforcement-mediated-settlements, last visited on Aug. 5, 2023.

〔25〕 参见〔德〕马迪亚斯·赫蒂根：《欧洲法》，张恩民译，法律出版社 2002 年版，第 144 页。

〔26〕 参见许军珂：《〈新加坡调解公约〉框架下国际商事和解协议效力问题研究》，载《商事仲裁与调解》2020 年第 3 期。

〔27〕 目前该公约缔约国有 14 个：包括斐济、卡塔尔、新加坡、沙特阿拉伯、白俄罗斯、厄瓜多尔、洪都拉斯、土耳其、格鲁吉亚、哈萨克斯坦、乌拉圭、日本、尼日利亚、斯里兰卡。参见联合国国际贸易法委员会官方网站：https://uncitral.un.org/zh/texts/mediation/conventions/。

惠执行"机制，众多签署国仍在观望。[28]因此，上合成员国若要批准该公约，应首先着眼于本土实际，完善本国国内商事调解法律制度，并对相关制度进行及时调整，以更好地适应国际商事调解发展新趋势。

（三）推动国际商事仲裁制度的协调

在探讨国际商事仲裁作为争议解决的可行路径之前，首先需明确国际商事仲裁的制度优势。2015 年伦敦玛丽女王大学（Queen Mary University of London）国际仲裁学院所作的《国际仲裁调查》表明，仲裁裁决具备国际可执行性是其最大优势。[29]此外，仲裁裁决具备权威性，仲裁过程保密且灵活，[30]也成为当事人更倾向于选择商事仲裁以解决民商事争端的原因。《纽约公约》作为"国际仲裁大厦赖以存在的最重要的擎天玉柱"，旨在要求各缔约方按照国际标准承认与执行仲裁协议和外国仲裁裁决。上合 9 个成员国均已加入该公约，为仲裁裁决在组织内部的承认与执行提供了制度保障。

长远来看，通过上述方式解决上合区域民事争议具有一定可行性。但这种可行性相对来说更偏向理论层面，若要真正落到实处，更要考虑实际可行性。譬如，上合若要借鉴欧盟强化合作机制，应切实将二者在成员国经济实力、文化背景、资源、人力等方面存在的差距考虑在内。

鉴于国际商事仲裁的制度价值以及在成员国内部的实践现状，短期来看，构建上合区域国际商事仲裁中心可作为上合民商事争端解决合作的最佳路径。

---

〔28〕 参见孙南翔：《〈新加坡调解公约〉在中国的批准与实施》，载《法学研究》2021 年第 2 期。

〔29〕 See White & Case LLP, "International Arbitration Survey: The Evolution of International Arbitration", available at https://www. whitecase. com/insight-our-thinking/2018-international-arbitration-survey-evolution-international-arbitration, last visited on Aug. 5, 2023.

〔30〕 参见韩德培主编：《国际私法》，高等教育出版社、北京大学出版社 2014 年版，第 562~564 页。

三、上合区域国际商事仲裁中心的建构

上合已成立二十余年，为保障成员国之间经贸合作长期向好，及时高效地解决跨境经贸纠纷，推动构建更加紧密的上合命运共同体，筹建上合区域仲裁中心可为务实推动经贸合作的举措之一。青岛是"中国—上海合作组织地方经贸合作示范区"所在地，目前正全力打造国际物流中心、现代贸易中心、双向投资合作中心和商旅文交流发展中心，与上合成员国之间经贸交流活跃；当地国际商事仲裁的整体环境较好，地方政府支持力度较大。笔者将以筹建上合区域仲裁中心为视角，通过分析在青岛筹建上合区域仲裁中心的可行性及具体措施来探索上合成员国间解决民商事争议的合作路径。

（一）筹建上合区域仲裁中心的可行性

当今在青岛筹建上合区域仲裁中心不仅具有现实必要性，且据当前国内外形势来看也已经具有相当的可行性。

1. 筹建上合区域仲裁中心具有良好的国内法和国际法基础

近年来，俄罗斯、印度、哈萨克斯坦等上合成员国竞相推出仲裁新法，力求与国际通行惯例接轨以推动本国商事仲裁业的发展。其中，俄罗斯于 2018 年一读通过《俄罗斯联邦仲裁法》修正案，简化外国仲裁机构进入俄罗斯仲裁市场的法律程序；印度 2019 年出台《新德里国际仲裁中心法》，以专门立法的方式组建新德里国际仲裁中心。在国际层面，所有上合成员国均已加入 1958 年《纽约公约》，一国的仲裁裁决可在其他成员国获得承认与执行。此外，多个成员国为进一步改善本国营商环境，明确表达了推动仲裁业发展和合作的意愿。在此背景下，由中国适时提出筹建上合区域仲裁中心可助力各国仲裁业再上新台阶，有望获得成员国的积极响应。

2. 国内外类似组织或平台的成功经验为筹建上合区域仲裁中心提供了借鉴

到目前为止，国内外业已成立多家国际仲裁合作组织以促进仲裁业在不同区域的发展，这些合作组织的性质、运行机制、管理模

式、实际成效虽各不相同，但可为构建上合区域仲裁中心提供多角度的参考和借鉴。

首先，南亚区域合作联盟仲裁理事会（SRACO）对于上合内部建立争端解决机制有较强的参考价值。SARCO 作为次级组织，其设立和运行高度依赖其上级组织——南亚区域合作联盟（SAARC）。从其运行实践来看，SARCO 虽并不排除来自区域外的争议案件，但其主要服务对象仍然在区域内，这与上合建立的目的不谋而合。此外，上合作为一个区域性合作组织，其成员国数量和类型与 SAARC 非常接近，且二者的基本格局都为大国主导、小国参与。但从设立宗旨来看，上合主要以维护区域安全为目的，对于经贸领域的延伸属于探索阶段，而 SAARC 更多的是布局在经贸领域，其次级组织 SARCO 的目标也是处理商事、投资以及贸易等各项争端。因此，在上合内部，经贸合作仍处于相对较低的发展水平，从服务于实践的角度出发，若要在上合下设仲裁中心，建议将该仲裁中心的争端解决功能聚焦在民商事领域。

其次，国际商事仲裁理事会（ICCA）为建立上合区域仲裁中心提供了许多宝贵思路。作为全球最大且最为权威的关于国际商事仲裁的"智库型"NGO 组织，ICCA 集结全球在国际商事仲裁领域最为顶尖的专家，定期就国际商事仲裁领域的理论、实践以及案例进行归纳、汇总并公开发行，其中 ICCA 年报每年出版的关于汇报世界各地具有里程碑意义的法院判决形成的年度报告、大会系列及手册已成为该领域的仲裁员、律师、法官及相关学者必不可少的研究素材。在此背景下重点学习 ICCA 对专业出版物定期出版的制度很有必要。此外，若要为上合区域仲裁中心注入生生不息的动力，我们更需要找到方式吸引仲裁领域专家学者在上合国际商事仲裁平台上发表高质量文章，借力与他方共同开展课题研究并产出中文与外文双语或多语言文字性成果，以此来提高上合区域仲裁中心在国际仲裁领域的影响力。

最后，亚太仲裁调解中心（APCAM）的运行模式为建立上合区域仲裁中心提供了参考价值。APCAM 设立于印度，得益于印度相对发达的 ADR 行业，该组织的成立与推动受到了印度的官方支持。相比于其他仲裁合作组织，APCAM 更加注重实用性，更关注仲裁和调解作为国际纠纷解决机制在处理区域纠纷时的运用。对上合而言，最值得参考之处即在于 APCAM 重视调解和仲裁在解决国际商事纠纷过程中发挥的重要作用，以具体的案件为导向制定出统一的仲裁规则和调解规则。此外，APCAM 的共享仲裁员名册制度加强了对潜在会员的吸引力，我们在构建上合区域仲裁中心时也可以参考这种机构联合的模式，共享仲裁员名册，定期组织仲裁员会议，以此加强上合区域仲裁中心的凝聚力，提高运营成效。

3. 青岛市仲裁工作卓有成效，仲裁司法环境友好

青岛仲裁服务业布局合理，工作成就显著，其中青岛仲裁委员会曾被评为"全国十佳仲裁机构"和"涉外服务十佳仲裁机构"，对青岛的仲裁工作起到了引领示范作用。不仅如此，近年来青岛市各仲裁机构积极开展仲裁国际合作，国际化程度大大提高。以青岛仲裁委员会为代表的青岛仲裁机构还开展了广泛、深入的国际合作，在国际论坛、国际交流及国际合作框架搭建方面都有出色进展，尤其是与日、韩、俄多次进行国际交流。在青岛仲裁委员会发布的最新仲裁员名册中，外籍及我国港澳台地区仲裁员达 148 人，[31] 其中来自上合成员国的外籍仲裁员遍及国际商事仲裁、知识产权、贸易法、公司法、国际贸易等 17 个领域，真正兼顾到了法律以及各行业专家。此外，青岛仲裁委员会的仲裁裁决逐步获得外国法院的认可，并得以执行。例如，在 2020 年 4 月，青岛仲裁委员会作出的仲裁裁决在美国的联邦地区法院得到承认，康涅狄格联邦地区法院依据《纽约公约》裁定承认青岛仲裁委员会作出的仲裁裁决，涉案金额达800 万元人民币。这一案件为国内仲裁机构积极参与国际商事仲裁，向国际化、规范化方向发展完善提供了成功范例。此外，上合"法智谷"项目已引入多家国内外知名律师事务所，更有"一带一路"国际商事调解中心、青岛海事海商仲裁院、蓝海法律查明与商事调

---

〔31〕 参见青岛仲裁委员会官方网站，载 www.qdac.org/dsrzq/zxla/？page＝16，最后访问日期：2023 年 8 月 5 日。

解办公室等涉外法律服务机构协力保障涉上合国家商事争议解决。综上来看，青岛市整体上具备构建上合区域仲裁中心的条件，在该地筹建上合区域仲裁中心亟待提上议事日程。

（二）筹建上合区域仲裁中心的具体措施

如前所述，在青岛筹建上合区域仲裁中心已具备良好的基础条件，若能抓住这难得的历史机遇，将对上合经贸合作与民商事争议解决大有裨益。但是从提出建议到贯彻落实，环节众多，征途漫漫。在国内，该建议须经青岛市、山东省政府逐级审批，司法部和外交部等多部门协调决策；在上合内部，该建议需经执法部门领导人会议、政府首脑理事会会议、元首理事会会议等多层级讨论通过。为使该建议尽快落地，当前应当从地方层面和国家层面持续发力，切实采取有关措施扎实推动相关工作。

1. 地方层面的前期工作

首先，在地方层面需要加强筹建上合区域仲裁中心工作的组织和推介。其一，筹建上合区域仲裁中心涉及官方与民间、中央与地方、国内与国际等多个层面，若无强有力的组织统领，断难成功，因此应成立专门机构负责该事项：一方面可由示范区管委会协调省司法厅和商务厅以及青岛市司法局、商务局等部门选派骨干人员组成上合区域仲裁中心筹建委员会，直接向省推进中国—上海合作组织地方经贸合作示范区建设领导小组汇报工作，以统筹全省资源，合力推动筹建工作。另一方面可设立辅助性的专家委员会，以解决筹建中的法律和技术难题。其二，上合区域仲裁中心是新事物，根据陕西杨凌筹建上合农业技术交流培训示范基地的成功经验，上合区域仲裁中心筹建的成功同样需要大量耐心细致的前期推介和协调：一是要向省内仲裁界阐明区域仲裁中心自发形成与政府积极引导之间的辩证关系，如新加坡国际仲裁中心的快速成长与政府多方扶持和主动作为密不可分；二是向司法部和外交部等中央机构推介青岛的区位优势和上合区域仲裁中心对上合经贸合作的重要性，争取中央的政策支持和资源倾斜；三是利用上合国际投资贸易博览会、与上合成员国双边交流等契机，向其他成员国阐述区域仲裁中心对双方的互利互惠。

其次，在地方层面需要优化上合区域仲裁中心所需的硬件和软件措施。国际商事仲裁面对的是全球范围内的同行竞争，因此硬件建设应对标世界一流标准：其一，可借鉴新加坡麦克斯韦大厦（Maxwell-Chambers）的建设经验，打造专业化和人性化的综合服务中心，仲裁机构办公室、多功能会议室、现代化庭审设施和仲裁员休息室等一应俱全，相关设备和服务可以有效共享。其二，完善高端酒店、餐饮和医疗等生活配套设施，加强交通和通信的对接设施建设，尤其应注重高速而稳定的互联网工程，对于日益流行的网上仲裁至关重要。在进行硬件建设的同时，也不能忽视对相关软件措施的完善。区域仲裁中心的软件主要包括相关制度条件和仲裁文化氛围，目前可着重开展三方面的工作：一是紧抓《中华人民共和国仲裁法》修改契机，做好境外仲裁机构在青岛设立业务机构的登记管理地方立法的前期调研和准备工作；二是制定青岛"一站式"国际商事纠纷多元化解决平台操作细则，便于仲裁与调解、司法的有效对接；三是要营造良好的区域仲裁中心文化氛围，尤其是注重引导相关企业在上合经贸合作中采用推荐的仲裁条款。

2. 国家层面的相关工作

筹建上合区域仲裁中心不是一朝一夕的，其不仅需要地方层面的多方努力，更需要国家全方位的鼓励与支持。具体来看，国家层面可先推动"中国—上合区域仲裁中心"的成立，将青岛打造为上合国际商事仲裁中心的新高地，进而将业务范围拓展至国家与投资者之间的投资争议，由小及大，循序渐进，逐步发展与完善上合经贸合作的具体路径。

国家可以通过予以政策优惠、资源倾斜、逐步推进等方式促成中国—上合区域仲裁中心的成立，将青岛打造成上合国际商事仲裁中心的新高地。首先，在政策优惠方面，可以利用《中华人民共和国仲裁法》修改契机，允许境外知名仲裁机构和其他法律服务机构在上合示范区设立业务机构，同时也鼓励青岛仲裁机构到海外拓展业务。其次，对于资源倾斜，司法主管部门应适当引导国内知名仲裁机构和律师事务所等到上合示范区开展业务，设立相关国家科研项目，在示范区举办全国或国际性仲裁会议，扩大示范区在仲裁界的影响力。最后，先推动中国与其他成员国双边仲裁合作，然后适时在执法部门领导人会议上提出成立中国—上合区域仲裁中心，待时机成熟后再在政府首脑理事会会议和成员国元首理事会会议上提出中国主张，从而逐步推进"中国—上合区域仲裁"中心的成立。

（本文责编：王盛哲）

The Dilemma and Ways Out of the Resolution for
International Civil and Commercial Disputes in the SCO Region

Xu Qingkun, Chao Shuangshuang

Abstract: In the construction of the SCO community with a shared future, economic and trade exchanges among member states have become increasingly active. However, under the overall trend of economic and trade successful cooperation, various international economic and trade disputes are also surging. Due to the significant differences in the level of rule of law among member countries, the resolution of international civil and commercial disputes in the region faces different degrees of difficulties in the three fields of international civil litigation, international commercial mediation and international commercial arbitration. In this regard, the SCO can learn from the successful experiences of international organizations such as the European Union and explore regional cooperation methods in three aspects: international civil judicial cooperation, coordination of international commercial mediation system and coordination of international commercial arbitration system. Among them, the coordination of systems in the field of international commercial arbitration is less difficult. As the location of the China-SCO Local Economic and Trade Cooperation Demonstration Zone, Qingdao can be the place where the SCO Regional Arbitration Center could

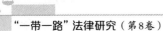
be established.

Keywords：SCO；International Civil and Commercial Disputes；International Commercial Mediation；International Commercial Arbitration；SCO Regional Arbitration Center

论中国国际商事法庭"一站式"
争端解决机制的完善*

张 骞** 杨 淼***

摘 要:"一带一路"建设持续推进,给共建国家带来巨大发展机遇的同时也使得商事争端日益增长,我国在此背景下设立国际商事法庭并创设了独特的"一站式"多元化纠纷解决机制。但是该机制功能的充分发挥受到国内和国际两方面的挑战与竞争:国内方面的挑战主要是我国具体运行规则和国内其他相关制度不甚完善;国际方面的挑战主要是其他国家的国际商事法庭在争议解决机制方面更为成熟,有可能与我国存在案源的竞争。因此需要通过移植相关制度并细化具体运行规则,使该机制得以完善,以期进一步推动"一带一路"高质量发展。

关键词:"一带一路"倡议;中国国际商事法庭;"一站式"争端解决机制

一、问题的提出

传统争端解决机制可以分为最基础的三大类,即诉讼、仲裁和调解,"一带一路"争端解决机制的基本框架也由该三种主要方式构成。"一带一路"倡议所涉范围横跨亚非欧大陆,各国政治文化和宗教背景、法律体系及惯例规则迥异,同时国际商事争端相较于国内

---

* 基金项目:2023 年度杭州市哲学社会科学规划常规性课题"借力国际区域自贸协议推动杭州数字贸易制度创新研究"(项目编号:Z23JC082)。

** 浙江财经大学教授。研究方向:国际经济法。
*** 浙江财经大学 2021 级硕士研究生。研究方向:国际法。

商事争端具有显著差异，导致在选择争端解决方式上更倾向于寻求高效、便利、灵活的处理方式。因此各国逐渐发展出专门机构以提供争端解决的法律服务，在当事人作为理性人的当然前提下，不言而喻会选择提供服务质量更高、更方便有利的机构。

中国作为"一带一路"倡议者，成立国际商事法庭，并以机构为依托建立"一站式"多元化纠纷解决机制，将诉讼、仲裁与调解方式有机结合，主要是诉讼与仲裁、诉讼与调解的衔接，为共建国家之间的争端解决途径提供更为多样且全面的选择空间，有利于提升我国争端处理机构的国际竞争力和影响力。

"一站式"，顾名思义即争端处理的流程主要在一个平台内展开，并且流程是流动的、联系的，便于提供便捷高效的争端解决服务。纠纷解决机制本身也体现纠纷处理规则与纠纷处理流程两者彼此贯穿、相互支撑的关系，学界没有形成统一的概念界定。[1]

（一）"一站式"争议解决机制的内涵

我国国际商事法庭中"一站式"将 ADR 纳入法院系统，是将多个具有国际商事纠纷解决职能的不同高度的组织和机构遵循一定程序相互衔接、相互协作而形成的一种综合性系统。该系统中包含运行主体、运行程序、运行制度等要素。[2]

国内争端处理中最早提出的"一站式"机制，是在最高人民法院 2021 年发布的《中国法院的多元化纠纷解决机制改革报告》中，该报告指出调解、诉讼等方式都是该机制中的"一元"，加强一站式纠纷解决机制衔接就是将一元转化为多元协同治理等有效效能，[3]主要体现为诉仲调衔接机制。

但是国际商事争端解决与国内争端解决依托的法律体系迥异，

〔1〕参见范愉：《非诉讼程序（ADR）教程》，中国人民大学出版社 2020 年版，第 9 页。

〔2〕参见韩红俊主编：《非诉讼纠纷解决机制（ADR）理论与实务》，法律出版社 2019 年版，第 70 页。

〔3〕参见最高人民法院：《中国法院的多元化纠纷解决机制改革报告》，载 https://www.court.gov.cn/upload/file/2021/02/20/16/19/20210220161916_60128.pdf，最后访问日期：2022 年 9 月 6 日。

"一站式"原本指便利消费者的全方位商品服务，在国际商事争端处理的语境下就是便利争端当事人的多样化法律服务。当事人选择争端处理途径的最主要考量因素就是争端处理的便捷性与实际效果。

（二）中国国际商事"一站式"争议解决机制运行基础

1. 传统商事争端解决机制不足

在国际商事争端解决方面，单一争端解决方式局限性大：首先，国际商事诉讼在各国规定不一，程序规则严密复杂，且面临着判决承认与执行的难题；其次，国际商事仲裁虽然较为灵活、保密性强，但是费用不菲且需要依靠司法强制力实现；最后，国际商事调解将意思自治原则最大化，但是缺乏权威性与执行力。因此需要多种争端解决方式结合，互通有无，相互支撑补充，实现资源配置效率最大化。

2. "一站式"争议解决机制的理论与实践发展

在理论基础方面，"一站式"争议解决机制理论为诉仲调衔接机制理论的协调发展起到奠定作用。后者是在前者基础上将意思自治原则与司法监督理论结合后进一步发展，并且在后现代法学的"软性法治"理论中体现为将法律功能强调为社会回应的工具以调整社会关系，诉讼并非唯一的争端解决途径。[4]

庞德全球系列会议（Global Pound Conferences Series）于 2018 年发布了关于调解事项的庞德会议报告。[5]该报告指出，当事人希望通过"混合模式争端解决方式"和合作机制化解争端，而非选择仲裁这种单一模式。在该会议活动和所有利益相关者中，一致关注的领域包括以下两种现象：其一，使用协议来鼓励在诉讼或仲裁等裁决程序之前使用非裁决性的争端解决程序，如调解或和解。其二，不管是在法院或仲裁机构或法庭的鼓励下还是在当事人同意后，将

---

〔4〕 参见［美］P. 诺内特、P. 塞尔兹尼克：《转变中的法律与社会：迈向回应型法》，张志铭译，中国政法大学出版社 2002 年版，第 130 页。

〔5〕 See "Global Data Trends and Regional Differences", Global Pound Conference Series (2018), p. 12, available at https://www.pwc.com/gx/en/forensics/gpc-2018-pwc.pdf, last visited on Sep. 1, 2022.

非裁决程序与裁决程序结合起来使用。这种"混合模式"〔6〕的争端解决方式可以按顺序进行，也可以平行进行，或者相互结合进行。〔7〕

在实践基础方面，我国国内的"枫桥经验"体现纠纷多元化解和源头治理的理念，十三届全国人大五次会议审议通过的最高人民法院工作报告明确指出"健全中国特色一站式多元纠纷解决和诉讼服务体系"〔8〕，并且已经出台相关立法，为我国最高人民法院设立国际商事法庭"一站式"机制提供土壤。目前由于国际商事法庭"一站式"机制并非基于我国传统制度构建，而是借鉴其他国家的实践经验设立的，国内相关制度建设并不完善，如何进一步完善"一站式"争端解决机制并使其在"一带一路"倡议下发挥更为充分有效的作用值得进一步探究。

二、国际商事法庭"一站式"纠纷解决机制中国模式的现状

中国国际商事法庭虽然主要处理国际商事案件，但仍是隶属于我国最高人民法院的常设机构，是国内法院体系的一部分。〔9〕"一站式"机制可以分为主体机构设置、衔接规则和衔接保障机制三方面，为保障该机制运行，还规定"一站式"平台、国际商事专家委员会等制度支持。〔10〕

---

〔6〕 "混合模式"的争端解决方式研究最初是由混合模式争端解决工作组进行，该机构为商事仲裁裁员协会（CCA）、国际调解协会（IMI）、美国佩珀代因大学法学院施特劳斯争议解决学院联合设立，目的是为不同的争端解决程序的结合方式制定示范标准。

〔7〕 See "Global Data Trends and Regional Differences", Global Pound Conference Series (2018), p. 12, available at https://www.pwc.com/gx/en/forensics/gpc-2018-pwc.pdf, last visited on Sep. 10, 2022.

〔8〕 参见《一站式多元纠纷解决是法治史上的创举》，载 https://www.court.gov.cn/zixun/xiangqing/353451.html，最后访问日期：2022年9月20日。

〔9〕 参见何其生课题组：《当代国际商事法院的发展——兼与中国国际商事法庭比较》，载《经贸法律评论》2019年第2期。

〔10〕 参见单文华、冯韵雅：《中国国际商事法庭：迈向国际商事争端"融解决"体系》，载 https://cicc.court.gov.cn/html/1/218/62/164/2269.html，最后访问日期：2022年9月22日。

（一）制度基础

1. 机构设置

根据《最高人民法院关于设立国际商事法庭若干问题的规定》（以下简称《法庭规定》）第 11 条第 1 款，主体机构设置包括国际商事法庭与专家委员会，还纳入符合条件的国际仲裁、调解机构。

2018 年最高人民法院办公厅公布的《关于确定首批纳入"一站式"国际商事纠纷多元化解决机制的国际商事仲裁及调解机构的通知》确定部分仲裁机构成为"一站式"机制的重要组成部分。由于纳入机构限于内地范围，在专家倡导下，于 2022 年又进一步确定广州仲裁委员会、上海仲裁委员会、厦门仲裁委员会、海南国际仲裁院（海南仲裁委员会）、香港国际仲裁中心作为第二批纳入"一站式"国际商事纠纷多元化解决机制的仲裁机构，进一步增强"一站式"平台的影响力与公信力。

国际商事专家委员会制度为"一站式"服务提供了运行保障，是一项重要的制度创新。国际商事专家委员会由 47 名来自不同国家和地区的国际知名法官、学者、律师和仲裁员组成，[11] 主要以《最高人民法院国际商事专家委员会工作规则（试行）》（以下简称《专家委员会规则》）为依据开展工作，其中第 3 条规定其主要职责：一方面，作为解决国际商事争端的权威专家与经验者，通过职能形式实现诉讼、仲裁与调解的有效衔接，如在审前主持调解，在诉讼中为案件所涉国际条约、国际商事规则、域外法律查明等方面提供法律意见；另一方面，其大多数都具有"一站式"平台中仲裁员身份，可以直接参与到案件的仲裁程序中。

此外，根据《专家委员会规则》第 6 条设立的国际商事专家委员会办公室是国际专家委员会的日常办事机构，主要进行统筹安排类事项，如为专家委员与国际商事法庭之间的沟通协调和联络提供服务与保障，为专家委员从事调解、咨询、意见和建议工作提供服务与保障，筹备、组织会议及其他日常管理事务，统筹协调国际商

---

〔11〕 参见最高人民法院国际商事法庭："专家名录"，载 http://cicc.court.gov.cn/html/1//219/235/237/index.html，最后访问日期：2022 年 9 月 28 日。

事法庭下的国际商事专家委员会运转与"一站式"平台的有效运行。

2. 程序规则

"一站式"争端解决机制以法庭诉讼为依托，以诉讼与调解、诉讼与仲裁等程序衔接为主。调解与仲裁的程序衔接也是增强国际商事法庭法律服务竞争力的重要内容，有待我国进一步完善该方面的规则。

诉讼与调解程序衔接方面，在继承我国"诉调结合"传统基础上有所改变，分为传统法官调解、专家委员会调解与法庭外调解三种，衔接机制主要体现于后两者。当事人可以根据《法庭规定》第12条以及《最高人民法院国际商事法庭程序规则（试行）》（以下简称《法庭程序规则》）第四章规定，当事人协议选择纳入机制的调解机构调解或选任专家委员会委员调解，调解程序为庭审前置程序，不调解就不庭审。

调解具体规则专门规定在《法庭程序规则》第四章"审前调解"中，该程序由国际商事专家委员会成员主持进行。经调解机构主持调解，当事人达成调解协议的，国际商事法庭可以依照法律规定制发调解书，调解书效力同最高人民法院判决效力；当事人要求发给判决书的，可以依协议的内容制作判决书送达当事人，有助于提高调解的执行力。值得特别注意的是，国际商事案件贯彻调解优先原则，除了审前调解，在案件诉讼的任何阶段，当事人均可在协商一致的情况下启动调解程序。[12]

在诉讼与仲裁程序衔接方面，主要体现在纳入机制的仲裁机构所受理的国际商事纠纷案件，当事人可以依据《法庭规定》第14条以及《法庭程序规则》第34、35条，在申请仲裁前或者仲裁程序开始后，向国际商事法庭申请证据、财产或者行为保全；在仲裁裁决作出后，可以向国际商事法庭申请撤销或者执行仲裁裁决。而根据

---

〔12〕《最高人民法院关于人民法院进一步为"一带一路"建设提供司法服务和保障的意见》（法发〔2019〕29号）第29条规定："在国际商事案件中贯彻调解优先原则，当事人同意的，可在任何阶段共同选择国际商事专家委员、国际商事调解机构或国际商事法庭进行调解。"

《中华人民共和国民事诉讼法》（以下简称《民事诉讼法》）规定，涉外仲裁案件的保全、撤销或执行申请只能由被申请人住所地或财产所在地中级人民法院裁定，但是国际商事法庭作为最高人民法院下设机构，打破级别管辖的规定，进一步加强了仲裁的司法支持。但是申请的前提是要满足标的额 3 亿元人民币以上或其他有重大影响的国际商事案件，并且申请保全是由国际商事仲裁机构提交而非当事人提交。

此外，《法庭规定》和《法庭程序规则》非常重视创造高效、灵活和便利的争端解决效果，而中国尚未加入《海牙关于取消外国公文书认证的公约》，因此案件往往需要对文件进行公证，从而耗费大量时间和金钱。但是根据《法庭程序规则》第 8 条的规定，如果证明原告身份的文件、原告的法定代表人的授权书等是在中国境外制作的，才需要进行公证证明。在技术方面，旨在充分运用现代信息技术解决纠纷，如支持案件登记、付款、档案审查、证据交换、诉讼文书的送达和听证、提交、调解和会议等程序全部在网上进行，将为位于世界不同地区的当事人节省时间和金钱成本。[13]

（二）我国"一站式"纠纷解决机制运行效果

"一站式"争端解决机制作为国际商事法庭重要创新之一，成为"一带一路"法律建设改革方面的焦点。国际商事法庭官方网站显示，截至 2022 年 11 月，第一、第二国际商事法庭公开审结案件共 8 件，包括 1 件产品责任纠纷案件和 7 件请求承认仲裁裁决案件。后者包括 3 件关于确认仲裁效力案件、2 件关于申请撤销仲裁裁决案件。[14]虽然案件整体较少，但其中关于仲裁承认的案件处理也为仲裁与诉讼衔接及"一站式"争端处理机制的完善提供经验积累。需要注意的是，由于设置的审理条件较高，当事人选择我国国际商事

---

〔13〕 See Yin, W., "Implications and Challenges of Chinese Model for Belt and Road Dispute Resolution: Analysing the Role of the China International Commercial Court and One-Stop Mechanism", *Hong Kong Law Journal*, Vol. 49, No. 2, 2019, p. 648.

〔14〕 数据来源于最高人民法院国际商事法庭官网，判决书载 https://cicc. court. gov. cn/html/1/218/180/316/index. html；裁定书载 https://cicc. court. gov. cn/html/1/218/180/221/index. html，最后访问日期：2022 年 10 月 15 日。

法庭处理商事纠纷的余地较小，案件数量少且类型少，仍存在较大制度发展空间。

三、我国"一站式"纠纷解决机制问题及竞争

国际商事法庭的设立以"一带一路"深入建设为背景，促进了"一带一路"共建国家往来便利，为争端解决提供了新平台。由于全球化发展，其他共建国家纠纷解决服务竞争激烈，而我国"一站式"纠纷解决机制正处于发展期，尚未成熟，应当提升自身国际竞争力与吸引力。

（一）自身存在的需要完善之处

1. 法官选任与有关参与人员身份限制方面存在一定局限性

从国内法院设置来看，国际商事法庭的性质更类似于最高人民法院的"巡回法庭"，法官本身就是先就职于最高人民法院，审理案件，同时也要审理提交于国际商事法庭的案件，并不具有高度独立性。根据现行法律规定，具有外国国籍的审判人员不能够担任国内法院包括国际商事法庭法官的职务，因此只能通过"一站式"下的专家委员会来实现国际人员参与国际商事争端的解决。并且由于法官目前只有14名，人数较少，有人质疑"这意味着'一带一路'争端解决的整体趋势不太可能因中国国际商事法庭成立而产生重大影响"。[15]除此之外，根据我国《民事诉讼法》及相关法律解释规定，在诉讼过程中诉讼代理人身份若为律师，也不允许外国国籍人员担任。

2. 专家委员会专家参与案件审理的深度需要进一步厘清

根据《法庭程序规则》的规定，专家委员会可以就法院审判中涉及的特殊法律问题提供咨询，并在当事人自愿选择的基础上开展其他国际商事纠纷解决服务，但是如果专家委员会与法官之间出现意见分歧该如何处理，或者专家意见在多大程度上可以被采纳，专

---

〔15〕 See Supreme People's Court Monitor, "Comments on China's International Commercial Courts", Supreme People's Court Monitor (9 July 2018), available at https://www.google.co.uk/amp/s/supremepeoplescourtmonitor.com/2018/07/09/comments-on-chinas-international-commercial-courts/amp/, last visited on Oct. 20, 2022.

家委员会机构的独立性如何得到保障都是设立后需要进一步明确的。如果专家委员会意见没有实质性影响法官决定的机制，那可能在一定程度上与专家委员会设立的初衷相背离。同时，专家委员会成员是否可以作为仲裁者或调解者参与案件争端处理，对于其仲裁员身份在《法庭程序规则》中未提及。

3. 专家委员与其他仲裁机构之间的衔接机制需要细化

与之相关，上面所述及的规则都没有对仲裁相关规则进行规定，专家委员会与其他仲裁机构之间如何建立工作联系，以及调解与仲裁之间的衔接机制等也都没有明确的规则指引。目前除了第二批加入"一站式"纠纷解决的商事仲裁机构增加了香港国际仲裁中心以外，2020 年将《关于内地与香港特别行政区相互执行仲裁裁决的安排》进一步修改为《关于内地与香港特别行政区相互执行仲裁裁决的补充安排》，有效提高了仲裁裁决在内地法院的执行率。2019 年《关于内地与香港特别行政区法院就仲裁程序相互协助保全的安排》正式施行：一方面，港仲用户持续获得内地中级人民法院在保全领域的知识和经验；另一方面，内地中级人民法院也不同程度地向国际仲裁界表现出支持仲裁的司法政策。[16] "一站式"争端解决机制仍需要在此方面作出努力。

（二）来自其他国家或地区相关机构的竞争

部分"一带一路"共建国家已经在国际商事法庭领域形成了较为完备的机制。在英国脱欧背景下，欧盟成员国中德国、法国、荷兰和比利时正在各自的国内法律体系中筹备专门的商事法院，并且为了扩展其国际业务，便利当事人，都以英语作为其第一工作语言。[17]迪拜也成立了迪拜国际金融中心法院（DIFC）作为独立的司法机

---

〔16〕 参见杨玲：《港仲携手国际商事法庭提供一流跨境争议解决服务》，载 https://cicc. court. gov. cn/html/1/218/62/164/2257. html，最后访问日期：2022 年 10 月 20 日。

〔17〕 See Ian Tucker, "Plans A Foot for English-Speaking Commercial Courts in Europe Post-Brexit: A Summary of Developments in the EU to Establish English-Language Litigation Centres following Brexit", Bruges Salmon, available at https://www. burges-salmon. com/news-and-insight/legal-updates/plans-afoot -for-english-speaking- commercial-courts-in-europe-post-brexit/, last visited on Oct. 22, 2022.

关，阿布扎比成立全球市场法院（ADGM），新加坡在其最高法院领导下设立了新加坡国际商事法庭（SICC）。

以上"一带一路"共建国家的国际商事法院的地位似乎介于传统诉讼和国际商事仲裁的模式之间，并且这些法院位于"一带一路"关键位置，参与处理"一带一路"共建国家间商业活动产生的纠纷具有较大价值。并且这些法院的审理程序是用英语进行的而且多数属于普通法系国家，这对涉及判决执行的当事人而言，似乎比中国更具有吸引力。[18]

由于新加坡司法体制与我国相似，且得益于新加坡国际仲裁中心与新加坡国际调解中心的设立，新加坡商事法院的运行较为顺利，可以为我国"一站式"机制建设提供经验。在亚洲，新加坡国际商事法院是一个裁决因跨司法管辖区的投资和贸易增长而产生的国际商业纠纷的法院，可以说它的建立在很大程度上是受亚洲裁决业务的"市场驱动"。[19]新加坡最高法院和中国最高人民法院于2018年8月签署了《关于承认与执行商事案件金钱判决的指导备忘录》[20]，该指导备忘录涵盖了新加坡国际商事法院作出的判决，由此"一带一路"共建国家可以直接在中国法院申请执行法院作出的判决，是我国与"一带一路"共建国家发展司法合作的重要一步。

1. SICC 管辖权范围更大

新加坡国际商事法院管辖权分为两种：第一种是由新加坡高等法院转呈的案件的直接管辖权，因为新加坡国际商事法院本就属于新加坡高等法院的分支机构；第二种是由当事人直接将商事争端诉诸其解决，在审查后如满足受理要求便可以得到该案件管辖权。所以最理想的情况就是其接受提交至该法院的一切案件，只要当事人

〔18〕 See Zachary Mollengarden, "One-Stop Dispute Resolution on the Belt and Road: Toward an International Commercial Court with Chinese Characteristics", *UCLA Pacific Basin Law Journal*, Vol. 36, No. 65, 2019, p. 69.

〔19〕 See Gu, Weixia, "The Dynamics of International Dispute Resolution Business in the Belt and Road", *Proceedings of the American Society of International Law Annual Meeting*, 2019, p. 373.

〔20〕《中华人民共和国最高人民法院和新加坡最高法院关于承认与执行商事案件金钱判决的指导备忘录》，载 https://www.pkulaw.com/eagn/20cd7dbf296b7ca7f9f7e98a20133061bdfb.html，最后访问日期：2022年10月26日。

合意表示同意，并且这种同意也包括默示同意。[21] 认定是否属于"国际商事"案件是受理条件之一，在认定时主要参考《联合国国际商事仲裁示范法》的相关规定，倾向于扩大解释并且争议较小。[22]

而我国国际商事法庭受理案件要求更高，也分为两种：第一种主要是依托于最高人民法院受理的一审商事案件以及相关仲裁裁决撤销、执行等案件。第二种为当事人依照我国法律规定协议选择由最高人民法院管辖并且标的额为3亿元人民币以上的商事案件。在认定受案范围时也继承《中华人民共和国涉外民事关系法律适用法》的相关司法解释规定，没有扩大认定范围，因此都为与我国实际联系较大的商事案件。"一带一路"争端的受案范围是限定于与我国联系较为密切的商事案件，在"一带一路"建设发展过程中，其他国家或当事人若没有与我国产生实质联系就无法将争端提交我国国际商事法庭。

2. SICC 法官选任更灵活

首先，为了适应新的法院体系，为当事人提供更好的争端解决服务，这些国家中的大多数都修订其立法，为国际商事争端解决提供专门的规则，甚至免除对适用于本国其他法院的某些规则的服从。法官选任方式是一个很好的例子，SICC 的法官由 19 名新加坡法官和12 名外国法官组成，其合法性来自《新加坡宪法》修正案。[23] 我国法官人选目前是最高人民法院具有相关专业知识的法官，不允许外国法官参与。不过，只允许国内法官审理国际商事案件的国家还有荷兰和德国等。

其次，在专家参与争端解决身份问题上，SICC 似乎没有将专家作为中立者看待，而是将其作为案件一方当事人代表，不代表国际商事法庭，是独立于国际商事法庭存在的。不过在外国法查明和特别事项咨询问题方面，通过新加坡国际商事法庭注册的专家可以提

---

〔21〕 Supreme Court of Judicature Act, Art. 18 F.

〔22〕 参见蔡伟：《国际商事法庭：制度比较、规则冲突与构建路径》，载《环球法律评论》2018 年第 5 期。

〔23〕 See Saatcioglu, O., "Singapore International Commercial Court（sicc）", *Dokuz Eylul Universitesi Hukuk Fakultesi Dergisi*, Vol. 23, No. 2, 2021, p. 1410.

供法律意见并提交相关文件。[24]这样就可以避免专家作为仲裁者进行案件争端解决时身份问题的疑虑。

3. SICC多元争端解决机制兼容性更强

SICC的设立与其国内多元纠纷解决机制的成功密不可分，在先成立的新加坡国际仲裁中心（SIAC）、新加坡国际调解中心（SIMC）以及SICC相互之间形成了良好的互动体系，相互联系互为补充。并且在SIMC的主要调解业务之外，还为客户在国际仲裁和诉讼之间提供其他相关服务。

在新加坡最高法院首席大法官梅达顺（Sundaresh Menon）的领导下，新加坡提出将ADR纳入司法机构作为可用的程序选择，加快调解的法治化进程，建立社区调解中心（CMC）和新加坡调解中心（SMC）专门处理商事纠纷，[25]为SIMC成立奠定了基础。另外由于《联合国关于调解所产生的国际和解协议公约》（以下简称《新加坡调解公约》）生效，新加坡作为公约参与国也将《新加坡调解公约》规定与国内法规定进行衔接，在2021年修订其国内民事调解法规定。[26]《新加坡调解法》指定的调解服务机构主要包括新加坡调解中心（SMC）、SIMC、世界知识产权组织仲裁与调解中心、新加坡国际调解协会（SIMI），并且通过立法规定形式，将调解协议作为法院执行的依据，并通过借鉴国内仲裁规则与《联合国国际商事仲裁示范法》规定，确保在调解结果确定前各方在任何法院程序中的法律地位得到维护，为其提供更大的确定性和明确性。[27]

SIAC、SIMC与SICC之间形成了一种相互支撑运作的模式，SIAC和SIMC在国际商事工作组的领导下，共同提出了"仲裁-调解-仲裁"的方案，通过审查经调解达成的和解的可执行性，其认为，

〔24〕 See Saatcioglu, O., "Singapore International Commercial Court (sicc)", *Dokuz Eylul Universitesi Hukuk Fakultesi Dergisi*, Vol. 23, No. 2, 2021, p. 1413.

〔25〕 参见《他山之石——国际商事调解动态》，2022年6月第4期，载http://www.sc-mc.org.cn/page173.html? article_ id=608，最后访问日期：2022年10月27日。

〔26〕 参见黄一文、王婕：《新加坡商事调解制度的发展及其启示》，载《商事仲裁与调解》2020年第3期。

〔27〕 See Mediation Act 2017 (Act 1 of 2017), available at https://sso.agc.gov.sg/Act/MA2017? Timeline=On, last visited on Oct. 27, 2022.

可执行性低可能是商业争端者很少使用调解的重要因素，同时成为跨国界商业争端解决中的一个关键问题。该方案提出者注意到，对《承认及执行外国仲裁裁决公约》（以下简称《纽约公约》）是否适用于以下情形存在很大的不确定性：当事人先通过调解解决其争议，然后仅仅为了将调解达成一致的内容转化为裁定而启动仲裁。而《联合国国际商事仲裁示范法》第 30 条适用情况为"在仲裁程序中"（during arbitral proceedings）解决争端。这意味着它不适用于在程序结束前已经有一个确定争端解决结果的情况。退一步来说，即使仲裁庭作出仲裁裁决，该裁决也是在当事人已经有过和解结果的前提下进行的，争端已不存在，仲裁庭也没有受理争端的前提条件。

工作组认为，如果在调解过程开始之前，各方正式提出仲裁申请并指定仲裁员启动仲裁，然后向仲裁庭申请中止程序再进行调解，那么该程序受到质疑和无效的可能性就会小得多。在这种情况下经调解达成的和解协议将完全符合《纽约公约》的执行规定，同时如果调解没有达成全面和解，争端各方可以继续进行仲裁。[28]

从整体争端解决机制运行来看，国际商事法院、仲裁机构与调解机构之间的关系形成了一个合作网络，而不是竞争网络。就中国模式而言，这种合作和司法协助仍然是有限的，因此需要进一步的行动和步骤。为实现中国模式，特别是吸引"一带一路"共建国家的当事人，有必要结合现有的司法体系，勇于开创一个范围更广、合作更紧密的工作网络。

四、"一站式"争端解决机制的完善路径

2018 年有学者提出建立一个全新的综合性的"'一带一路'争端解决中心"，该中心由"'一带一路'仲裁中心"与"'一带一路'调解中心"组成。[29]但是从国际现实状况来看，普通法国家与大陆

---

〔28〕 See Christopher Boog, "The New SIAC/SIMC AMA Protocol：A Seamless Multi-Tiered Dispute Resolution Process Tailored to the User's Needs", *Asian Dispute Review*, Vol. 17, No. 2, 2015, pp. 91-96.

〔29〕 参见廖丽：《"一带一路"争端解决机制创新研究——国际法与比较法的视角》，载《法学评论》2018 年第 2 期。

法国家在争端解决方式规定方面差异较大，难以达成一致建设争端解决机制的决定。但是基于我国"一带一路"倡议者身份与其他国家实践经验，我国目前通过进一步完善国际商事法庭下"一站式"商事争端解决纠纷机制，可以成为推进国际商事争端解决便利化和有效化的有力举措。

"在涉中国因素的国际商事争议中，大部分的中国企业选择通过仲裁方式解决纠纷，而选择通过仲裁方式解决纠纷的大部分企业选择的仲裁地在国外，而选择国外仲裁地的案件中，大部分裁决中国企业是败诉方。"[30]中国籍的仲裁员及调解员能够实际参与国际商事案件的人数十分之少，排名十分低下。[31]而调解在我国也处于快速发展阶段，截至2023年3月，已与全球22个国家和地区建立知名争议解决机构建立联合调解工作机制，[32]并且《新加坡调解公约》的正式生效标志着国际商事调解机制取得新的突破。对于以上国际局势，我国更应当积极解决来自内外部各方面的问题，更应当与国际规则接轨，在解决国际争议方面占据更主动的位置。

我国商事法庭成立至今已经受理了来自多个国家和地区的案件，官方渠道发布的典型案例至今已有30余件，并且有约50%的案件都使用"一站式"争端解决机制完成。我国国际商事法庭应当进一步深化争端解决多元化适用的理论和理念，将诉讼与仲裁优势结合，加强仲裁员行为规范，建立投资者—国家间仲裁法庭，完善仲裁与诉讼的程序衔接，设立仲裁临时措施权力机制与法庭衔接等。调解和仲裁、诉讼程序的融合规定进一步细化，将调解法治化纳入争端解决建设中。将诉仲调三者相互联结的动态互动机制充分宣传，扩大法庭与商事调解、仲裁机构的合作，突出优势与特色，增强我国

---

〔30〕 和佳：《借力"一带一路"中国应提升解决国际商事争端的话语权》，载《21世纪经济报道》2016年9月19日，第7版。

〔31〕 参见郇恒娟、张圣翠：《"一带一路"倡议下我国仲裁员制度的创新研究》，载《国际商务研究》2019年第3期。

〔32〕 参见《法制日报：为企业高质量"走出去"高水平"引进来"保驾护航——中国贸促会持续打造全链条一站式国际化商事法律服务体系》，载 https://www.ccpit.org/a/20230330/20230330 amcb.html，最后访问日期：2023年5月4日。

国际商事法庭的吸引力和影响力。

毋庸讳言，应该认识到我国国际商事法庭"一站式"争端解决机制尚处于发展阶段，与其他国家和地区的相关机制相比，我国在此方面还有较大的完善空间，因此，除了根据自身的性质完善争端解决机制外，还可以吸收和借鉴国际上的先进做法。

（一）完善专家委员（会）的职能

1. 放宽"一站式"参与主体的限制

我国专家委员会中聘任外国籍专家已为创新之举，但是相比于其他国际商事法庭，该优势并不突出。考虑到我国国际商事法庭的性质，应当在保护我国司法主权的同时，循序渐进扩大"一站式"机制参与主体范围。

大多数国际商事法庭都引入外籍法官审理案件，但是如果没有制度过渡就会对我国法律体系造成较大冲击，需要对《中华人民共和国法官法》《中华人民共和国公务员法》等进行修改，这不符合我国国情，因此需要从仲裁、调解机构入手。

我国司法部于2021年公布了《中华人民共和国仲裁法（修订）（征求意见稿）》，其中第27条进一步解决了仲裁裁决国籍归属问题，明确仲裁裁决国籍由"仲裁地"确定，若其正式通过则可以扩大国外仲裁机构引入范围。调解机构方面我国也加快了改革步伐。2022年，外交部与香港特区政府签署了《关于在香港特别行政区设立国际调解院筹备办公室的安排》，明确国际调解院筹备办公室落地香港特区的具体事宜。[33]与新加坡国际调解中心、日本京都调解中心性质不同，香港国际调解院是首个政府间调解组织，不隶属于国内组织机构。因此可以在其建立后纳入国际商事法庭"一站式"机制运行主体范围，增加可选择性，进一步深化国际化程度。

2. 进一步厘清和细化专家委员在案件审理中的职能

根据《专家委员会规则》的规定，国际商事专家委员会由最高

---

〔33〕　参见《专家：设立国际调解院筹备办公室　有助提升香港国际地位与优势》，载 https://baijiahao.baidu.com/s？id＝1748749985133509862&wfr＝spider&for＝pc，最后访问日期：2022年10月28日。

人民法院聘任的中外专家组成，专家委员会主要通过专家委员个人履行职能。受国际商事法庭的委托，专家委员除了主持调解国际商事案件外，其他的职责则是为相关机构的专门性法律问题提供专业咨询意见，以及提供发展规划和司法解释等的意见和建议。[34] 因为这些专家委员都是本领域内的专业性顶尖人才，这里有这么几种可能：一是其以专家委员的身份介入案件的审理；二是其以仲裁员的身份介入案件的审理。如果以专家委员的身份介入案件，按照现行《专家委员会规则》，该专家委员的职能只是提供专业性咨询意见，并不能介入到案件审理的决策，这大大限制了专家委员的专业性。我们建议充分发挥专家委员会的专业性特点，把其作为国际商事案件的"法庭之友"，参与到国际商事案件的审判活动当中。在权限上，专家委员的职权比"法庭之友"更进一步，当专家委员与法官之间出现意见分歧时，通过投票，按少数服从多数意见裁决。如果专家委员会意见没有一种实质性影响法官决定的机制，则专家委员会的设置将会是摆设。当专家委员以仲裁员的身份介入案件审理时，则是下面一种情形。

3. 增强专家委员的调解职能

首先，明确区分专家委员和仲裁员的身份。有些专家委员同时也是"一站式"平台中仲裁机构的仲裁员。如果当事人选择了这些专家委员担任案件的仲裁员，则面临着专家委员和仲裁员的身份区分问题。例如，专家委员与"一站式"仲裁员是否可以同时兼任？以及由此产生的利益冲突如何解决？目前《专家委员会规则》等尚无明确的规定。为解决此类问题，建议借鉴新加坡 SICC 的做法，明确区分这两种身份，专家委员和仲裁员的身份不能同时兼具。[35]

其次，建立"专家委员会调解中心"。目前的专家委员会相当于中国国际商事法庭的"顾问团队"，为了进一步体现专家委员会的专

---

〔34〕 参见《最高人民法院办公厅关于印发〈最高人民法院国际商事专家委员会工作规则（试行）〉的通知》，载 http://cicc.court.gov.cn/html/1/218/149/192/1126. html，最后访问日期：2022 年 11 月 1 日。

〔35〕 SICC Rules of Court, O. 110, r. 1（1）and r. 25（2）.

业性特点，可以将专家委员的调解职能剥离出来，建立"专家委员会调解中心"，作为一个与诉讼、仲裁并列的机构，共同构成"一站式"纠纷解决平台。当事人可以从调解中心中选择专家委员作为调解员，专家委员独立从事调解工作，经过调解达成的调解协议由国际商事法庭审核后，可以依法形成相应的调解书，该调解书同样具有法律效力。建立"国际商事专家委员会调解中心"体现了"调解优先、调判结合"的人民法院工作原则。通过该中心，专家委员的调解职能既得到了专业化的体现，又做到了调解与诉讼、仲裁相衔接。

（二）完善"一站式"争端解决运行机制

中国国际商事法庭相关规则主要以最高人民法院发布的文件为依据，规范了中国模式下的基本运行框架和关键规则以及几个主要的创新举措，而关于"一站式"具体如何连接不同机制、专家委员会法律定位以及判决的执行等问题亟待进一步解决。在目前规则下可能只能在与我国有较密切联系的国际商事案件选择国际商事法庭解决较为合适，作为一个国际性平台需要进一步深化我国国内法律制度体系改革，增加国际化程序规则的适用。

1. 适当放宽管辖权限制

前文提到我国国际商事法庭认定的"国际商事案件"还是沿袭了国内法关于涉外案件的判定，并且可受理案件范围受到最高人民法院审理范围限制；仲裁方面受到仲裁机构受理仲裁案件的限制，并且实行单轨制制度，国际性不明显。这里可借鉴 SICC 的做法，在法庭管辖权认定范围上，对"国际商事"进行扩张解释，但是不能完全取消关于案件审理范围的限制，且如果当事人直接选择仲裁或调解程序则可以逐步放开案件范围。只要当事人在提交争端前合意选择我国国际仲裁机构或者采用调解程序，则无论案件是否与我国有关联都可以受理，具体限制规定可以进一步明确。

2. 允许当事人合意申请使用英文进行审理

由于我国国际商事法庭法官目前都为最高人民法院任职法官，使用语言都为中文，因此其他国家当事人由于语言障碍会降低选择我国法庭进行审理的积极性，但是国际商事法庭审理案件都为涉外案件，翻译成本费用过高，因此，应当在法官遴选条件中提高对英语水平的要求，并且增加对当事人合意申请使用英文审理的规定。

3. 加快建立我国商事调解法律体系

"一站式"纠纷机制下的商事调解机制目前只规定在庭前调解方面，并且由于我国国内商事调解立法体系未完善，对于双方达成的调解协议的执行力问题仍有待解决，需要我国调解立法的支持。

首先需要界定可提供调解的商事争端范围，尽量与《新加坡调解公约》与《联合国国际商事仲裁示范法》接轨，采用反向规定的方式，严格界定不可通过调解处理的争端类型，可以参考我国《民事诉讼法》相关司法解释[36]规定，包括适用非诉讼程序的商事案件或者涉及适用破产程序、物权、知识产权确权由民事调解机构处理的商事案件等。其次应当尽快完善国内立法支撑，制定"民事调解法"，将各类调解类型共同性规定整合在一部法律总则中，分则中规定各类调解的特殊规定，商事调解首先应当以行政法规经过实践检验后按照立法程序将其转化为"民事调解法"中的具体规定，并加强与《民事诉讼法》的衔接。[37]

4. 细化"一站式"衔接和融合规则

目前诉仲调三者的关系为"庭前调解与诉讼程序衔接，仲裁调解融合机制以及诉讼支持仲裁"。该制度主要体现在《法庭规定》第11条与第14条中，在"一带一路"倡议背景下需要与国内法传统诉讼、仲裁和调解在衔接程序方面作出改变，其发展是双向的，既涉及本地化的全球主义，也涉及全球化的地方主义。[38]一方面需要在制度改革中参考国际经验，另一方面也要将本土规范推广或在一定程度上保留本土特色。

从调解机制出发，最主要任务是划分诉讼程序中的调解和专业

---

〔36〕《最高人民法院关于适用〈中华人民共和国民事诉讼法〉的解释》第143、355条。

〔37〕参见周建华：《商事调解立法体系的递进式构建研究》，载《北京理工大学学报（社会科学版）》2022年第5期。

〔38〕See Kun Fan, "'Glocalizatio' of International Arbitration—Rethinking Tradition：Modernity and East-West Binaries through the Lens of China and Japan", *University of Pennsylvania Asian Law Review*, Vol. 11, 2017, p. 243.

化的调解，将仲裁与调解结合，尤其是在先调解后仲裁这类情况下的仲裁调解融合机制明确化：首先，调解本身就是依靠最大化双方的意思自治进行，因此应当以"尊重意思自治"为根本指导，并且尽快建立专业调解机构如"国际商事专家委员会调解中心"等，明确专家委员会参与调解的规则，在调解员任命、调解程序推进、调解员报酬及调解协议的法律效力方面建立相对全面的规则体系。这一体系需要商事调解立法体系的支撑。其次，借鉴国际上仲裁与调解衔接的先进理论与实践，先调解后仲裁可以分别在独立机构进行，避免人员利益接触，完善回避制度；先仲裁后调解则可以借鉴新加坡模式，设立中止仲裁启动调解程序，调解不成可以继续仲裁程序。

从仲裁机制出发，主要是加强诉讼与仲裁的衔接，仅通过司法支持仲裁的方式具有局限性，需要允许"一站式"机制的案件当事人在合意的基础上变更争端解决方式。但是目前诉讼具有更优先的效力，虽然双方可能事先达成仲裁协议，但是先将争议提交至法院，法院受理后就不能以有仲裁协议为由停止诉讼。这也意味着"一站式"平台的仲裁案件在大多数情况下无法再次选择国际商事法庭的诉讼程序。而香港《仲裁条例》的规定与内地的规定不同，其规定在当事人就案件争议提交法院后就案件争议第一次申述前提出要求仲裁，法院应当让当事人诉诸仲裁并搁置诉讼程序的进行。[39]同时《香港国际仲裁中心仲裁规则》第13.8条对此作出进一步规定，可以实现诉讼与仲裁的灵活转化。香港国际仲裁中心作为"一站式"争端解决机制下的重要机构，内地可以考虑在该方面与其衔接。

《中华人民共和国仲裁法（修订）（征求意见稿）》也注重与国际仲裁接轨，在第91条纳入临时仲裁制度，并在第92条进一步规定在当事人无法选定仲裁员的情况下，由仲裁机构协助临时仲裁庭组成。若其通过后，可以在"一站式"机制规则中纳入临时仲裁程序规则，扩大当事人意思自治空间。但是《中华人民共和国仲裁法（修订）（征求意见稿）》第93条规定，备案机构为中级人民法院，

---

〔39〕 The Hong Kong Cap. 609 Arbitration Ordinance, Art. 20.

而"一站式"机制是在最高人民法院下运行，因此需要进一步完善备案规定与程序衔接规则。

5. 促进"一站式"平台下机构间联动

"一站式"平台现有 10 家仲裁机构与 2 家调解机构，并且纳入香港争议解决机构，但是机构运行还是相对独立的，案件并没有实现在各机构下的无障碍流动，与"一站式"下无障碍运行的理想化设计仍有一定差距。因此可以构建一个"共享案号"机制，参考"代码共享航班"的理念，实现一个案件在不同机构流转时有一个共享案号方便存档整合，并且每个机构也有权附上自己机构的案号，为案件无障碍流动创造条件。同时也需要推进"一站式"案件处理平台的建设，利用互联网技术将各机构之间的工作对接通过网络平台机制进行，从而提高工作效率。[40]

6. 拓展"一站式"域外法查明平台

早在 2019 年底，最高人民法院民四庭与包括蓝海中心在内的五家机构签订了合作框架协议，共建域外法查明统一平台，并且专家委员会设立后也提供域外法查明咨询服务。目前统一的域外法查明平台已在中国国际商事法庭官方网站正式上线，自 2021 年 7 月该平台被并入最高人民法院"一站式"国际商事纠纷多元化解决平台，并成为其中一个相当活跃的服务模块。

对于处理国际商事争端的国际性机构来说，域外法查明的需求大是不言而喻的，但是国内传统域外法查明机制难以满足当下需求，需要进一步扩大查明途径。在《法庭规定》第 8 条增加了"法律查明服务机构提供"、"国际商事专家委员会专家提供"及"其他合理途径"，但是规定仍较为粗疏，需进一步细化查明规则，出台相关司法解释或规则。从平台服务角度来看，需要进一步扩大平台的外溢效应，可以加大与"一带一路"各国法律部门、当地法律协会等组织的联系，逐步完善平台提供的法律检索库。

---

〔40〕 参见单文华、冯韵雅：《中国国际商事法庭：迈向国际商事争端"融解决"体系》，载 https://cicc.court.gov.cn/html/1/218/62/164/2269.html，最后访问日期：2022 年 9 月 22 日。

结　语

　　"一站式"多元化纠纷解决机制作为我国"一带一路"司法建设的重要创新之一，旨在为共建国家间的商事纠纷提供便捷、有效的解决途径，提升我国国际商事法庭国际影响力与国际竞争力。该机制集诉讼、调解与仲裁为一体，三者衔接，相互补充，体现了弱化诉讼程序，尊重当事人意思自治的国际私法原则，满足当代纠纷多样化、高效化处理的国际需求。

　　"一站式"纠纷解决机制主要依托"一站式"平台建立，在机构设置方面，以国际商事法庭与专家委员会为主体，并纳入我国符合规定的国际仲裁与调解机构；在程序设计方面，主要以诉讼为主，并将调解和仲裁与诉讼衔接，完善证据提交规则等。从该机制实际运行结果来看，由于国际法庭设立时间较短且受理案件条件要求较高，因此案件数量少且类型集中于请求承认仲裁裁决。由此可见，在国际司法服务竞争的背景下，我国"一站式"纠纷解决机制不应局限于金额大且影响较大的国际商事案件，而应注重争端解决司法服务意识和服务竞争意识的提高，以提升我国国际商事法庭司法服务的国际影响力与竞争力。

　　我们处于世界紧密联系的人类命运共同体时代，我国的国际商事法庭顺应潮流，发挥我国多元化纠纷解决经验积累的作用。相比欧美、中亚部分国家，我国国际商事法庭建立较晚，但设立距今已有 5 年，随着实践发展与经验积累，需要进一步以建设具有国际竞争力与影响力的司法服务机构为目标，不断提高专业性与国际化程度，推动我国司法纠纷解决制度进一步完善，引领"一带一路"国际商事争端解决机制的发展。

（本文责编：殷敏）

On the Perfection of the "One-Stop" Dispute Settlement Mechanism of the International Commercial Court of China

Zhang Jian, Yang Miao

Abstract: The construction of the "Belt and Road" continues to advance, bringing great development opportunities to countries, but also increasing demand for commercial disputes. Against this background, China has established an international commercial court and created a unique "One-Stop" diversified dispute resolution mechanism. However, the full play of the function of the mechanism is subject to domestic and international challenges and competition. The main domestic challenge is that China's specific operating rules and other relevant domestic systems are not perfect; the main challenge in the international arena is that the international commercial courts of other countries are more mature in the dispute settlement mechanism, and may compete with China in the source of cases. Therefore, the mechanism needs to be improved by transplanting relevant systems and refining specific operating rules, with a view to further promoting the construction of the "Belt and Road".

Keywords: the "Belt and Road" Initiative; China International Commercial Court; "One-Stop" Dispute Settlement Mechanism

"一带一路"视野下投资者—国家仲裁机制的完善进路

姜懿格[*]　李伟芳^{**}

摘　要：随着"一带一路"倡议持续推进，共建国家之间的投资往来日益频繁，投资者与国家之间的争端也随之增加。通过剖析"一带一路"涉华投资者与国家仲裁案可以发现，涉华仲裁案存在可仲裁范围争议、调解机制形同虚设、裁决撤销机制越权现象以及同案不同判等问题。然而既有的国际投资争端解决机制以及现行 ISDS 机制改革方案难以切实满足"一带一路"倡议的发展需求，因此建立相对完善的"一带一路"视野下 ISDS 机制至关重要。目前 ISDS 机制正处于变革浪潮中，"一带一路"视野下 ISDS 机制的革新需充分考虑投资争端的改革动因以及路径选择等因素。现阶段，囿于国内及国际现实因素，尚不具备建立专门的"一带一路"投资争端解决中心的条件。作为"一带一路"倡议的发起国，我国目前更为可行的路径是重点关注仲裁范围以及仲裁程序等规则的完善，打造兼具开放包容和协调统一的 ISDS 机制。

关键词："一带一路"倡议；投资者—国家争端解决；投资仲裁

引　言

习近平主席 2013 年提出"一带一路"倡议以来，中国已经与150 多个国家和 30 多个国际组织签署了共建"一带一路"合作文

---
* 华东政法大学 2022 级硕士研究生。研究方向：国际法。
** 华东政法大学教授，博士生导师。研究方向：国际公法、比较环境法、文化遗产法。

件。〔1〕"一带一路"倡议为共建国家带来经贸投资便利的同时，也不可避免地使投资者与国家间的争端增加。由于在投资者与国家的投资纠纷中，难免会涉及国家主权等政治因素，因此具有中立性的国际仲裁成为"投资者—国家"争端解决（Investor-State Dispute Settlement，ISDS）的最主要方式。然而，ISDS 仲裁机制正面临"正当性危机"，〔2〕原因在于仲裁裁决缺乏一致性、可预测性和正确性；仲裁程序缺乏透明度；仲裁员缺乏或看似缺乏独立性和公正性等。〔3〕基于此，目前世界各国正积极参与联合国国际贸易法委员会（United Nations Commission International Trade Law，UNCITRAL）第三工作组关于改革 ISDS 机制的解决方案，各国所提出的改革方案为"一带一路"视野下 ISDS 机制的完善提供了参考。

在投资者与国家间争端解决机制改革加快的背景下，"一带一路"ISDS 仲裁机制也亟须进一步完善。其中存在一个关键问题亟待论证，即是否有必要建立专门的"一带一路"争端解决中心。关于该问题目前主要有两种观点：一种观点认为，在充分考虑现行的 ISDS 机制的基础上，确有必要构建专门的"一带一路"倡议的争端解决中心；〔4〕另一种观点认为，应当优先利用现有的 ISDS 机制并适当进行完善，进而逐步向统一的"一带一路"ISDS 机制过渡，目前暂无必要建立专门的"一带一路"ISDS 机制。〔5〕短期来看，构建专门的"一带一路"ISDS 机制的必要性和可行性较低。现阶段应重点关注在"一带一路"视野下现有的 ISDS 机制中所存在的问题及其完善，从而更好地满足"一带一路"共建国家与投资者的迫切需求。当然，也不完

---

〔1〕 参见《习近平在第三届"一带一路"国际合作高峰论坛开幕式上的主旨演进（全文）》，载 https://www.yidaiyilu.gov.cn/p/0PS29GKL.html，最后访问日期：2023 年 10 月 19 日。

〔2〕 参见陈安主编：《国际投资法的新发展与中国双边投资条约的新实践》，复旦大学出版社 2007 年版，第 165、270~271 页。

〔3〕 参见联合国国际贸易法委员会：《第三工作组（投资人与国家间争端解决制度改革）第三十七届会议工作报告》，A/CN.9/970，第 5 页。

〔4〕 参见初北平：《"一带一路"多元争端解决中心构建的当下与未来》，载《中国法学》2017 年第 6 期；张晓君、陈喆：《"一带一路"区域投资争端解决机制的构建》，载《学术论坛》2017 年第 3 期。

〔5〕 参见石静霞、董暖：《"一带一路"倡议下投资争端解决机制的构建》，载《武大国际法评论》2018 年第 2 期。

全排除在将来条件成熟时构建专门的"一带一路"争端解决中心，进而为人类命运共同体理念注入新机制、新动力。

一、"一带一路"视野下涉华投资者与国家仲裁案问题探析

近年来，有关投资者与国家间的投资争端日益增加，"一带一路"共建国家或者投资者往往选择诉诸国际投资争端解决中心（The International Center for Settlement of Investment Disputes，ICSID）[6]，亦或是在海牙常设仲裁院（Permanent Court of Arbitration，PCA）[7]进行争端解决，并不排除瑞典斯德哥尔摩商会仲裁院、国际商会仲裁中心、伦敦以及香港国际仲裁中心等其他机构作出的相关涉华案件。[8]这些国际投资案件大多涉及"一带一路"国家，其中既包含投资者起诉中国的案件，也包括中国（含港澳）投资者诉外国政府的投资案件。

（一）可仲裁事项存在矛盾裁决

"一带一路"共建国家之间所签署的双边投资协定（Bilateral In-

---

〔6〕 ICSID 受理的中国（含港澳）投资者诉外国政府投资仲裁案包括：谢业深诉秘鲁案（ARB/07/6）、香港渣打银行诉坦桑尼亚案（ARB/10/20）、中国平安保险公司诉比利时案（ARB/12/29）、北京城建诉也门案（ARB/14/30）、澳门世能投资有限公司诉老挝案（ADHOC/17/1）、冯振民诉韩国案（ARB/20/26）、Alpene Ltd（香港）诉马耳他案（ARB/21/36）、叶琼和杨建萍诉柬埔寨案（ARB/21/42）、华为技术有限公司诉瑞典案（ARB/22/2）、PCCW Cascade（中东）有限公司诉沙特阿拉伯案（ARB/22/20）以及中国电建集团和中铁十八局集团有限公司诉越南案［ARB（AF）/22/7］。ICSID 受理的外国投资者诉中国案包括：马来西亚伊桂公司诉中国案（ARB/11/15）、韩国安城住房株式会社诉中国案（ARB/14/25）、德国海乐公司诉中国案（ARB/17/19）、日本宏大通商株式会社诉中国案（ARB/20/22）、新加坡 Goh Chin Soon 诉中国案（ARB/20/34）、新加坡亚化集团和西北化工公司诉中国案（ADM/21/1）。

〔7〕 PCA 受理的中国（含港澳）投资者诉外国政府投资仲裁案包括：北京首钢诉蒙古国案（2010-20）、黑龙江国际经济技术合作公司诉蒙古国案（2010-20）、秦皇岛秦龙国际实业有限公司诉蒙古国案（2010-20）、澳门世能投资有限公司诉老挝案（2013-13）、中山富成实业投资有限公司诉尼日利亚案。PCA 受理的外国投资者诉中国案包括：英国国民宋宇诉中国案（2019-39）、新加坡 Goh Chin Soon 诉中国案（2021-30）。

〔8〕 根据 UNCTAD 网站公布的投资争端案件，已知的 ISDS 案件主要由以下几个机构管理：ICSID（782 个案件）、PCA（226 个案件）、斯德哥尔摩商会（56 个案件）、国际商会仲裁中心（24 个案件）、伦敦国际仲裁中心（5 个案件）、莫斯科工商会（3 个案件）、开罗国际商事仲裁区域中心（2 个案件）、香港国际仲裁中心（1 个案件）、巴拿马冲突解决中心（1 个案件）。See UNCTAD, "Investment Dispute Settlement Navigator, Institutions", available at https://investmentpolicy. unctad. org/investment-dispute-settlement, last visited on Jun. 10, 2023.

vestment Treaty，BIT）是解决投资者—国家争端的重要法律依据。至今在我国与"一带一路"共建国家所签订的 86 个 BIT 中，〔9〕约 60% 的双边投资协定规定可将"有关征收补偿款数额的争议"提交国际仲裁。〔10〕我国在批准加入《华盛顿公约》时对该项规定曾作出专门解释，即"仅限于关于征收、国有化补偿额的争议"〔11〕，但在中国所提交的批准书中的相关表述为"征收补偿争端"，〔12〕致使在实践中对该项规定是否仅包含数额（Amount）产生了不少案件的管辖权争议。

在中国投资者诉外国政府的相关仲裁案件中，便对"有关征收补偿款数额的争议"的仲裁范围具有不同的认定：仲裁庭所作裁决既存在狭义解释，也存在广义解释。例如，在 2010 年黑龙江国际经济技术合作公司诉蒙古国案中，争端双方就《中蒙 BIT》第 8.3 条关于征收补偿所涉及的管辖权进行争论，仲裁庭认为由于对该项条款缺乏具体且明确的规定，对于"有关征收与补偿款数额"的规定

---

〔9〕 "一带一路"共建国家与我国签订合作文件并签订 BIT 的国家有 86 个：欧洲（23 个）：卢森堡、意大利、奥地利、波兰、保加利亚、俄罗斯、匈牙利、捷克、斯洛伐克、葡萄牙、希腊、乌克兰、摩尔多瓦、白俄罗斯、阿尔巴尼亚、克罗地亚、爱沙尼亚、斯洛文尼亚、立陶宛、罗马尼亚、北马其顿、马耳他、塞浦路斯；亚洲（32 个）：泰国、新加坡、科威特、斯里兰卡、马来西亚、巴基斯坦、土耳其、蒙古国、乌兹别克斯坦、吉尔吉斯斯坦、亚美尼亚、菲律宾、哈萨克斯坦、韩国、土库曼斯坦、越南、老挝、塔吉克斯坦、格鲁吉亚、阿联酋、阿塞拜疆、印度尼西亚、阿曼、沙特阿拉伯、黎巴嫩、柬埔寨、叙利亚、也门、卡塔尔、巴林、伊朗、缅甸；大洋洲（2 个）：新西兰、巴布亚新几内亚；非洲（18 个）：加纳、埃及、摩洛哥、津巴布韦、阿尔及利亚、加蓬、尼日利亚、苏丹、南非、佛得角、埃塞俄比亚、突尼斯、赤道几内亚、马达加斯加、马里、坦桑尼亚、刚果、玻利维亚；美洲（11 个）：玻利维亚、阿根廷、乌拉圭、厄瓜多尔、智利、秘鲁、牙买加、古巴、巴巴多斯、特立尼达多巴哥、圭亚那。参见《我国对外签订双边投资协定一览表》，载 http://tfs. mofcom. gov. cn/article/Nocategory/201111/20111107819474. shtml，最后访问日期：2023 年 6 月 11 日。

〔10〕 参见龚柏华：《涉华投资者—东道国仲裁案法律要点及应对》，载《上海对外经贸大学学报》2022 年第 2 期。

〔11〕 Jane Y. Willems，"The Settlement of Investor State Disputes and China：New Development on ICSID Jurisdiction"，*South Carolina Journal of International Law and Business*，Vol. 8，No. 1，2011，p. 27.

〔12〕 "Pursuant to Article 25 （4） of the Convention, the Chinese Government would only consider submitting to the jurisdiction of the International Centre for Settlement of Investment Disputes disputes over compensation resulting from expropriation and nationalization." See ICSID News, "China Ratifies the ICSID Convention", available at https://icsid. worldbank. org/en/Pages/about/MembershipStateDetails. aspx？state＝ST30, last visited on Jun. 11, 2023.

应解释为仅涉及征收补偿数额的争议，从而支持了蒙古国政府的主张，认定仲裁庭不具有管辖权。[13]与此相反的是，在"北京城建诉也门案"中，仲裁庭对该项争议采取了广义解释，认为"征收是否为合法征收"和"有关征收赔偿金额"是相互关联、不可分割的，仲裁庭不可能仅对赔偿金额作出裁决，而忽视对征收合法性问题的探讨，因此不应对该项规定进行限缩性解释。[14]在外国投资者诉中国政府的案件中，为维护本国的主权利益，中国政府又需要对该项规定作出限缩性解释的抗辩。在2023年"新加坡亚化集团和西北化工公司诉中国案"中，仲裁庭采取了狭义解释的方法，认为依据《维也纳条约法公约》第31条所确立的有效解释原则，"补偿款额"（the Amount of Compensation）这一限制性术语在解释条约时必须被赋予有效的含义，从而支持了中国政府"有关征收补偿款额的争议"的抗辩，而非"关于征收的争议"。[15]

通过以上案件可以发现，在 ICSID 和 PCA 案件中，针对"有关征收补偿款数额的争议"这同一规定却有着不同的解释，导致仲裁裁决结果也不一致。其原因在于目前"一带一路"共建国家之间的 BIT 条文陈旧且含义模糊，已不再顺应当今时代的发展趋势，[16]从而造成案件"同类不同判"的现象。在今后的投资者与国家的投资纠纷中，中国对仲裁范围的主张将会直接影响我国在"一带一路"参与投资仲裁的立场，其结果也会在很大程度上影响中国投资者在投资利益受损时选择是否诉诸 ISDS 仲裁机制。[17]

---

〔13〕 China Heilongjiang International Economic & Technical Cooperative Corp. , Beijing Shougang Mining Investment Company Limited and Qinhuangdao Qinlong International Industrial Co. Ltd. v. Mongolia, PCA Case No. 2010-20. , paras. 442-443.

〔14〕 Beijing Urban Construction Group Co. Ltd. v. Republic of Yemen, ICSID Case No. ARB/14/30. , paras. 59-63.

〔15〕 AsiaPhos Limited and Norwest Chemicals Pte Limited v. China, ICSID Case No. ADM/21/1. , paras. 187.

〔16〕 参见王祥修：《论"一带一路"倡议下投资争端解决机制的构建》，载《东北亚论坛》2020 年第 4 期。

〔17〕 参见龚柏华：《涉华投资者—东道国仲裁案法律要点及应对》，载《上海对外经贸大学学报》2022 年第 2 期。

（二）与仲裁并行的调解机制形同虚设

现行 ISDS 机制中的调解制度具有不同的表现形式，但大多仍作为国际投资仲裁的一种并行制度。[18]相较于调解制度而言，仲裁往往以"损失填补"的角度解决争端双方之间的纠纷，重点解决赔偿数额问题，争端双方在仲裁中的非输即赢的状态难免会影响投资者及其母国与东道国之间的友好合作往来。而调解所蕴含的"以和为贵"的争端解决思想，在解决争端双方之间经济赔偿的同时，也更加注重维护争端双方之间的友好合作关系，[19]与"一带一路"倡议的理念一脉相承。

尽管在《华盛顿公约》制定之初便规定了调解机制，并倾向于将其作为主要的投资争端解决方式，[20]但在实践中的效果并不理想。截至 2022 年底，相较于基于国际投资协定而提起的 ICSID 索赔案件 1229 件，ICSID 受理的调解案件总共只有 13 起，[21]其中共有 10 个案件以非洲国家作为被申请一方。[22]在"一带一路"涉华投资调解案件中，仅在 2020 年"中国紫金矿业集团股份有限公司诉巴布亚新几内亚政府案"中得以体现。[23]该案涉及巴布亚新几内亚政府擅自终止中国紫金矿业集团股份有限公司（简称"紫金矿业"）的采矿权，此后，中国紫金矿业向 ICSID 提起调解程序，希望与参与调解的巴布亚新几内亚政府相关方达成公平合理的延期协议。但该案最终并非通过 ICSID 调解委员会予以解决，而是争端双方案外达成和解，并签署了具有约束力的框架协议。[24]另外，在"Metalclad 公

〔18〕 See Catherine Kessedjian, et al., "Mediation in Future Investor-State Dispute Settlement", *Journal of International Dispute Settlement*, Vol. 14, No. 2, 2023, p. 199.

〔19〕 参见陈虹睿:《国际投资条约程序性条款之改造——通向新卡尔沃主义?》，法律出版社 2020 年版，第 148 页。

〔20〕 See Frauke Nitschke, "Amicable Investor-State Dispute Settlement at ICSID: Modernizing Conciliation and Introducing Mediation", *BCDR International Arbitration Review*, Vol. 2, No. 2, 2019, p. 381.

〔21〕 See Website of International Centre for Settlement of Investment Disputes, available at https://icsid.worldbank.org/cases/case-database, last visited on Jul. 3, 2023.

〔22〕 主要涉及喀麦隆、加蓬、赤道几内亚、中非、多哥、尼日尔、马达加斯加为主的非洲国家。

〔23〕 See The ICSID Caseload-Statistics (Issue 2018-2), p. 24.

〔24〕 参见《BNL 与巴新政府就波格拉金矿签署有约束力框架协议》，载 https://www.zjky.cn/news/news-detail.jsp?id=118426，最后访问日期：2023 年 7 月 3 日。

司诉墨西哥政府案"[25]中，囿于目前 ICSID 调解机制的不完善，尽管投资者获得了仲裁案的胜诉，但该公司仍希望能够依靠其他友好协商方式来解决争端，该案也表明了投资争端各方越来越愿意寻求更加多元的纠纷解决方式，以维护友好关系的协商一致方案为基础。[26]

与此同时，以 ICSID 调解为例，该调解程序具有正式和对抗性质的特点，其本质上是一种不具有拘束力的小型仲裁。[27]由于提交 ICSID 进行调解案件的审查标准与仲裁的标准几乎一致，且所消耗的时间和经济成本也几乎相当，调解机制所具有的灵活性优势并未充分体现，从而使得投资争端双方不愿提交 ICSID 进行调解。[28]可见，投资者与国家之间的争端解决往往更倾向于选择投资仲裁，而调解在 ICSID 中往往处于"备而不用"的地位。[29]

（三）欠缺有保障的仲裁纠错机制

在目前的 ISDS 机制中，争端一方依据《华盛顿公约》第 52 条第 1 款可以申请撤销裁决的理由，[30]要求否认仲裁裁决的效力。"一带一路"视野下涉华投资者与国家间仲裁申请撤销的案件仅有"谢业深诉秘鲁案"和"香港渣打银行诉坦桑尼亚案"，在两起案件中专门委员会均驳回了当事方的撤销申请。

裁决撤销机制仅能作为一种限制性的程序审查机制，并不构成能对案件进行实质性审查的上诉机制。[31]在"AES 诉匈牙利案"

---

〔25〕 Metalclad Corp. v. United Mexican States, ICSID Case No. ARB（AF）/97/1.

〔26〕 See Shahla F. Ali, Odysseas G. Repousis, "Investor - State Mediation and the Rise of Transparency in International Investment Law: Opportunity or Threat?", *Denver Journal of International Law & Policy*, Vol. 45, No. 2, 2017, p. 249.

〔27〕 See Note, "Mediation of Investor - State Conflicts", *Harvard Law Review*, Vol. 127, No. 8, 2014, p. 2546.

〔28〕 参见明瑶华：《"一带一路"投资争端调解机制研究》，载《南通大学学报（社会科学版）》2018 年第 1 期。

〔29〕 参见漆彤、范晓宇：《国际投资争端调解机制的发展与制度困境》，载《中南大学学报（社会科学版）》2020 年第 5 期。

〔30〕 《华盛顿公约》第 52 条第 1 款规定："任何一方可以根据下列一个或几个理由，向秘书长提出书面申请，要求撤销裁决：①仲裁庭的组成不适当；②仲裁庭显然超越其权力；③仲裁庭的成员有受贿行为；④有严重的背离基本程序规则的情况；⑤裁决未陈述其所依据的理由。"

〔31〕 参见肖威：《ISDS 机制变革的根源、趋势及中国方案》，载《法治现代化研究》2020 年第 5 期。

中，专门委员会称《华盛顿公约》第52条和第53条的适用应作限缩解释，撤销程序中的审查应避免像上诉审一样对仲裁庭业已裁判的实体与事实问题进行全面的重新审视。[32]上诉机制具有一定的可预测性和高度的确定性，其申诉成功的结果可以修改或者推翻原先的裁决。而裁决撤销机制本质上是特设仲裁（ad hoc）的程序，仲裁员无权审查案件原先裁决的实质性问题，[33]其申诉成功的结果仅能使该裁决无效，对前裁决无权进行解释或者修改。但在"Azurix诉阿根廷案"[34]以及"米歇尔诉刚果（金）案"[35]中，仲裁裁决撤销专门委员会存在对仲裁裁决的实质合法性审查，有承担上诉机构角色的倾向，导致出现"越权"现象，从而破坏了仲裁机制的一致性和一裁终局性，加剧了国际投资仲裁机制的"碎片化"现象。[36]

　　缺乏上诉机制致使仲裁裁决不一致的现象日益恶化。现有的ISDS仲裁机制中不仅存在不同仲裁庭对不同条约的类似条款存在不同的解释和适用结果，甚至在同一仲裁庭中对相同条款的解释在不同案件中也可能出现不一致。[37]由于投资者与国家间的投资纠纷具有一定的特殊性，ISDS机制需要在仲裁中评估东道国政府所采取措施的合理性及其公共利益，因此，建立上诉纠错机制以避免仲裁裁决的错误结果对国家的公共利益造成潜在的损失，对升级和完善"一带一路"视野下ISDS机制也是必要的。

二、"一带一路"视野下ISDS的改革动因及路径选择

　　由于传统的ISDS机制存在诸多弊端，各国正积极探索ISDS机

---

　　〔32〕 AES Summit Generation Limited and AES-Tisza Ermü Kft v. The Republic of Hungary, ICSID Case No. ARB/07/22, para. 15.

　　〔33〕 参见龚柏华、朱嘉程：《ICSID投资仲裁机制新近改革与中国立场研究》，载《上海经济》2022年第6期。

　　〔34〕 Azurix Corp. v. Argentine Republic, ICSID Case No. ARB/01/12.

　　〔35〕 Mr. Patrick Mitchell v. The Democratic Republic of the Congo, ICSID Case No. ARB 99/7.

　　〔36〕 参见韩秀丽：《论〈ICSID公约〉仲裁裁决撤销程序的局限性》，载《国际法研究》2014年第2期。

　　〔37〕 参见刘瑛、朱竹露：《ISDS变革之常设上诉机制：困境、价值与路径选择》，载《法治社会》2020年第5期。

制的改革方向。为顺应 ISDS 机制改革以及"一带一路"投资争端解决的现实需求,"一带一路"视野下 ISDS 机制改革须着重关注平衡投资者和国家利益的相关规则。在 ISDS 机制变革中,为更好地完善"一带一路"视野下 ISDS 机制,需要澄清并阐明对专门的投资争端解决中心、强化投资仲裁的前置程序以及上诉机制的选择,明确"一带一路"视野下 ISDS 机制的改革方向,并在此基础上提出切实可行的完善建议。

(一)"一带一路"视野下 ISDS 机制的改革动因

1. 大势所趋:顺应 ISDS 机制改革发展

当前,仲裁作为解决投资者与国家间投资争端最重要的手段,正面临着正当性危机,[38]各国和各区域根据自我利益和发展需要纷纷提出了 ISDS 机制的改革方案。目前 ISDS 机制的改革发展主要分为三类:一是以欧盟为代表的体系改革派主张设立投资法庭并采用两审终审制度;二是以美国为代表的改良派主张对现行的 ISDS 仲裁机制进行完善;三是以玻利维亚、委内瑞拉等发展中国家为代表的范式改革派则选择完全弃用 ISDS 仲裁机制。[39]其中主流改革方案以前两种为主,采用第三种改革方案的仍为少数。

"一带一路"共建国家之间的国际投资规模稳步扩大,2023 年 1—2 月我国企业在"一带一路"共建国家非金融类直接投资 275.3 亿元人民币,同比增长 37.1%,主要投向新加坡、印度尼西亚、马来西亚、越南、哈萨克斯坦、泰国和埃及等国家。[40]然而,现有的 ISDS 机制不能很好地契合"一带一路"建设的快速发展需求,"一带一路"国家投资争端解决机制则处于明显的滞后状态。为顺应 ISDS 机

〔38〕 参见陈安主编:《国际投资法的新发展与中国双边投资条约的新实践》,复旦大学出版社 2007 年版,第 165 页;Susan Franck, "The Legitimacy Crisis in Investment Treaty Arbitration: Privatizing Public International Law through Inconsistent Decisions", *Fordham Law Review*, Vol. 73, No. 4, 2005, p. 1523.

〔39〕 See Anthea Roberts, "Incremental, Systemic, and Paradigmatic Reform of Investor-State Arbitration", *American Journal of International Law*, Vol. 112, No. 3, 2018, pp. 420-424.

〔40〕 参见《2023 年 1-2 月我国对"一带一路"沿线国家投资合作情况》,载 http://www.mofcom.gov.cn/article/tongjiziliao/dgzz/202303/20230303398394.shtml,最后访问日期:2023 年 3 月 26 日。

制改革以及"一带一路"建设中国际投资的现实需要，ISDS 仲裁机制亟待革新。但 ISDS 机制改革并不是要在"改良派"和"体系改革派"之间选其一，[41]多元化的 ISDS 机制是当前改革的趋势。

2. 重中之重：平衡投资者和国家利益

通过在 UNCTAD 国际投资争端数据库中以"一带一路"共建国家为争端当事方的仲裁案进行统计，共涉及 329 个案件，其中作出有利于国家的决定共有 73 个案件，作出有利于投资者的决定共有 63 个案件。[42]在"一带一路"共建国家所涉的仲裁案件中，反映出仲裁庭较倾向于保护国家利益，与学界一直认为的投资仲裁应更加偏向保障投资者的利益有所不同。[43]因此，西方国家主导下的 ISDS 机制很难真正回应发展中国家的制度诉求，在"一带一路"视野下 ISDS 机制的改革完善过程中，应始终坚持以平衡投资者和国家利益为出发点和重点，确保国家与投资者在仲裁中都能得到合理且完备的法律保护。

从投资者海外投资利益保护的视角出发，"一带一路"投资所涉及的领域特点，使得投资者面临着极大的挑战和风险。[44]"一带一路"共建国家之间的合作领域主要集中在交通、电力、通信及石油天然气等领域，[45]共建国家之间的投资争端风险主要集中在能源、通信以及基础设施建设。[46]相较其他产业而言，这些产业与一

---

〔41〕 参见肖军：《论投资者—东道国争端解决机制改革分歧的弥合进路》，载《国际经济法学刊》2021 年第 2 期。

〔42〕 See UNCTAD, "Investment Dispute Settlement Navigator", available at https://investmentpolicy.unctad.org/investment–dispute–settlement/advanced–search, last visited on Jul. 4, 2023.

〔43〕 See Van Harten, "Arbitrator Behavior in Asymmetrical Adjudication: An Empirical Study of Investment Treaty Arbitration", *Osgoode Hall Law Journal*, Vol. 50, No. 1, 2012, pp. 211, 268. 参见沈志韬：《论国际投资仲裁正当性危机》，载《时代法学》2010 年第 2 期。

〔44〕 参见张瑾：《"一带一路"投资保护的国际法研究》，社会科学文献出版社 2017 年版，第 23 页。

〔45〕 参见《党的十八大以来经济社会发展成就系列报告："一带一路"建设成果丰硕 推动全面对外开放格局形成》，载 https://www.gov.cn/xinwen/2022–10/09/content_5716806.htm，最后访问日期：2023 年 7 月 2 日。

〔46〕 参见明瑶华：《"一带一路"投资争端调解机制研究》，载《南通大学学报（社会科学版）》2018 年第 1 期。

国的经济安全和公共需求密切相关，政府往往会加大对这些产业的监管力度和深度。例如在"德国海乐公司诉中国案"中，[47] 由于在该案中涉及我国国内城市旧区改造和房屋拆迁的社会问题，外国投资者对此问题未充分理解和公正评价，[48] 致使其利益难以得到保护。基于此，为维护投资者与国家之间的友好合作关系，在维护一国主权利益的基础上，也要适当考虑保障投资者的合理利益期待，从而促进"一带一路"投资者与国家之间的长远利益发展。

（二）"一带一路"视野下 ISDS 机制变革的路径选择

1. 暂无必要建立"一带一路"投资争端解决中心

关于是否有必要建立一个专门的"一带一路"投资争端解决中心存在两大阵营：一种认为需要构建专门的"一带一路"投资争端解决中心；另一种则认为现有的 ISDS 机制足以满足现实发展需要，但需要进一步改革与完善。从理论上讲，第一种观点倾向于根本上解决"一带一路"的投资争端，但该建议过于理想化；而第二种建议则着眼于现实，更容易推动和落地。相较于设立一个专门的争端解决中心而言，目前更为可行的是以"一带一路"发展需要为出发点，对现有的 ISDS 机制进行进一步完善。

建立集调解、仲裁、诉讼为一体的"一带一路"投资争端解决中心，从理论上来看具有一定的可行性和必要性，也更加契合"一带一路"倡议的理念。[49] 但在实践发展中，构建"一带一路"专门的投资争端解决中心将会面临巨大的障碍：其一，"一带一路"共建国家由于政治形势、经贸状况以及法治环境不同，各国难以达成统一意见。加之投资者与国家之间的投资纠纷在其本质上涉及司法主权，东道国较难放弃本国的管辖权而选择诉诸第三方争端解决中心，更何况是全新的"一带一路"投资争端解决中心，共建国家是否愿

---

〔47〕 Macro Trading Co., Ltd. v. People's Republic of China, ICSID Case No. ARB 20/22.

〔48〕 参见杜涛：《从"海乐·西亚泽诉中国案"看投资者与国家争议解决中当地诉讼与国际仲裁的竞合问题》，载《经贸法律评论》2019 年第 3 期。

〔49〕 参见张卫彬、许俊伟：《"一带一路"与投资争端解决机制创新——亚投行的角色与作用》，载《南洋问题研究》2017 年第 4 期。

意将纠纷提交至该中心有待商榷。[50]其二，"一带一路"投资争端解决中心与目前具有较高影响力的第三方仲裁机构之间难以较量。目前在国际社会中具有较高地位的第三方仲裁机构，如 ICSID、ICC、PCA 等，新成立的"一带一路"投资争端解决中心与之相比显然缺乏优势，对于建立后的竞争力和影响力方面将存在一定的推行障碍。

有鉴于此，在短期内更为可行的改革方案是 ISDS 仲裁规则以及 BIT 内容的更新与完善。"一带一路"投资争端解决中心无法设立并不代表发生在"一带一路"范围内的投资争端无法妥善解决。然而，现有的 ISDS 机制存在一定的不足，以欧盟或美国主导的国际仲裁机制改革亦无法契合"一带一路"的投资纠纷解决。因此，对现有的 ISDS 机制进行有效改革，在时机成熟之时结合"一带一路"倡议的发展理念和共建国家的实际需求，逐步探索建立适合"一带一路"共建国家利益平衡的最佳 ISDS 机制。

2. 强化投资仲裁前置程序

目前 ISDS 仲裁机制饱受诟病，"一带一路"视野下投资者与国家间的争端解决机制不应再局限于仲裁机制本身的修修补补，而应探索多元化的投资争端解决方式。其中，磋商和调解的争端解决方式并不需要过多地让渡国家主权，同为由争端方自愿选择的协商性程序，不同之处在于，调解加入了第三方调解员的协助，以客观中立的视角为争端双方提出切实可行的解决方案，从而解决仅靠磋商未能解决的争端。[51]因此，强化投资仲裁的前置程序，充分发挥磋商与调解的制度优势，以有效防止纠纷进一步扩大。

截至目前，"一带一路"共建国家中 96%的 BIT 均规定了"冷静期"条款，[52]由争端当事方进行磋商以解决纠纷。由于目前 BIT 中

---

〔50〕 参见谢晓彬：《"一带一路"视阈下投资者—东道国争端解决机制的选择与完善》，载《法治社会》2019 年第 5 期。

〔51〕 See Jeswald W. Salacuse, "Is There a Better Way? Alternative Methods of Treaty-Based, Investor-State Dispute Resolution", *Fordham International Law Journal*, Vol. 31, No. 1, 2007, pp. 160-162.

〔52〕 参见《我国对外签订双边投资协定一览表》，载 http://tfs.mofcom.gov.cn/article/Nocategory/201111/20111107819474.shtml，最后访问日期：2023 年 10 月 19 日。

对冷静期的期限规定较短，复杂的国际投资争端难以使争端方仅在3—6个月的时间内对争端的具体原因和法律责任进行充分查明。[53]但即便囿于时间限制，磋商作为低成本且高效率的争端解决方式，如若能够在此阶段缓解争端，显然对于双方之间解决纠纷并维护友好合作关系具有一定的意义。[54]

另外，对于磋商未能解决争端方之间冲突时，有别于磋商等协商方式和裁判式为主的仲裁方式，调解可以发挥争议解决中立第三方的引导作用。[55]在"一带一路"共建国家所涉及的投资争端解决案件中，有部分案件在发出仲裁通知之前已经进行了某种形式的调解，并且调解与潜在的冲突有关，[56]而不是作为投资者与国家之间在 BIT 的基础上所进行的直接调解。[57]究其原因，我国与"一带一路"共建国家所签订的 BIT 中，仅有 4 份 BIT 对调解机制的适用进行了相应的规定，[58]且对调解程序的适用也作出一定的限制。如若能够在"一带一路"共建国家所签订的 BIT 中对调解的适用进行明确规定，将有效弥补现有规则在该问题上的不足。[59]

值得注意的是，与仲裁并行的作为投资争端解决方式的调解不

〔53〕 参见连俊雅：《国际投资争端解决机制改革中的调解及中国因应》，载《北方法学》2022 年第 3 期。

〔54〕 See UNCTAD, "Investor-State Disputes: Prevention and Alternatives to Arbitration", available at https://unctad. org/en/docs/diaeia200911_ en. pdf, last visited on Jul. 4, 2023.

〔55〕 参见明瑶华：《"一带一路"投资争端调解机制研究》，载《南通大学学报（社会科学版）》2018 年第 1 期。

〔56〕 Autopista Concesionada de Venezuela, C. A. v. Bolivarian Republic of Venezuela, ICSID Case No. ARB/00/5; Gramercy Funds Management LLC and Gramercy Peru Holdings LLC v. Republic of Peru, ICSID Case No. UNCT/18/2; Noble Energy, Inc. and Machalapower Cia. Ltda. v. The Republic of Ecuador and Consejo Nacional de Electricidad, ICSID Case No. ARB/05/12; Balkan Energy (Ghana) Limited v. Republic of Ghana, PCA Case No. 2010-7.

〔57〕 Catherine Kessedjian et al., "Mediation in Future Investor-State Dispute Settlement", *Journal of International Dispute Settlement*, Vol. 14, No. 2, 2023, p. 201.

〔58〕 《中华人民共和国政府和以色列国政府关于促进和相互保护投资协定》第 8 条、《中华人民共和国政府和印度共和国政府关于促进和保护投资的协定》第 9 条、《中华人民共和国政府和希腊共和国政府关于鼓励和相互保护投资协定》第 10 条、《中华人民共和国政府和乌兹别克斯坦共和国政府关于促进和保护投资的协定》第 12 条。

〔59〕 参见朱文龙：《投资者与东道国争端解决机制中的调解及我国的因应》，载《国际经济法学刊》2023 年第 2 期。

同的是，前置调解程序实质上为"一带一路"投资争端方提供了仲裁之外的可能选择，[60]形成调解与仲裁"双保险"模式，从而以较低成本解决投资争端。另外，以 ICSID 调解为例，调解需要以当事人自愿申请且双方同意为启动要件，[61]由于调解委员会所解决的是来自不固定的群体之间的投资争端，无必要主动提出将调解作为仲裁前置程序的立场，且不负有维护争端方友好关系的职责。而"一带一路"投资争端当事人相对固定，且一般拥有较为紧密的经贸合作往来关系，争端解决方式的选择应以维护两国友好关系为主要考量标准，前置调解程序将使得争端解决方式更为灵活，根据当事方的约定和协商进行适时调整，充分体现当事人的意志。

因此，确有必要强化投资仲裁前的磋商及调解程序，构建"磋商—调解—仲裁"的模式，将磋商与调解作为仲裁的前置程序，将传统的 ISDS 仲裁机制的"输赢对抗"模式转换为以磋商和调解方式形成双方真正需要的"双赢互利"模式，着眼于争端各方的长期友好合作关系，从而更容易为"一带一路"共建国家所接受。[62]

3. 多边常设上诉机制的建立

ISDS 上诉机制的设立不仅有助于对仲裁案件进行适当纠错，提升裁决的一致性、可预期性并防止仲裁员滥用权力，还有助于进一步提升仲裁程序的透明度和标准化。构建 ISDS 上诉机制需要对以下两个路径进行选择，即作为二级裁判程序的上诉机制是特设还是常设？应当基于多边还是双边基础上构建上诉机制？

关于常设或特设上诉机制的选择中，相较于特设上诉机制，常设上诉机制可以为投资争端的解决带来更多的稳定性和独立性。特

---

〔60〕 See Timothy Gracious, "Investor-State Mediation/Conciliation in India", available at http://www. mediate. com/articles/TimothyG3. cfm#, last visited on Jul. 4, 2023.

〔61〕 《ICSID 调解规则》第 5（1）条规定："如果当事人已书面同意根据《ICSID 调解规则》进行调解，希望进行调解的任何当事人应当将请求提交秘书长并支付费用表中公布的受理费。"

〔62〕 参见谢进：《国际投资法庭机制的发展进程及其对我国的启示》，载《厦门特区党校学报》2022 年第 2 期。

设上诉机制是为满足当事方对特定案件的需求而专门设立的，根据案件的具体情况临时"定制"上诉机制的规则。但在认定过程中先例的影响较弱，且受案件透明度的影响，投资者上诉前对于案件处理结果的可预见性较低。[63]特设机制的断代性不能保证在上诉过程中出现的裁决会被后续的裁判成员所援引借鉴，也不存在常设机制的稳定薪资、轮换名单等保证裁判成员中立性的规则，这将增加裁判成员被"寻租"的可能性。因此，为了实现裁决的连贯一致和可预测性，应当将上诉的类型选为"常设"，保证国家责任能够得到有效的认定和维护，防止滥诉等情况的发生。

关于双边或多边上诉机制的选择，目前在实践中存在建立双边上诉机制和多边上诉机制两种观点。其中，双边上诉机制的建立仅限于单个双边投资协定，从政治和法律角度出发似乎较容易实现。但由于该机制仅限于解决双边投资争端，较窄的适用范围将导致双边上诉机制的体量庞杂。依据不同的双边投资协定产生的双边上诉机制对同类案件的裁决结果将可能产生相互矛盾的情形，这将进一步加剧"一带一路"视野下 ISDS 机制中裁决的不一致与碎片化现象产生。相反，在一个独立的专门机构中，适用多边上诉机制可以将相同或类似的上诉案件合并处理，不仅能够有效避免相互矛盾的裁决结果，还可以节约司法资源和成本，增强"一带一路"视野下 ISDS 机制的一致性和可预测性。因此，基于多边条约设立的上诉机制将更有助于保护"一带一路"共建国家和投资者的利益，也能顺应 ISDS 机制的改革趋势。

在 UNCITRAL 第三工作组正在进行的 ISDS 改革中，我国在意见书中表明我们的路径选择是"投资仲裁+多边常设上诉机制"的模式。[64]该种方案既考虑到了目前投资仲裁相较于其他措施而言，更有利于保护投资者和国家的利益需要；也考虑到了多边常设上诉机

---

〔63〕 Metalclad Corp. v. The United Mexican States, ICSID Case No. ARB（AF）97/1.

〔64〕 See Athea Roberts and Taylor St. John, "UNCITRAL and ISDS Reform: China's Proposal", *EJILTalk*, available at https://www.ejiltalk.org/uncitral-and-isds-reform-chinas-proposal/, last visited on Mar. 30, 2023.

制的设置将有利于最大限度地保障仲裁裁决的一致性和可预测性。因此，"一带一路"视野下 ISDS 上诉机制也应当选用多边常设上诉机制的改革方案，尽可能避免投资争端"同案不同判"的现象发生，最大限度保障投资者与国家间的合理期待利益。

三、"一带一路"视野下完善 ISDS 机制的方案

"一带一路" ISDS 机制应重点关注双边投资协定的更新换代、争端解决途径的多元化、仲裁程序的透明度并导入争端预防机制和上诉机制。通过对现有的 ISDS 机制进一步完善，从而更好地服务于"一带一路"投资者与国家之间的争端解决。

（一）改造、升级中外双边投资协定

国际投资仲裁的裁决前后不一致的一个重要原因是 BIT 条文表述模糊，目前"一带一路"共建国家所签订的 BIT 亟须更新换代，从而更好地适应"一带一路"视野下 ISDS 机制的改革趋势。

第一，积极与"一带一路"共建国家进行政策沟通。"一带一路"共建国家不仅要在双边层面积极进行沟通，也要加强多边合作交流。通过进一步加强政策沟通，切实了解共建国家的发展进程与现实困境，夯实"一带一路"建设的政治基础，从而更加有针对性地对 BIT 中存在的问题进行更新与完善。其中，与"一带一路"共建国家所签订的 BIT 应当重点关注争端解决途径的多元化路径，[65]确立"以磋商和调解为前置程序、以仲裁为事后保障"的多元化争端解决方式，以便在和谐及友好氛围之下解决"一带一路"国家之间发生的投资争议。为维护"一带一路"投资者与国家之间的友好关系以及合作共赢的发展理念，在争议发生之初或者发生之后，争端双方首先通过沟通交流，在自愿基础上就相关的责任达成一致意见，秉持友好互赢的理念进行充分磋商与调解，由争端当事方在冷静期内进行充分磋商，对于磋商不成的问题再由调解员进行调解，

---

〔65〕 参见《中共中央办公厅、国务院办公厅印发〈关于建立"一带一路"国际商事争端解决机制和机构的意见〉》，载 https://www.gov.cn/zhengce/2018 – 06/27/content_ 5301 657. htm，最后访问日期：2023 年 10 月 19 日。

此种方式既能够妥善解决双方之间的纠纷，也能够促进投资者与国家间的合作往来。倘若在协商期内双方并不能就争端达成一致的解决方案，或者协商期间出现矛盾僵化时，无需等到协商期终止就可以随时转为调解程序或者仲裁程序，避免不必要的时间浪费。

第二，适当限定可提起投资仲裁的范围。通过近年所发生的ICSID 案件来看，其所争议的事项已不局限于"有关征收补偿款数额的争议"，无论在实践中还是在 BIT 的规定中应当适当扩大投资仲裁的范围。[66]但目前已有 BIT 将仲裁范围扩大到"与投资有关的任何法律争端"[67]，对此我国可以考虑适当规定排除特定类型的投资争端，如政府债券、特许权协议等。[68]投资仲裁的范围以排除例外的形式进行规定，对某些类别的投资争议不予适用，有助于避免投资仲裁范围的不确定性因素，[69]有利于实现"一带一路"共建国家投资往来的稳定及可持续的发展目标。

（二）完善争端预防及仲裁前置程序

"一带一路"视野下的投资者与国家间的争端解决应构建"事前预防、事中磋商与调解、事后仲裁"的模式，通过形成多元化的投资争端解决机制，为"一带一路"共建国家的贸易投资往来提供坚实的法律保障。争端预防机制的本质并不是阻止争端的产生，而是将潜在的分歧引导到问题解决上，避免争端的沉积和升级。[70]我国作为"一带一路"倡议的发起者，可以加强与共建国家在投资争端预防和解决机制方面的合作，通过"一带一路"合作平台，构建

---

〔66〕 参见刘沁佳：《中国与"一带一路"沿线国家 BITs 争端解决条款研究——以投资者与东道国争端为视角》，载《法治现代化研究》2018 年第 3 期。

〔67〕 例如，《中华人民共和国政府和尼日利亚联邦共和国政府相互促进和保护投资协定》第 8 条、《中华人民共和国政府和大韩民国政府关于促进和保护投资的协定》第 8 条、《中华人民共和国政府和比利时—卢森堡经济联盟关于相互鼓励和保护投资协定》第 10 条等。

〔68〕 例如，在 Abaclat 诉阿根廷案中，政府债券的持有者可以根据适用的 BIT 提出大规模索赔，很多国家考虑到公共债务工具的性质，防止政府债券持有人（大规模）索赔债权的最安全方法可能是明确将公共债务排除在投资的定义之外。

〔69〕 参见莫建建、高建勋：《"一带一路"投资者与国家争端解决机制的革新》，载《国际商务研究》2022 年第 4 期。

〔70〕 参见孙南翔：《〈新加坡调解公约〉在中国的批准与实施》，载《法学研究》2021 年第 2 期。

"一带一路"视野下投资者与国家间的争端预防机制。[71] 对此，该争端预防机制的主要功能应集中于信息收集和监管两方面：一方面，提高对相关投资信息的透明度。在定期收集"一带一路"共建国家所发布的有关投资政策后，及时予以分析并将该信息提供给需要的国家以供参考，同时也需要进行投资风险预警，以避免不必要的投资争端。对于较为敏感的投资领域，也要予以重点监测，确保全面且及时地提供信息。另一方面，在投资者自愿承诺和政府及公共机构的强制性要求的基础上，逐步形成完善的风险控制监管体系，以有效避免投资争端的发生。[72] 通过"一带一路"国家之间的合作和资源共享，可以有效解决投资过程中的不稳定因素，从而提前预防投资纠纷。

在我国与"一带一路"共建国家更新 BIT 的谈判过程中，可以借鉴国际社会调解制度实践及其经验，将磋商与调解程序作为仲裁的前置程序，其中应重点关注具有中立性质的第三方参与且具有灵活性、经济性的调解制度的构建。对此可以参照《欧盟—加拿大自由贸易协定》的模式，在 BIT 中以附件形式规定解决投资者与国家间争端的调解制度、具体程序和规则。具体包括：其一，明确启动调解程序的规则，并规定将调解作为仲裁的前置程序。任何争端方在冷静期结束或者在冷静期期间并在提起仲裁前，可随时以书面形式通知另一方启动调解程序，并对书面通知的内容作具体规定，[73] 另一方在收到调解请求后，应当在规定的时间内以书面形式通知对方接受或拒绝调解请求。[74] 其二，明确选任调解员的规则。调解人员通过争端双方协商选择进行调解，调解员除解决投资争议外，还

〔71〕 参见刘万啸：《国际投资争端的预防机制与中国选择》，载《当代法学》2019 年第 6 期。

〔72〕 参见石可涵：《企业参与"一带一路"境外投资的法律保障研究》，载《黑龙江工业学院学报（综合版）》2021 年第 7 期。

〔73〕 See Mark McLaughlin, "Investor-State Mediation and the Belt and Road Initiative: Examining the Conditions for Settlement", *Journal of International Economic Law*, Vol. 24, No. 3, 2021, p. 640.

〔74〕 参见谈谭、裴雷：《中外双边投资协定中投资者—东道国争端解决机制分析》，载《武大国际法评论》2022 年第 5 期。

要注重维护"一带一路"投资者及其母国与东道国的友好关系。调解如不能完全解决争端，调解人员应当允许当事双方就部分事项达成和解协议。调解设定一定期限，在期限内争端任何当事一方都有权提出进入仲裁程序。其三，明确调解协议的可执行性。"一带一路"视野下 ISDS 机制的调解协议的理想状态是中外 BIT 可以参照《新加坡调解公约》的规定，直接赋予调解协议可执行性。但 ISDS 机制内的调解协议不得违反国家的公共利益，也不得侵犯调解协议案外人的合法权益，否则该调解协议在东道国不具有可执行性。[75]

（三）完善 ISDS 仲裁程序规范

投资仲裁作为投资者与国家间争端解决的主要方式，现如今对于 ISDS 仲裁机制的透明度要求越来越高，因此为便于公众参与和监督，[76]可以适当修订"一带一路"共建国家间所签订的 BIT 中关于争端解决的透明化程度的规定。与此同时，构建多边常设上诉机制对推动"一带一路"视野下 ISDS 仲裁机制法治化进程具有重要保障作用。

首先，在"一带一路"共建国家所签订的 BIT 中提高 ISDS 仲裁程序的透明度，对"一带一路"视野下 ISDS 仲裁机制的监督应包括争端解决过程中的透明度和公众参与两方面。可以在仲裁庭组成、第三方参与等方面加大对 ISDS 仲裁机制的监督，在选择仲裁员和仲裁庭的组成方面，应充分尊重当事人的意愿，通过单独或集体选择仲裁员的方式确保仲裁庭的组成在各环节的公正。此外，仲裁应涉及非争议方和公众参与，以充分加强对争端解决机制的监督。与此同时，在"一带一路"共建国家所签订的 BIT 中关于仲裁透明度规则设计方面，可参照 UNCITRAL《仲裁透明度规则》的相关规定。该规则提供了关于 ISDS 仲裁透明度的详细规则，其规定包括申请

〔75〕　参见孙南翔：《〈新加坡调解公约〉在中国的批准与实施》，载《法学研究》2021年第 2 期。

〔76〕　参见余劲松、詹晓宁：《论投资者与东道国间争端解决机制及其影响》，载《中国法学》2005 年第 5 期。

书、仲裁通知、决定和裁决等与仲裁裁决有关的书面材料都应予以公开。并且该规则设定了较高的透明度标准，可以作为"一带一路"中投资者与国家之间的投资纠纷的标准。[77]同时，可以作出适当的例外规定，以进一步保护根据法律不得披露、披露后会妨碍法律执行性的信息，以及受条约予以特殊保护的信息。

其次，关于构建多边常设上诉机制的构想，尽管目前我国已在向 UNCITRAL 第三工作组提交的改革方案中提出了相应的意见，但仍未规定具体的实施路径和方案。"一带一路"共建国家经济及法治化程度参差不齐，我国在积极推动 UNCITRAL 建立多边常设上诉机制的同时，也可以考虑构建"一带一路"区域化常设上诉机制：[78]一是我国应积极主动发起设立"一带一路"常设上诉机制的倡议，在遵循"共商共建共享"的基础上，最大范围促进各国之间的合作交流，并广泛听取共建国家对该机制的制度设计、机构安排等具体内容的建议，从而确保"一带一路"常设上诉机制的构建符合各国的切实利益诉求。二是在机构设置上，以世界银行运作 ICSID 为参照，"一带一路"视野下常设上诉机制的设立也可以依托亚洲基础设施投资银行（以下简称"亚投行"）进行。目前亚投行共有 106 个成员，[79]其中涉及"一带一路"共建国家共有 77 个。亚投行作为"一带一路"倡议的重要实施机构，其设立目标之一就是推动基础设施方面的投资和发展，[80]与友好解决"一带一路"视野下的投资争端的目标一脉相承。通过在亚投行内部设立"一带一路"常设上诉机构可以为仲裁结果的履行提供一定程度的保障。[81]对此，该机构

〔77〕 参见高建勋、莫建建：《"一带一路"倡议下 ISDS 仲裁机制变革与中国对策》，载《湖湘论坛》2021 年第 5 期。

〔78〕 参见沈伟、秦真、芦心玥：《霸权之后的大转型：中美贸易摩擦中的国际经贸规则分歧和重构》，载《海峡法学》2022 年第 3 期。

〔79〕 参见潘洁：《开业运营 7 周年 亚投行"朋友圈"何以越来越大？》，载 https://www.yidaiyilu.gov.cn/xwzx/hwxw/302696.html，最后访问日期：2023 年 6 月 24 日。

〔80〕 See Asian Infrastructure Investment Bank, "Introduction", available at https://www.aiib.org/en/about-aiib/index.html, last visited on Jul. 4, 2023.

〔81〕 参见张卫彬、许俊伟：《"一带一路"与投资争端解决机制创新——亚投行的角色与作用》，载《南洋问题研究》2017 年第 4 期。

在运作过程中应保持客观、独立、中立的裁判立场。值得注意的是，对于上诉机构的运作不应基于亚投行的决策，而应充分体现缔约方之间在运作程序及制度安排等方面的意志。[82]

结　语

在 ISDS 机制改革速度不断加快的背景下，无论是现有上诉机制的完善还是构建全新的投资法庭，并非一朝一夕所能完成。从"一带一路"投资者与国家间的投资状况、平衡投资者与国家间利益等角度出发，当前尚不具备建立统一的"一带一路"争端解决中心的条件。在完善"一带一路"视野下 ISDS 机制方面，应建立"事前预防、事中磋商与调解、事后仲裁"的多元化争端解决方式，和平友好地解决投资者与国家间的争端；若提交至仲裁机构时，应确保仲裁的透明度以便于公众的参与和监督，更好地维护公共利益；通过设立争端上诉机制，及时避免争端的沉积和升级，并解决仲裁裁决不一致甚至裁决错误等问题。从长远来看，根据"一带一路"共建国家的发展需要，在时机成熟时可打造"一带一路"专门的争端解决中心。然而，该中心无论最终是否成立，中国作为"一带一路"倡议的发起者，确有必要对"一带一路"视野下的 ISDS 机制进行改革完善，在为我国建立争端解决中心积累经验的同时，也可为我国及"一带一路"共建国家在全球治理中争取更多的话语权。

（本文责编：宋俊荣）

---

〔82〕　参见王丹、刘敬东：《投资者—国家争端解决上诉机制改革新动向及中国因应》，载《海峡法学》2023 年第 1 期。

The Improvement of Investor-State Disputes Settlement Arbitration Mechanism from the Perspective of the "Belt and Road" Initiative

Jiang Yige, Li Weifang

Abstract: With the continuous promotion of the "Belt and Road" initiative, investment exchanges between the "Belt and Road" countries have become more frequent, and disputes between investors and countries have also increased. By analyzing the arbitration cases involving Chinese investors and countries along the "Belt and Road", it can be found that the arbitration cases involving China mainly involve disputes over the scope of arbitrability, the virtual absence of mediation mechanisms, the overstepping of authority of award setting aside mechanisms, and different judgments in the same case. However, the existing ISDS mechanism and the current ISDS reform program can hardly meet the development needs of the "Belt and Road" initiative, so it is crucial to establish a relatively perfect ISDS mechanism for the "Belt and Road". At present, the ISDS mechanism is in a wave of change, and the innovation of the ISDS mechanism under the perspective of the "Belt and Road" must take into full consideration the motivation of the investment dispute reform and the path selection factors. At this stage, due to the domestic and international realities, the conditions for the establishment of a special "Belt and Road" investment dispute resolution center are not yet available. As the initiator of the "Belt and Road" initiative, it is more feasible for China to focus on the improvement of the scope of arbitration and arbitration procedures and other rules, so as to create an open, inclusive and coordinated ISDS mechanism.

Keywords: the "Belt and Road" Initiative; Investor-State Dispute Settlement; Investment Arbitration

粤港澳大湾区法治

粤港澳大湾区法治化营商环境的困境及对策
——基于法治营商环境指数体系构建*

代中现** 肖露蔚*** 张晓晴****

摘 要：粤港澳大湾区作为中国经济最活跃的地区，为中国经济高质量发展带来了新契机。此前中央与地方已合力多举措全方位促进粤港澳三地协同发展，但大湾区在构建良好营商环境的过程中仍存在许多问题。考虑到现有改进举措多从优惠政策入手，可能存在被忽视的法律制约因素，走出粤港澳大湾区营商环境困境的关键在于找准法律体系的平衡点，在发展程度不同的法治文化下建立稳定协调的营商指数体系。本文基于粤港澳大湾区法治营商环境指数，从立法、执法、司法、守法和社会信用环境五个角度出发，重点讨论大湾区在一体化建设中面临的区域法治一体化、经济一体化障碍，并提出解决问题的可行性方案，助力粤港澳大湾区走出发展困局。

关键词：法治营商环境；粤港澳大湾区；指数构建

粤港澳大湾区由广东省九个珠江入海口的沿岸城市和香港、澳门共同组成，面积共计 5.6 万平方公里，是中国政府在旧珠江三角洲构想基础上进一步规划形成的城市群发展极。2021 年，粤港澳大湾区的

---

　* 基金项目：2022 年广东省哲学社会科学规划项目"'一带一路'倡议下自贸区投资金融制度研究"（项目编号：GD22HFX02）。

　** 法学博士，公共管理学博士后，中山大学国际金融学院副教授，硕士生导师，中国国际经济法学会理事，中国法学会国际贸易法学会理事，主要研究方向：国际法学。

　*** 中山大学国际金融学院。

　**** 中山大学国际金融学院。

经济总量高达 12.6 万亿人民币，约占全国经济总量的 11%[1]。目前，中国经济正处于提质增效的进程中，区域经济发展理念也在由以城市经济体为核心的发展模式向区域一体化发展模式转变，粤港澳大湾区的发展有效带动了珠三角区域整体经济现代化转型，并为香港、澳门的经济再发展注入新动力，推动中国经济迈向高质量发展的经济新格局。

在全球湾区经济发展过程中，粤港澳大湾区显著区别于其他三大湾区，是唯一在同一主权国家范围内跨越不同政治制度和法律制度的区域经济体，不同的法治文化背景带来对同一种行为的不同思维模式，三地对同一问题的评判标准也各不相同，粤港澳大湾区要建立起既稳定又能求同存异的营商环境绝非朝夕可得。而突破粤港澳大湾区建设所面临的一个湾区、两种制度、三个法域的法治困境有助于加快推进内地与港澳深入合作，有利于香港、澳门深度融入国家发展大局，保持香港、澳门长期的经济繁荣和政治稳定。

一、粤港澳大湾区发展现状及营商环境指数

（一）粤港澳大湾区法治营商环境指数构建的必要性

作为世界第四大湾区，粤港澳大湾区尽管起步时间晚，但在发展前景上有超越其他三大湾区的潜力和后劲。2020 年粤港澳大湾区年平均营业收入 601 亿美元，超越了东京湾区；拥有 25 家世界五百强企业，超过纽约湾区，有三个港口位居世界集装箱吞吐量前十位，是我国重要的对外窗口。[2]

然而不管是粤港澳合作还是外资流入，一体化不仅带来经济的腾飞，也隐含诸多隐患。经济一体化推动形成了新经济模式和新制度，通过互补、分工、协调等方式降低区域内的交易成本，但同时三地联系增强也可能增加经济活动的负外部效应、风险和交易成本。

---

〔1〕 数据来源：广东省统计局、香港特别行政区政府统计处、澳门特别行政区统计暨普查局。

〔2〕 数据来源：广东省统计局、香港特别行政区政府统计处、澳门特别行政区统计暨普查局。

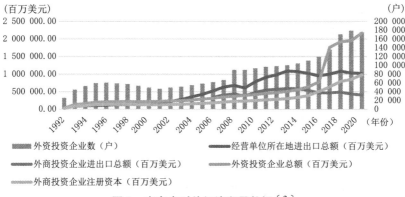

图1　广东省对外经济贸易数据[3]

大湾区作为改革开放的前沿拥有大量外资企业，仅在发展较为落后的江门市就有138个欧资项目落户，累计投资总额165亿美元。大额外资面临着在操作上如何便利跨境交流交易以及纳税等问题，一些重点领域存在沟通途径困难等问题。比如人才流动频繁的当下，广东、香港、澳门在劳动争议问题的总体设置、组织机构、具体机制衔接上有诸多差异。实际操作中存在跨地区送达法律文书难、调查难、执行难等现状，面对不同的法律应如何选择适用，需要形成新的机制来加以引导解决。

从经济学角度看，法治协同化是经济一体化过程中为了平衡各方成本，实现预期成本小于收益而进行的必然选择。[4]市场经济本质就是通过给予市场更多"权力"、更多自我调节空间，以法治代替人治，法治对于营商活动有不可替代的作用。因此，法治营商环境指数的科学构建应成为粤港澳一体化的重要环节。

（二）营商环境的定义与研究归纳

营商环境有广义、狭义两种解释，狭义解释是指市场经济中企业等市场主体活动涉及的体制机制性因素与条件，[5]包括时间、费

---

〔3〕　数据来源：国家统计局统计年鉴。

〔4〕　参见荆洪文：《粤港澳大湾区法治一体化路径研究》，吉林大学2019年博士学位论文。

〔5〕　参见许丹：《黑龙江省营商环境法治建设的若干思考》，载《黑龙江档案》2020年第6期。

用等。广义解释是指影响市场主体从事生产经营活动的外部环境的统称。有学者把广义营商环境分成软环境和硬环境，[6]软环境包括社会、经济、政治和法律等方面的宏观要素，如政治制度环境和法治环境；硬环境则是企业生命周期中难以改变的固定有形物质优势，如河流、矿产、铁路交通。相对而言，软环境更容易得到改变优化，因此想要优化营商环境应重点立足软环境。

根据营商环境的评价对象、指标内容、评价方法等要素，可以建立不同营商环境评价指数体系，比如营商环境与"放管服"，改革与环境优化、企业创新、法治化等的关系。营商环境评价体系模型中，最具国际影响力的是围绕企业生命周期建立指标体系的世界银行《全球营商环境报告》。我国国家发展改革委在此基础上增加了政务服务、市场监管、知识产权保护和运用等涉及政府服务水平的指标，用以评价各个城市吸引投资与建设质量水平；广东粤港澳大湾区研究院则以营商环境全要素为评价维度，包括软环境、基础设施、社会服务、市场总量、商务成本、生态成本。

世界银行以企业全生命周期为评价维度，方法以企业问卷调查为主，官方文件为辅，主要通过询问中小企业、律师事务所、会计师事务所、建筑师事务所等，以及查询对应相关法律规范或规范性文件。一级指标包含：开办企业；办理建筑许可；获得电力；登记财产；纳税；跨境贸易；办理破产；获得信贷；保护中小投资者；执行合同；劳动力市场监管；政府采购。

国家发展改革委以企业全生命周期、城市投资环境、政务服务和监管为评价维度，将数据采集与验证相结合，方法包括假设案例和真实案例、部门采集、样本企业和部门填报采集数据，并通过会计师事务所、律师事务所等其他第三方验证数据。一级指标包含：开办企业；办理建筑许可；获得电力；登记财产；纳税；跨境贸易；办理破产；获得信贷；保护中小投资者；执行合同；劳动力市场监管；政府采购；获得用水用气；招标投标；政务服务；知识产权保

---

〔6〕 参见娄成武、张国勇：《治理视阈下的营商环境：内在逻辑与构建思路》，载《辽宁大学学报（哲学社会科学版）》2018年第2期。

护和运用；市场监管；包容普惠、创新。

广东粤港澳大湾区研究院以营商环境全要素为评价维度，结合在线数据监测、企业满意度调查和实地调研，整合各类统计年鉴和行政记录以及大数据公司数据。一级指标有：软环境，包括人才吸引力、投资吸引力、创新创业活跃度、市场监管；基础设施，包括路网密度、互联网水平、六个综合运输能力（公路货运、供水、供气等）；社会服务，包括融资、科技、医疗、养老、教育、人才、研发服务；市场总量，包括常住人口、地区生产总值、社会消费品零售总额、一般预算收入、进出口额、贷款额、人均可支配收入；商务成本，包括水电气成本指数、工资成本、土地成本、房价收入比；生态成本，包括空气、水、绿地。

也有研究集中探讨营商环境对细分领域的影响，比如以税务营商环境为切入点，指标主要为缴纳税款、税收优惠、税收法治、涉税服务。[7]还有以辽宁14市为研究对象，构建政务角度的评价体系。[8]但立足法治化营商环境指数构建的研究仍处于探索阶段。

（三）营商法治环境指数定义

2018年国务院出台全国统一营商环境评价体系，以法治营商环境指数为核心指标之一，随后全国各地相继建立营商环境评价体系方案，法治评价始终占有一席之地。法治是最好的营商环境，当政策红利与时代浪潮退去，政治、商业、生活受法律保护，完善的司法体系基础环境才是吸引经济流动、促进商业发展的稳定基石。

营商法治指数是用数值形式展现的以描述、衡量与营商活动有关的法治建设状况的指标，蕴含经济需求、政治考量和人类文明三方面的价值期许，[9]对评价法治环境与经济的影响有导向性的作用，但针对营商法治指数的研究却并不完善，其推进难的原因如下：一

〔7〕 参见张景华、刘畅：《税务营商环境评价体系的构建路径》，载《税务研究》2018年第10期。

〔8〕 参见孙萍、陈诗怡：《营商政务环境的要素构成与影响路径——基于669例样本数据的结构方程模型分析》，载《辽宁大学学报（哲学社会科学版）》2020年第4期。

〔9〕 参见易海辉：《粤港澳大湾区内地城市群营商法治指数建构：动因、价值及路径》，载《法治社会》2018年第2期。

方面，法治评价具有不易量化的内在属性，评价标准水平受构建者的价值导向影响，缺乏客观的构建逻辑与量化标准，可能造成价值层面困境，使法治量化成为政绩解读的工具。杭州余杭是我国最早发布法治指数的地区，在其法治指数高升的情况下，却仍旧发生了中泰垃圾焚烧厂群体恶性事件，冲击了法治指数的公信力。但研究不能因噎废食，重点是如何构建科学的法治化营商指标。另一方面，中国的营商法治指数研究缺乏足够的参照，即便法治与营商环境方面的研究已在西方有较长时间的探索经验，但是由于中西方在经济与法律体系上存在较大差别，西方经验难以直接化用，粤港澳大湾区还具有一国两制三法域的地方特殊情况，更需要因地制宜才能协调多方发挥统筹、互补作用。

全面推进依法治国以及推动高质量发展已经成为国家发展战略，2013 年《中共中央关于全面深化改革若干重大问题的决定》明确提出要"建立科学的法治建设指标体系和考核标准"，法治指数只要运用得当，就有利于描述当地法治环境、法治建设，并辅助政府进行经济、市场、秩序的预测、指引、监管，不能因过去的不足就对法治指数产生排斥心理，重点是如何构建科学合理的营商法治指数体系，利用好科学的工具，将法治化营商环境"可量化的正义"与"不可量化的价值"有机结合。

法治量化指数理论与实践在海外已有数十年的发展，1968 年美国学者伊万（Ivan Sutherland）构建了最早的法律指标体系，世界银行推出的《全球治理指数报告》和世界正义工程（The World Justice Project，WJP）的"法治指数"也极具代表性。在我国，最早于 2005年由非政府组织香港社会服务联会（Hong Kong Council of Social Service）组织发起法治指数评估，内地最早评估的地区是浙江余杭，随后广东、湖北、吉林等省相继开展法治指数评估。

将法治指标用于评价营商贸易环境，国外早已有所行动，典型的有世界银行出台的《全球营商环境报告》、经济合作与发展组织发布的《贸易自由化指数》等报告，但这些报告并未考虑各国各地区制度与政策差异。国内法治指数研究集中于综合法治、政府法治、司法法治等角度，营商法治研究停留在构思与倡议阶段，尚未形成完善度和认可度较高的指标体系。

我国最早进行营商环境评价研究和实践的省份是广东省，2012年《广东省建设法治化国际化营商环境五年行动计划》提出要加强建设营商环境法治，明确与营商有关的法治状况，亚太创新经济研究院提出了《广东营商环境指标体系研究》，以国际化、市场化、法治化作为评价区域营商环境的三个主要维度。[10]我国相关研究中，易海辉提出营商法治指数概念模型，认为营商法治指数应彰显六个方面的价值取向：市场自由、商事效率、交易公平、诚实守信、市场包容和营商安全等价值理念，框架性内容可分为立法、执法、司法、守法四个方面，并设计了法治指数的基本路径，但仅有理论倡议没有提出具体指标内容；[11]谢红星基于江西 11 个设区市的数据，同样以四维度为核心，立足企业投资、经营、发展、创新建立营商法治环境评价体系；[12]郑方辉、王正、魏红征也以四维度构建了 13个二级指标以及 50 个三级指标的营商法治环境评价体系，[13]但两个体系都对指标赋予相同权重，不能有效体现不同重要性指标在评价过程中的作用，且均立足于内地法系，不能直接适用于湾区；滕宏庆采用法律专家评估模式，设立三层指标评价体系，缺乏客观指标的衡量，容易受专家水平影响。[14]

几位学者在体系构建上都契合了"科学立法、严格执法、公正司法、全民守法"的十六字方针，如今大力建设信用社会，营商信用环境也应纳入体系。且考虑粤港澳大湾区独特的历史、制度条件，

〔10〕 参见胡益、李启华、江丽鑫：《广东营商环境指标体系研究》，载《市场经济与创新驱动——2015 岭南经济论坛暨广东社会科学学术年会分会场文集》。

〔11〕 参见易海辉：《粤港澳大湾区内地城市群营商法治指数建构：动因、价值及路径》，载《法治社会》2018 年第 2 期。

〔12〕 参见谢红星：《营商法治环境的大数据监测、评价与剖析——基于江西 11 个设区市的数据》，载《兰州学刊》2021 年第 1 期。

〔13〕 参见郑方辉、王正、魏红征：《营商法治环境指数：评价体系与广东实证》，载《广东社会科学》2019 年第 5 期。

〔14〕 参见滕宏庆、张亮编著：《粤港澳大湾区的法治环境研究》，华南理工大学出版社2019 年版，第 20~23 页。

对于营商法治指数应有更加开放、灵活的指标需求，并要重视当地人文环境的开放包容，强调三地交流互助，重视体制体系接轨、法条整合和律师资格与其他机构的协调辅助。

二、营商法治环境体系构建

通过对国内外学者经验的梳理调整，并结合粤港澳的现实需求，我们以广东为主体，整理出指标体系以供评价营商法治体系，体系以一级指标构建框架，以二级指标细化目标，并用三级指标加以量化，其中三级指标由以专家、企业、公众为对象的主观评价和以现存数据为内容的客观评价组成，以求在评价过程中涵盖专业性、民主性和客观性。

一级指标从立法、执法、司法、守法、营商信用与社会环境五维度进行划分。立法、执法、司法、守法全面涵盖了法治化营商环境的主要内容。立法考察法治营商是否有法可依，立法程序、内容是否科学符合实际、体系是否健全完善，为市场环境提供制度保障；执法集中于政府角度，考察政府依法行使权力是否符合法治要求，是否能有效履行政府职能服务社会，保障市场参与者的合法权益；司法是市场主体维护自身权益的武器，司法渠道的公正、透明、有效和司法服务的充分供给让权利维护和法治建设更加主动；守法方面，公众和企业知法守法体现了法治理念内核在社会的落实程度，可以让法治成为市场常态。这四个方面不仅涵盖了法律运行的过程，也体现法治化社会建设的价值导向，国内学者在进行法治环境的相关研究时也大多从这四个角度进行探讨，也间接佐证维度划分的合理性。

营商信用和社会环境体现了区域经济的秩序与活力。党的十八大以来国家高度重视社会信用体系建设。信用是市场经济运行的重要保障，影响市场稳定和交易成本，随着市场主体数量增加、商事活动愈加频繁，对市场监管也提出了更高的要求，市场信用监管与构建是法治化营商环境的重要命题，理应作为体系的重要考核内容。

（一）立法环境

法治社会与市场的运行离不开制度的保障，"完善的营商法律体系是促进市场主体守法经营、依靠规则和法律健康运行的前提和保障"[15]，随着经济、文化、生活等各领域的发展，对于立法也有更多数量质量的要求。

良好的立法环境应该包含健全的体系、科学的内容、公平正义的程序。健全完善的体系不仅应当包括当下市场主体可能涉及的各法律、法规、制度，还应当具备一定前瞻性，对社会、科技前进方向作出指导；科学的内容需要符合社会、经济、文化、历史的客观规律，结合当下目标，满足国情条件，对于一些缺乏实际操作性的问题应当及时清理，一些模糊而难以运行的内容要及时解释补充，消除不必要的制度性冲突障碍，使法治成为操作指南而非空谈；除了内容体系的尽善尽美，法律作为维护公平正义的武器，要兼顾实质正义与程序正义，过程合法、内容民主的立法过程是体现法治精神、使法律实际获得人民支持的必要程序，民主透明、依法立法的立法程序才能最大程度兼顾各方利益，维护市场公平。

因此，立法方面主要考察法规与政策制定环境的完备与科学，以达到有法可依、体系合理、过程正义，笔者设置五个二级指标——"体系完备性、内容科学性、内容民主性、过程合法性、体制接轨程度"，以求在法律制度上充分兼顾法治内核与实操性，降低市场交易成本与合规性成本，以形成稳定、有可预见性的营商法治环境，提升企业创新创业、主体长期投资的信心。

（二）执法环境

法治化最重要的表征体现在执法过程之中，法治政府是实现法治化营商环境的关键环节和最直接的体现，企业在市场运行中不可避免需要与政府来往沟通，政府也肩负对市场引导和监督职责，这要求政府在法治轨道中充分发挥服务职能与监管职能，实现政府与市场关系法定化。[16]

《法治政府建设实施纲要（2021—2025年）》明确提出要"持

---

〔15〕 马太建等：《打造法治化营商环境》，载《唯实》2016年第6期。

〔16〕 参见魏红征：《法治化营商环境评价指标体系研究》，华南理工大学2019年博士学位论文。

续优化法治化营商环境"，对法治政府构建提出建议：一是要依法保护各种权利主体，防止行政权力滥用，加强政企沟通，推动构建高标准市场体系，坚持深入推进"放管服"改革。二是要强化政府服务能力，加快建设服务型政府，提高政务服务效能，通过落实全国一体化政务服务平台等渠道，提升审批服务能力与效率。三是要"健全以'双随机、一公开'监管和'互联网+监管'为基本手段，以重点监管为补充、以信用监管为基础的新型监管机制"，提高监管精准化水平。这体现了我国法治政府在法律约束下的职能作用对市场建设的重要性。

因此在行政执法方面，二级指标以考察政府依法执法能力、经济调控与服务能力、监督职能为主，包含：执法规范；经济职能；服务职能；市场监督职能；行政权力监督。

（三）司法环境

司法被誉为权力约束的最后一道防线，公正透明有效的司法体系关系到人民对法律的信任，推动社会自觉尊重法律权威，如果民事主体利益受到损失却无法得到有效公正的司法救济，则会危害市场环境的公平竞争与司法公信权威，这就需要重视司法渠道的可达性、公正性，减少法外权力、法外因素的干扰。同时由于法律具有很强的专业性，随着法治概念的普及与社会经济政治的快速发展，对法律服务的需求也会增加，为更广泛保护群众权益还需要提升司法服务保障，加强法律市场和法律团队建设，健全多元化纠纷解决机制。考虑到粤港澳大湾区复杂特殊的法律环境，为满足跨境交易、生活的需求，还需要健全司法服务接轨能力，重视法律制度及其运行机制的对接。结合上述考虑，司法环境二级指标包含：途径有效；公正透明；服务保障；司法服务接轨。

（四）守法环境

人民是法治的第一性力量与主宰者，[17]营商守法环境直接关系市场参与的交易成本，如法治的精神未能被社会接纳遵守，市场的

---

〔17〕 参见汪习根：《论法治中国的科学含义》，载《中国法学》2014 年第 2 期。

信任也会存在风险，也就需要更多的规制与惩罚约束市场行为，必定会增加成本，降低市场效率，不利于开放活力的社会主义市场建设。法治市场实际是合作性事业，要求每一个市场参与者自觉遵守规章制度、守法经营，自觉配合法律与政府监管，同时企业之间要公平竞争，维护良性发展的市场环境，使市场在法治基础上更加具有开放性活力。因此社会守法环境建设应涵盖两个二级指标，企业守法经营和企业公平竞争，在法律和行业两个轨道评价营商环境。

（五）营商信用与社会环境

市场经济是建立在契约基础上的信用经济，市场主体通过法律、行规、商业信用构建稳定经济关系，但目前我国企业违法乱象屡禁不止，仍存在企业信息不对称、中小企业财务信息不透明、信用等级评价体系不完善等问题，导致中小企业融资难、融资贵，[18]因此树立企业诚信意识、加强信用监督是优化营商法治环境的应有之义。

诚信市场不仅需要依靠企业，也要依靠政府。政务诚信是社会信用体系建设的必然要求，政府依法行政、落实政策是稳定市场预期、提升投资信心的重要前提，也是我国简政放权实现"放管服"改革的关键所在，政府提高政策稳定性、营造安全正义的监督与服务体系尤为重要。

信用环境增强市场的效率，社会环境则反映出市场自由与活力程度，尤其对于大湾区这样担负沟通内外贸易、吸纳投资任务的地区，重视政商关系与外资利用可以体现企业使用内外资源的能力，以及当地政府对于对外开放的重视程度。

营商信用与社会环境涵盖四个二级指标：商务诚信；政务诚信；政商关系；外资利用。

通过对二级指标的重要目的进行阐释，采取主观指标与客观指标结合方式，对二级指标进行细化，将三级指标呈现如下表，其中考察专家评价同时重视反映公众意见，并利用客观指标互补互证。

---

〔18〕 参见徐杨杨：《探索新时代优化营商环境的实现路径——基于社会信用体系建设视角》，载《信息系统工程》2021 年第 6 期。

表1 营商法治环境评估体系构建[19]

一级指标	二级指标	三级指标		
		主观评价		客观评价
		专家评价	企业满意度	客观指标
立法	体系完备	涉企法规政策完备	企业合规成本	营商规范性文件总数
	内容科学	内容科学	政策公平稳定	
	内容民主	听取企业家意见	反映企业家需求	政府透明度指数
	过程合法	政策合法性审查	执法过程合法	
	体制接轨	跨境政务合作沟通障碍	跨境法律政策障碍	行政送达率
执法	执法规范	法治政府建设	政府依法行政	行政败诉率
	经济职能	经济职能履行		GDP 增长率
	服务职能		行政审批效率	电子服务能力指数
	监督职能	行政监督程序措施科学	政府市场监管有效	生产事故死亡增长率
	权力监督	政务公开廉洁	行政投诉有效	腐败案件增长率
司法	途径有效		诉讼便捷	法院法定审核结案率
	公正透明			审判流程有效公开率
	服务保障	法律服务市场发育程度		律师事务所/企业数
	司法服务接轨	涉外民事案件受案范围		港澳司法协助案件
		域外法智库建设		
守法	企业守法经营	公众知法守法建设	企业依法经营	经济犯罪案件增长率
	企业公平竞争	市场准入、退出等限制性政策	企业自主经营	非国有企业社会固定资产投资/内资企业全社会固定资产投资

---

[19] 本表格数据来源：中国统计年鉴、广东省统计局、香港特别行政区政府统计处、澳门特别行政区统计暨普查局、EPS 数据库、中国省市政府电子服务能力指数报告，部分数据通过中国裁判文书网整理。

续表

一级指标	二级指标	三级指标		
		主观评价		客观评价
		专家评价	企业满意度	客观指标
营商信用与社会环境	商务诚信	企业信用信息公示、惩戒、修复		年新增严重违法失信企业增长率
		商业机构信用意识		商业机构信用意识
	政务诚信	政务失信惩戒制度	政务诚信度	政务失信案件数
	政商关系	企业帮扶力度		
	外资利用			外资企业数/企业数

三、粤港澳大湾区营商法治环境困境

(一) 法规政策制定环境

1. 经济发展水平不齐，立法基础差异大

粤港澳大湾区由九个内地城市和港澳两个特别行政区组成，除了面临粤港澳三地法律体系不同的"三法域"冲突问题，区内各市的经济发展也存在着严重的不平衡情况。2021 年，东岸城市创造了大湾区 55.63% 的 GDP，北岸城市占 31.99%，而西岸城市的贡献只有 12.38%，为东岸城市的 1/5 强。[20]法律作为上层建筑的一部分，是由其背后的经济基础决定的，必须适应经济基础的要求，并随之作出相应的变化。粤港澳大湾区各市经济发展水平差异之大使得建立一套湾区内通用的法规政策具有极高工作难度。法律对经济发展具有反作用，倘若法律政策制定不完善，也会对整个大湾区经济产生负面影响。

除此之外，各地在法治实践和立法权限上也存在冲突和差异。深圳、珠海由于经济特区的特殊地位可享受经济特区立法权和地方立法权的双重立法权，香港、澳门由于特别行政区的定位被赋予一

---

〔20〕 数据来源：广东省统计局。

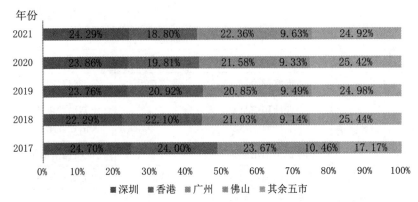

图 2　粤港澳大湾区各城市近五年的 GDP 经济表现 [21]

定立法权限，但广东省和下辖市的法律法规必须经由省、市级人大及其常委会按照法律规定生效，尤其是市级立法权限受到范围限制。粤港澳在立法协同的范围和程度上受到一定限制，如果展开合作，大湾区内市级需要向上级主管部门汇报，审批同意后才能进行对接，因此即便是广东九市之间的法治合作，由于缺乏稳定保障，影响当事方的合作意愿与合作效率，加之各地在政策方向上规定了不同的发展目标与道路，其经济基础发展水平也有所不同，其余港澳对接的规则也仅在本地区行使，粤港澳的立法合作具有鲜明的地方性色彩。[22]

　　另一方面，内地与港澳除了立法权限不同，在立法和决议程序上也有很大差异，导致合作程序对接过于繁琐。我国目前涉及粤港澳合作的全国性、总体性文件只有《粤港澳大湾区发展规划纲要》。作为大湾区法治建设根本依据的《中华人民共和国宪法》和其相关基本法虽然能指引发展方向，但内容宽泛抽象难以起到直接的实践指导作用，其他文件如前海方案、横琴方案都属于行政规范性文件没有法律强制执行力，《珠海经济特区横琴新区条例》没有对三方合

---

〔21〕　数据来源：广东省统计局、香港特别行政区政府统计处、澳门特别行政区统计暨普查局。

〔22〕　参见郭天武、吕嘉淇：《粤港澳大湾区法治合作的立法路径》，载《地方立法研究》2020 年第 4 期。

作范围、合作程序等作出明确的规范，无法突破现有的法治壁垒。

2. 法治认同存在差异

大湾区分属三个不同法域，广东九城属于中国特色社会主义法律体系，是自上而下由政府推进的法治模式；香港保留了判例法，澳门回归之前以制定法为主要渊源，都是自下而上、市场自发性的法治模式，三者在法律渊源、法律结构、诉讼程序、司法体制等方面都有较大的差异。法治认同的差异导致三地在立法协作、判决执行等方面的认可与合作基础相对薄弱，也体现为法律制度、价值观念和法治意识的不同，导致粤港澳合作中法治矛盾冲突更加多样、应对方案更加复杂，难以仅通过一两条法律规定就彻底解决。

3. 法治水平层次差异较大

法治水平的层次差异表现在两方面：横向上，省级行政单位不平衡，广东省法治水平低于港澳特别行政区，在法治政府建设、法治营商环境、纠纷法治救济以及公众法治满意度等方面与港澳两地都有较大的差距；同时广东内部法治水平也不平衡，深圳、广州、佛山三城经济发展水平更高、法治化程度也明显更高。纵向上，各城市在立法、执法、司法、守法、法治文化上都有差异，这些梯度差异会影响地区政策制定的方向、目的和执行效果，阻碍大湾区城市群协同发展，也增加了合作协调的实施成本。[23]

4. 立法合作主体分工不清，行政协调不畅

粤港澳大湾区内各城市间没有建立起系统化、体系化、程序化的立法合作机制，目前虽然构建了行政协议、联席会议、专责小组、研讨会议等协调治理机制，但没有明确规定各方的权责义务和职能分工，也没有建立追责制度，缺乏强制责任和约束力，在实践中容易造成相应部门的矛盾和职能冲突，并且由于冲突后另一方无权强制要求对方执行协议，由此轻则导致责任转嫁、责任推诿等问题，重则甚至导致合作失败。此外，还缺少有权威性和约束力的行政协调机制，现存的合作小组组织松散，存在多重管理、职能交叉等

---

〔23〕 参见邱佛梅：《粤港澳大湾区法治建设的协同困境与路径》，载《特区经济》2021年第12期。

问题。

（二）营商司法环境

粤港澳大湾区法律领域内的冲突不仅是立法层面上的冲突，在司法领域同样面临合作发展的障碍。就目前内地与港澳地区在民商事领域的司法合作情况来看，经过近年来的多方探索，我们取得了一些突破。1983年，华南国际经济贸易仲裁委员会（又称"深圳国际仲裁院"）成立，为促进内地与港澳合作开创多个先河，一直是粤港法律合作的重要平台，受理的涉外案件中，当事人涵盖137个国家和地区，其中有80%涉及香港。2013年12月，深圳市前海开启深港新合作之旅，为了进一步深化粤港澳合作，华南国际经济贸易仲裁委员会牵头成立了粤港澳商事调解联盟。2014年12月，粤港澳商事调解联盟在前海开庭调解首宗港人港案，成功调解两个香港当事人之间的经济纠纷。2019年12月，广东高院联合省司法厅印发《广东自贸区跨境商事纠纷调解规则》，该规则赋予当事人选用商事公约、惯例的自由权，在不违反我国法律的前提下，人民法院可以特邀具有专门经验的人员作为调解员。调解的期限、地点和方式均由当事人约定。2020年1月6日，广州举行了首次粤港澳大湾区司法案例研讨会，参会法官、律师来自粤港澳三地，按内地、香港、澳门诉讼程序，以模拟法庭的形式，分别对同一跨境商标权保护案件进行审理，以便具体化研究湾区法律制度差异，为比较性研究提供实际的案例，体现了三地对于改善法治合作的决心。

1. 多元商事纠纷频现，司法互认存在缺陷

大湾区三地分属不同法域，区别于缺乏终审性的广东判决，港澳地区具备独立司法权与终审权。粤港澳法治一体化需要积极完善司法协助、构建三地认可的替代性纠纷解决机制。在化解多元商事纠纷的路上，粤港澳三地不断尝试，努力提出"大湾区样本"，但是仍然有待进一步完善：如《关于内地与香港特别行政区法院相互认可和执行民商事案件判决的安排》并没有将全部的专利侵权案件、海事商事案件和破产（清算）案件纳入认可范围，对于此类案件的判决承认问题和具体的执行分割认定仍需最高人民法院出台细化司

法解释进一步明确。此外，在粤港澳三地经济紧密合作发展和大湾区工商登记、注册资本等商事制度不断深化改革的背景下，如何加速粤港澳三地间司法文书和调取证据流转，保障债权人的利益需要我们进一步思考和探索。

2. 跨境法律服务纠纷增加，法律服务、协作机制衔接不畅

随着我国开放窗口扩大，商贸领域的跨境法律服务市场不断变大。2019年，仅广州全市法院就受理了涉外涉港澳台案件超过8000件，[24] 随着湾区规划、"一带一路"倡议等各种跨境合作倡议的出台，完善跨境法律服务越发成为大湾区营商环境提升的重点部分。然而由于内地与港澳法律制度规定不同，难以进行立法合作，若一味适用内地法律解决跨境纠纷的区际法律冲突可能适得其反，不利于营商环境形象的树立，也不利于湾区经济合作与法治合作。

调解、诉讼、仲裁被誉为解决跨境争议的三驾马车，其中调解、仲裁手段灵活兼顾利益，因此发展法治环境还需要重视调解仲裁服务水平。三地在仲裁方面规则差异最小，也积累了很多实践经验，但在调解层面，三地在发展水平、制度设计等方面都有很大差异，香港由于丰富的国际商贸经验，在此方面已经有统一完善的制度设计，而内地没有专门的商事调解法，并且由于缺少专门立法，内地与港澳尚未建立起双方认可的统一商事调解员认证标准、培训体系等，也导致港澳的专业调解员难以在内地帮助企业解决争端。

同时，由于司法体制机制差异，法院职责存在差异，三地司法合作机关繁杂各有特点，比如香港纪律部门，包含独立反贪机构廉政公署、隶属于政府保安局的惩教署和警务处，澳门有独立反贪机构廉政公署、专责预防和调查犯罪的司法警察局、维持公共秩序的治安警察局，机构难以一一对应导致司法协助难以顺利对接，最显著的就是司法文书送达难、港澳法律查明难。香港民事诉讼为当事人主义，法院并不负责查询当事人地址，导致其地址不详，也没有建立起统一的司法协助网络平台。2018—2021年，中山两级法院委

〔24〕 资料来源：广州中院新媒体工作室。

托香港法院送达的 29 宗已结案件，7 宗送达成功；委托澳门法院送达的 18 宗已结案件，7 宗成功送达；委托澳门法院调查取证的案件合计 8 宗，已结的 4 宗中，2 宗调取成功。[25]三地积极开展司法协助，但成效尚不明显，区际司法协助制度与法律保障有待进一步完善。

最后，三地缺乏有效的法律服务行业合作平台，人员培训、行业规则上合作进程缓慢，缺乏合作方向、合作内容的统一规划部署，内地法律服务业企业向外推广对接平台不足，涉外法律服务供需信息不对称。

3. 域外法选择存在限制，港澳法律适用率低，不利于吸引投资

2015 年国家统计局对前海企业就涉港合同适用香港法等问题进行问卷调查，了解企业态度。调查结果显示，76% 的企业强烈希望适用香港法；81% 的企业认为，适用香港法律可以增强香港投资者对前海的投资信心；70% 的企业认为香港法律更符合商业市场化的运作规律。我国港澳允许当事人在协商同意的情况下选择域外法，但内地目前对域外法查明仅有原则性规定，只允许涉外和涉港澳民事法律关系当事人适用，增加了适用限制。加上没有明确的域外法查明程序、查明机构、效力认定等具体规定，可操作性不足。又由于域外法浩如烟海、数量庞杂，涉外法律服务人才储备、业务交流不足，缺乏域外法查明系统培训和操作指引，也没有信息共享平台，导致审判人员主观意愿不足，即便当事人选择适用域外法，也将域外法查明作为当事人举证责任，不利于营商法治环境的建立。

（三）社会守法环境

近年来广东各地多措并举开展普法宣传活动（如深圳市"六五普法"），活动内容包括但不限于普法进企业、调解进企业、法律服务进企业，这一系列活动均旨在提高企业经营管理者和员工的守法用法意识，提高企业依法决策和经营的能力，改善地区社会法律环

---

〔25〕 参见李桂兰、张荣：《粤港澳大湾区的法律及司法规则衔接问题研究——以中山两级法院 2018 年至 2019 年 9 月涉港澳民商事件的司法应对机制为视角》，载《中国审判》2021 年第 20 期。

境。但根据深圳前海合作区人民法院公布的数据，2020 年全年新收案件 17 911 件，其中执行案件数高达 6981 件，占比 38.89%，审结执行案件数 6808 件。2021 年全年共新收案件数 17 063 件，其中执行案件数 5035 件，占比 29.51%，审结执行案件数 4517 件。[26] 执行案件结案数的增长赶不上新收案件数也间接透露了粤港澳大湾区的守法环境问题。随着粤港澳大湾区经济交往活动不断增多，当事人之间因权益纠纷而涉诉的案件也将大量增多，但粤港澳大湾区居民法治教育程度不同、社会法治环境水平参差，部分被执行人缺乏法治意识，漠视依法生效的法律文书，有能力而不履行，进一步导致了申请强制执行的案件数量增多。

（四）营商信用环境

1. 现存商业失信问题较为严重

企业信用是道德问题，本质更是法治问题。企业作为市场活动的主要利益主体，在面对巨额利益的诱惑时，仍然能坚持公平公正交易，这是市场营商环境得以优化的坚实基础。根据中国政府采购网公布的 2022 年政府采购严重违法失信行为记录名单，共有 794 家企业被列入，其中广东企业的数量达 43 家（多为粤港澳大湾区内企业）。[27] 具体违法失信行为如下：在代理采购的过程中，违反规定随意任命评审专家而未依法从政府采购评审特定专家库中抽取有资格的评审专家、伪造专家签名、未妥善保存甚至掩饰隐瞒录音录像资料和有关供应商的投标文件等采购文件的情形等。由此可见，大湾区内企业仍然存在比较严重的商事主体失信问题，粤港澳地区诚信社会建设的步伐尚未跟上营商环境优化改革的进程。

2. 三地征信业发展水平不同，对接存在障碍

一国两制直接导致大湾区在信用体系模式上存在不同，香港信用体系完全由市场自发组建，政府无权也并不直接参与信用体系运转流程，个人征信业处于转型过程，目前主要依靠合同约束接入机构；澳门由于本地产业发展单一，信用体系覆盖面也更狭窄，没有

---

〔26〕 整理自深圳前海合作区人民法院司法业务数据。
〔27〕 整理自中国政府采购网。

建立起专业的征信机构；而广东省信用体系由政府部门主导，涵盖个人信用体系建设，通过部门规章严格要求个人信息和征信中心介入机构，由行政推动并以信用奖惩为后盾。[28] 征信机构内部运作和外部监管都存在差异，在推行时如若不进行实地化的改进，难免引起部分港澳人士的误解，增加机构信息互通合作的难度。

在实践过程中，三地企业信用信息跨境流通与共享也存在障碍。粤港信用报告内容上存在差异，比如香港有详细直观的个人信用报告，包含了信贷评级、评分因素等信贷评价信息，而内地报告缺少这些内容，需要机构根据报告其他信息综合判断个人信用风险。虽然2022年9月我国开始实施《数据出境安全评估办法》，但该办法仍不完善，存在重要数据类型的认定标准模糊等问题。

由此可见，粤港澳大湾区内企业仍然存在一定的商事主体失信问题，粤港澳地区诚信社会建设的步伐未能跟上营商环境优化改革的进程，在法律规定、机构设置、程序衔接等方面还需要进一步优化。

四、粤港澳大湾区营商法治环境建设的对策

（一）鼓励平衡发展，缩小地区经济差距

粤港澳大湾区作为一个区域城市群既需要重视整体发展，提高区域经济总量；又需要各个城市之间分工合作、协调发展，减少因资源错配和同质化发展导致的恶性竞争问题，充分发挥城市群效应。因此，大湾区内各城市应扬长避短、用己所长，以《粤港澳大湾区发展规划纲要》为参考，明确自身发展定位，在大湾区大背景下走具有地方特色的发展之路。比如，以传统制造业为发展之根的肇庆市在小鹏汽车、宁德时代等新能源汽车产业项目相继落地投产后应着力推进增长动能转换，以加快发展先进制造业为重点跑出"加速度"；而在文化旅游方面有着丰富独特资源优势的江门市，在中国特色社会主义进入新时代、文化和旅游融合迎来新发展机遇的历史关

---

〔28〕 参见顾敏康：《论粤港澳大湾区企业信用体系合作》，载《湖湘法学评论》2021年第2期。

键期，依托开平碉楼等优质文旅资源推动文旅产业发展，为粤港澳大湾区注入"人文"活力。

同时，粤港澳大湾区需要更加注重生产要素在各城市间的流转。通过大湾区内各城市经济发展情况分析我们不难发现，目前大湾区的经济发展"龙头"仍然是广州、深圳、香港，这三个中心城市对生产要素的吸引力远远超过湾区内其他城市。根据诺贝尔经济学奖获得者卡尔·冈纳·缪尔达尔（Karl Gunnar Myrdal）提出的回波效应理论，长此以往的高素质劳动力和资本向中心城市流入，资源的不断积累能够带来中心城市的进一步繁荣，但也会导致大湾区内其他城市经济发展缓慢，这意味着粤港澳大湾区的城市群效应被削弱，区域发展不平衡加剧。经济发展的不平衡则进一步制约了粤港澳大湾区区域法治一体化的发展。因此，为了更好地推动粤港澳大湾区营商环境建设，未来应该减少大湾区内的非均衡发展策略和倾斜政策，避免经济发展水平差异的加剧，而是更多发挥中心城市的涓流效应，带动粤港澳大湾区内其他城市提速发展，缩小区域内发展差距，消除三地的制度性壁垒，促进通关便捷，促进三地各种市场资质互认互通。

（二）完善协调治理机制衔接，构建地方政府间纠纷解决制度

大湾区协同建设应在遵循党中央统一领导的前提下，部分让渡权力授权立法，推进三地制度互认，建立规则衔接机制。由于三地法律规则自成体系且体量庞大难以达成统一的共识，因此应当建立统一的法律信息平台便于查询，并编制层次分明的规则衔接清单，便于司法机关与行政机关运用法律。此外，在三地跨境事务上，需要厘清各地、各执行与协调部门的职能和权力边界，建立完善的追责制度以发挥湾区各协调治理部门的最佳功能，避免责任推诿，冲突问题久而不决、不了了之。因此除了推动粤港澳地方政府签署兼具科学性和民主性的合作协议外，还应积极完善地方政府绩效考核机制，注重地方社会发展而不仅限于地方经济发展，通过规范地方政府、各部门的行为模式正确引导地方政府、各部门的行为，从而达到协调治理的最佳效果。

（三）对接国际司法，完善中外调解机制

世界级的湾区往往凭着开放的经济结构和发达的国际网络成为一国经济发展的关键引擎。粤港澳大湾区作为中国经济迈向高质量发展、深度参与全球化棋局上的关键一子，承担着与国际规则接轨的重任，大湾区应当积极对接国际司法，完善中外调解机制，满足中外商事主体的司法需求。

第一，积极借鉴吸收国际区域经济发展过程中的司法经验以推动法治一体化。美国解决区域法律冲突问题的主要方法是利用各州的冲突法进行协商调解，这些冲突法遵守《美国联邦宪法》中的限制性条款，多以判例法的形式出现。[29]欧盟作为世界上最大的经济实体之一，也曾面临法域冲突问题，1997年欧盟对统一国际法问题展开讨论进行立法，赋予它超越国家权限的效力。[30]对此我国可以综合上述两种经验，在统一宪法的领导下，建立一个由中央政府和港澳政府在协商下联合授权的地方组织，赋予它立法、制定区域协议、设立区域规则的权利能力和行为能力。对于粤港澳三地迥然有别的营商规则，在短期内无法实现构建趋同的规则，可通过互认方式实现衔接融通。

第二，借鉴港澳国际化营商经验，完善粤港澳大湾区的国际司法调解机制，建立跨境商事多元纠纷解决机制。多元主体治理模式下，粤港澳主体产生的纠纷很难通过单一的救济规则解决，因此除了完善法律，还需要构建多元救济制度，构建行政复议、和解、仲裁、调解等非诉程序体系。目前，深圳前海法院和前海国际商事调解中心均已进行了相关探索，通过聘用港澳籍具有国际调解经验的调解员共同参与调解，整合内地与港澳的调解资源，搭建"一站式"多元化的商事纠纷化解平台，将起诉、受理、送达、调解、仲裁等全流程网络化。未来仍需由中央政府出台相应鼓励政策，推动粤港

---

〔29〕 参见赵相林、刘英红：《美国州际法律冲突与我国区际法律冲突之比较》，载《比较法研究》2000年第1期。

〔30〕 参见靳迎迎：《中国区际法律冲突及其解决途径》，载《法制与社会》2007年第3期。

澳三地司法机构的交流合作，建立一个可适用于粤港澳大湾区全域的统一的司法合作机制。

（四）推动服务对接，提升法律服务开放水平

第一，要完善域外法律查明路径和适用机制。充分尊重当事人意思自治，允许当事人选择合同所适用的法律，尽快出台域外法查明实施细则，确定域外法费用承担、责任认定等要求，建立法律信息共享平台以推广域外法查明业务，并允许专家或第三方机构提供查明协助，发展中国特色司法研究智库，推动人才培养和法律制度机制对接，增强司法实践中法律查明意愿与服务能力。

第二，要依法扩大涉外民商事案件受案范围与司法协助范围。简化法院裁判、仲裁裁决审查程序，倡导粤港澳积极展开个案协助，有序扩大涉外民商事案件管辖范围，尝试对尚未纳入司法协助安排的案件，尤其是营商重要纠纷如知识产权案件、海商事案件等展开协助。

第三，要推动大湾区法律服务协同发展，构建港澳法律服务参与诉讼机制，允许港澳律师获得湾区律师执业资质，放宽港澳与内地律师事务所合伙联营的资质要求和投资门槛，探索建设湾区民商事司法协作电子信息技术平台，提高送达效率。

第四，要打破信息孤岛，整合各省市、特区网上办事大厅功能，提升办案效率，构建统一规范的 24 小时互联网+智慧政务平台，加快推进网上并联审批服务模式，降低制度性交易成本，并注重网络信息记录的整合与公开，促进信息交换与监督。

（五）开展跨区联防，提高应急事件处置能力

社会稳定是一个依靠多元主体共同参与交流的动态平稳性发展过程，社会稳定性更是法治化营商环境的道路之基。面对不断增多的跨境经济犯罪，大湾区应该提升跨区联防应对突发事件的能力：一是应加强公共卫生突发事件的联防。粤港澳三地政府应尽快出台在重大卫生事件时能保障跨域通勤人员的出入便利政策，保障三地居民的日常出行。二是应规范侦查跨境经济犯罪的警务合作机制，创设标准化的程序。同时，针对新型网络跨境犯罪电子证据隐蔽、不受时空限制且极易灭失的特点，应建立大湾区大数据实时情报共

享平台，从电子证据源头互通实时情报，提高案件侦破效率。

（六）三地合作办学，高校联盟培育人才

世界顶尖大学未必都坐落在世界一流城市，但世界一流城市一定至少有一所顶尖大学，大湾区发展同样如此。人才的积累能加强湾区内高校和企业的联系，在高端人才储备上形成良性循环。广东政府和港澳政府应通力合作，在《中外合作办学条例》基础上出台更具体、契合大湾区现实的专门合作办学条例，利用粤港澳高校间地缘距离小的优势，推出更多长期双向交流的高校学生培养项目，推进大湾区在招生就业、技能竞赛、学院交流等方面的合作，促进更多大学友好关系建设。除线下实地交流办学，还应积极探索线上教育资源共享途径，如打造课程资源共享平台，定期开办粤港澳大湾区大学生线上论坛等。大湾区是国内与国际信息流通的高速点，建立高校联盟，既能有效运用境内外办学优势差异，又能促进三地建立长期稳定的交流平台，促进学术层面三地联动的积极讨论，为湾区储备灵活地区化、专业化、国际化人才，增强三地人才流动，用人才实践带动地区一体发展。

同时也要促进大湾区内人才流动，鼓励三地人员投资交流，重视智力投入。对港澳居民在内地生活提供便捷条件，落实平等待遇，为高层次人才提供事业、生活的配套支持平台与宽松创业营商环境。

（七）完善征信体系，营造良好社会信用环境

实现三地信用信息共享，应完善个人信息、企业信息跨境流通使用制度，协调三地对个人和企业信息的不同保护标准。随着国内个人信息跨境转移等相关制度的进一步明确，粤港澳三地的征信业可加强合作，提高对接能力并就各自的信用履行情况相互监督。此外，应重视科学技术为跨境征信发展注入的活水，如使用同态加密和安全多方计算技术解决数据泄露问题，以零知识证明技术解决数据造假问题，采用区块链的方式解决数据篡改问题，积极使用科技手段，粤港澳大湾区增信发展将取得飞跃式进步。

（本文责编：张继红）

Research on the Problems and Countermeasures of the Legalization of Business Environment in Guangdong-Hong Kong-Macao Greater Bay Area—Based on the Construction of Business Environment Assessment Framework

Dai Zhongxian, Xiao Luhan, Zhang Xiaoqing

Abstract: As the most dynamic part of China's economy, the Guangdong-Hong Kong-Macao Greater Bay Area has brought new opportunities for China's high - quality economic development. While the central and local governments have previously joined efforts to promote the synergistic development of Guangdong, Hong Kong and Macao in multiple initiatives on all fronts, there are still many problems in building a good business environment in the Bay Area. Considering that the existing improvement measures mostly focus on preferential policies and there may be neglected legal constraints, the key to get out of the predicament of the business environment in the Guangdong-Hong Kong-Macao Greater Bay Area lies in finding the balance of the legal system and establishing a stable and coordinated business index system under different rule of law cultures. Based on the rule of law business environment index of Guangdong-Hong Kong-Macao Greater Bay Area, this paper focuses on the obstacles to regional rule of law integration and economic integration faced by the Bay Area in the development of integration from five perspectives: legislation, law enforcement, judiciary, law-abiding and social credit environment, and proposes feasible solutions to solve the problems to help Guangdong-Hong Kong-Macao Greater Bay Area get out of the development dilemma.

Keywords: Legalization of Business Environment; Guangdong - HongKong-Macao Greater Bay Area; Index Construction

粤港澳大湾区邮轮旅游的规范定位问题：体例与内容[*]

王　崇[**]　刘恩池[***]

摘　要：粤港澳大湾区发展邮轮旅游经济，需要重视规范的设计问题，其核心就是要明确航行于粤港澳三地间的、与邮轮旅游服务相关的行为规范应如何设置。本研究依据法学规范研究的范式，从概念界定、环境背景入手，探讨粤港澳大湾区邮轮旅游的规范定位问题。在体例上，粤港澳大湾区邮轮旅游的规范定位可采用统一化的政策制定方式，亦可发起并推动粤港澳三地形成相应的区际合作协议；在内容选择上，粤港澳大湾区邮轮旅游的相关规范的主要内容既可以是调整海事法律关系，也可以是出台相应的旅游促进政策。粤港澳大湾区可在体例上参考东京湾区的做法，形成相应的发展计划与政策，并以提升邮轮旅游发展为核心要旨；在内容上可借鉴欧盟设置综合性的规范来调整并规范邮轮旅游活动的做法，推动设立区际邮轮旅游产品合作协议来包容具有各种不同属性的规范内容。

关键词：粤港澳大湾区；邮轮旅游；规范定位；体例；内容

引　言

邮轮旅游市场正逐步成为世界范围内休闲旅游产业中增长最快

---

* 基金项目：2020 年国家社科基金重大研究专项"新时代海洋强国建设"（项目编号：20VHQ005）。

** 中山大学法学院助理教授，南方海洋科学与工程广东省实验室（珠海）研究人员，中山大学涉外法治研究院研究人员。

*** 中山大学法学院 2021 级硕士研究生。

的领域。随着"国际邮轮港建设"被提及并进入《粤港澳大湾区发展规划纲要》之中，大湾区邮轮旅游发展面临着较大的机遇。2016—2018 年，在大多数邮轮母港的接待游客数持续下滑时，广深港三大邮轮港却出现了"逆势增长"。2018 年，广州南沙港接待游客数 48.12 万人次，同比增长 19.3%；深圳太子港接待游客数约 36 万人次，同比增长 93.6%，两地各项核心指标高居内地第三和第四。如果计入香港启德邮轮港当年接待游客数（87.52 万人次），则大湾区"三小时邮轮圈"已远超天津国际邮轮港，跃升为国内第二大邮轮经济带。[1]在此发展势头下，2020 年交通运输部办公厅、广东省人民政府办公厅、广西壮族自治区人民政府办公厅、贵州省人民政府办公厅、云南省人民政府办公厅公布了《关于珠江水运助力粤港澳大湾区建设的实施意见》，其中明确提出要推动邮轮和游艇产业健康发展，积极推动粤港澳游艇自由行政策实施工作，为游艇自由行提供便利。

然而，因粤港澳大湾区内部存在"两种制度、三个法域"的复杂性，其仍面临着跨区域、跨制度协作等机制性障碍，这在一定程度上影响了大湾区邮轮旅游市场的统一性建设：一方面，粤港澳大湾区邮轮旅游市场的发展特色就是"区际的合力"。[2]目前粤港澳大湾区邮轮旅游市场的特色是以切舱的分销模式为主，包船与散卖为辅，其旅游产品既有通向越南、日本和菲律宾的国际航线，又有粤港澳三地之间的邮轮旅游服务，包括邮轮出行、食住、岸上观光等多种产品套餐。[3]更为重要的是，广州（南沙母港）、深圳（蛇口邮轮母港）和香港（启德与海港城邮轮母港）内部的几个不同邮轮母港在各自具有特色的基础上逐步协同发展并形成合力，而这也

---

〔1〕 数据来源：饶勇：《粤港澳大湾区邮轮与游艇旅游发展报告》，载徐红罡、保继刚主编：《粤港澳大湾区蓝皮书：粤港澳大湾区旅游业发展报告（2020）》，社会科学文献出版社 2020 年版，第 137~165 页。

〔2〕 参见符正平、刘金玲：《新时代粤港澳大湾区协同发展研究》，载《区域经济评论》2021 年第 3 期。

〔3〕 参见汪泓主编：《中国邮轮产业发展报告（2020）》，社会科学文献出版社 2020 年版，第 45~52 页。

对大湾区内部相关政府部门的行政管理提出了相应要求。对此，政府已经开始着手建立大湾区邮轮旅游协调机构，引导邮轮上、下游企业共同制定发展规划和市场规则。[4]另一方面，邮轮旅游法律适用问题在大湾区内更加复杂化。如在实践中，我国邮轮旅游服务合同大多依据消费合同的规则适用国内法律，而作为海上旅客运输合同主要内容的邮轮船票条款普遍规定适用域外法律，邮轮船票销售合同则作为商事合同遵循意思自治原则来确定如何适用相关的法律，三者在法律的选择和适用上就可能存在竞合等问题。[5]这些问题在"海娜号"邮轮被扣事件、"东方之星号"及"蓝宝石公主号"邮轮人身侵权等事件中已有切实体现。在粤港澳大湾区范围内，我国与邮轮旅游相关的法律法规无法直接地适用于港澳地区，故而我国一般意义上的邮轮旅游法律适用问题很可能会继续存在于粤港澳大湾区内，并且这一问题会随着大湾区邮轮经济和邮轮旅游市场的逐步复苏而逐渐突显，成为未来亟须解决的现实问题。

基于对宏观背景和现实问题的考量，粤港澳大湾区邮轮旅游的进一步发展需要在相关法律法规或政策文件间进行深入对接，并逐步解决三地间邮轮旅游规范的适用问题。[6]如果粤港澳三地各自的规范定位不明确，且又"各自为政"，再加之目前大湾区邮轮旅游现实环境的严峻性，那么整个邮轮旅游市场就无法真正形成发展上的合力，建立大湾区邮轮旅游协调机构所发挥的作用就会"大打折扣"。因此，本文研究的核心问题就是在粤港澳大湾区"两种制度、三个法域"的复杂环境下，粤港澳大湾区邮轮旅游的规范应制定成什么样的形式，其主要涵盖哪些内容。

一、研究背景

从历史发展来看，粤港澳大湾区邮轮旅游发展阶段可总体分为

---

[4] 参见叶欣梁：《对治理邮轮市场低价竞争的建议——当前中国邮轮旅游发展需要更具深度的产品创新、发展模式创新，为邮轮旅游市场注入更为强劲的活力和动力》，载《中国旅游报》2018 年 8 月 21 日，第 3 版。

[5] 参见孙思琪：《邮轮旅游法律适用论要》，载《武大国际法评论》2018 年第 2 期。

[6] 参见江国华、谢海生：《粤港澳大湾区法治深度协同的构想与进路》，载《地方立法研究》2022 年第 4 期。

两个部分：第一阶段是 2016—2018 年。这个阶段是粤港澳大湾区整体概念和规划的提出阶段。之所以在 2019 年《粤港澳大湾区发展规划纲要》中专门考虑邮轮旅游问题，是因为在这些年的发展过程中，在大多数邮轮母港的接待游客数持续下滑时，广深港三大邮轮港却呈现出"逆势增长"态势。第二阶段是 2019—2022 年。这个阶段是粤港澳大湾区邮轮业务处于"停摆"的阶段。2019 年中国 13 个邮轮港口接待邮轮 804 艘次，同比下降 17.6%，接待出入境邮轮游客量为 413.4 万次，同比下降 15.3%。其中接待母港邮轮 728 艘次，同比下降 12%，接待母港出入境游客量为 395.6 万人次，同比下降 15%。例如，广州港国际邮轮母港的游客量在一年间就下降了 10.0%。（见表1）[7]

表1　2019 年我国邮轮市场发展情况

序号	港口	邮轮接待艘次			邮轮游客量		
		2018 (艘次)	2019 (艘次)	同比增长 (%)	2018 (万人次)	2019 (万人次)	同比增长
1	上海吴淞口国际邮轮港	375	240	−36.0	271.50	187.14	−31.0
2	天津国际邮轮母港	116	121	4.3	68.30	72.55	6.0
3	广州南沙邮轮母港	0	4	−	0	0.748	−
4	广州港国际邮轮母港	97	89	−8.2	48.12	43.44	−10.0
5	深圳招商蛇口邮轮母港	89	97	9.0	36.46	37.30	2.0
6	厦门国际邮轮中心	96	136	41.7	32.48	41.37	27.0

---

〔7〕　参见梅俊青：《新冠肺炎疫情对中国邮轮经济发展影响研究报告》，载微信公众号《邮轮参考》，2020 年 2 月 29 日发布，https://mp.weixin.qq.com/s/aEWEd9gCUHpsVuFlpeM58w.

续表

序号	港 口	邮轮接待艘次			邮轮游客量		
		2018（艘次）	2019（艘次）	同比增长（%）	2018（万人次）	2019（万人次）	同比增长
7	青岛邮轮母港	44	51	16.0	10.99	17.62	60.0
8	大连国际邮轮中心	37	39	5.0	8.44	8.85	5.0
9	海口秀英港	0	0	—	0	0	—
10	上海港国际客运中心	28	18	−36.0	3.72	2.20	−41.0
11	三亚凤凰岛国际邮轮港	20	4	−80.0	2.00	0.64	−68.0
12	温州国际邮轮港	5	0	—	1.40	0	—
13	连云港国际客运中心	20	0	—	1.30	0	—
14	舟山群岛国际邮轮港	0	5	—	0	1.60	—
总 计		927	804	−12.5	484.71	413.46	−14.5

资料来源：中国交通运输协会邮轮游艇分会（CCYIA）。

2020 年 1 月 25 日，广州港国际邮轮母港发展有限公司发布《关于广州南沙国际邮轮港暂停运营的公告》，提出广州南沙国际邮轮码头将暂时停止邮轮相关业务。由于各大邮轮公司纷纷取消航次，2020 年中国邮轮市场规模再次下滑，超过"萨德事件"对中国邮轮市场的影响。[8]

之所以出现两个不同的阶段，除了疫情原因，我们也不能忽视规范层面的问题，尽管这些问题可能在当下并不构成一个决定性的因素。在现行法律体系中，能够调整和适用于邮轮旅游活动相关的

---

[8] 参见梅俊青：《新冠肺炎疫情对中国邮轮经济发展影响研究报告》，载微信公众号《邮轮参考》，2020 年 2 月 29 日发布，https://mp.weixin.qq.com/s/aEWEd9gCUHpsVuFlpeM58w.

法律规范种类繁多，这些部门法下的法律原则、规则以及具体的制度都存在较大的差异，所反映的立法主体的意志也存在很大的区别。[9] 在没有针对邮轮旅游活动的特别法时，现有的一般法应予以适用。例如，在认定邮轮旅游服务合同的性质以及邮轮船票作为海上旅客运输合同证明的效力时可适用《中华人民共和国海商法》（以下简称《海商法》）、《中华人民共和国消费者权益保护法》、《中华人民共和国涉外民事关系法律适用法》等，在涉及相应的行政管理问题时可适用《中华人民共和国旅游法》，[10] 而这些规范适用亦会使得粤港澳大湾区邮轮旅游的规范定位问题变得愈加复杂。

从粤港澳大湾区其他领域制度规范设置的经验来看，解决邮轮旅游规范的适用问题并设置一个精准"定位点"的方式主要有两种：一是出台一个相对完整的发展计划与纲要。例如，深圳市已制定《关于勇当海洋强国尖兵加快建设全球海洋中心城市的实施方案（2020—2025 年）》，其推进的涉海重点示范性建设项目已有 63 个，并直接明确要在哪些领域重点进行建设。二是以具体的海洋事务为切入点出台多个发展计划、政策或法律。这种做法从不同的、具体的海洋事务着手（如海域使用规划与管理、海洋环保等问题）分别制定多个发展计划与政策，其细致程度会更加凸显，[11] 如《粤港澳大湾区水安全保障规划》《2017—2020 年粤澳环保合作协议》等。这表明，粤港澳大湾区在涉海经济发展的各个领域都可能制定相应的发展规划，并就其中的关键性问题提出相应的发展方向。在邮轮旅游方面，《关于珠江水运助力粤港澳大湾区建设的实施意见》明确提出要推动邮轮和游艇产业健康发展，支持粤港澳在邮轮自由行政策及法律服务等方面实现规则对接。诚然，交通运输部在这份意见中希望尽可能地避免粤港澳三地因法律规则的差异而给邮轮旅游的

---

〔9〕 参见谢忱：《我国邮轮旅游中的法律关系研究》，大连海事大学 2020 年博士学位论文。

〔10〕 参见郭萍：《邮轮合同法律适用研究——兼谈对我国〈海商法〉海上旅客运输合同的修改》，载《法学杂志》2018 年第 6 期。

〔11〕 参见曲波、杨川：《论海洋经济法律的体系化》，载《宁波大学学报（人文科学版）》2018 年第 6 期。

进一步发展带来阻却性因素，这也是粤港澳大湾区邮轮产业进一步发展所要解决的重要问题。

二、粤港澳大湾区邮轮旅游规范定位与路径比较

在目前粤港澳大湾区涉海立法的环境背景下，学者们对粤港澳大湾区邮轮旅游规范的设置与安排提出了不同的路径，其聚焦之处在于体例和内容，即以什么样的规范样态呈现，并以什么样的组成内容来发挥调整与规范作用。因此，粤港澳大湾区邮轮旅游规范的定位问题可以划分为体例和内容两个层面。

（一）体例：统一化规范或区际性的法律协议

在粤港澳大湾区范围内，如果需要调整和解决某项具体事务，采取的方式应是多元化的，而这恰恰是粤港澳大湾区自身具有多法域属性所决定的。[12]粤港澳大湾区包括广东省部分地级市、香港特别行政区以及澳门特别行政区。中国内地是受到大陆法系所影响的中国特色社会主义法律体系，香港地区则保留了英美法系原有的普通法、衡平法、附属立法和习惯法体系，澳门地区则是受到葡语国家所影响的大陆法系地区。据此，有学者认为，粤港澳三地应就《粤港澳大湾区发展规划纲要》中所鼓励的合作领域（如基础设施建设、外商投资、邮轮旅游）形成具体的区际性法律协议。[13]之所以采用这种做法，是因为顾虑到港澳特别行政区所享有的高度自治权。[14]还有学者认为，区际性的法律协议可能仍会走向统一化的立法，我们不能排除未来大湾区可能会出现针对特定事项的统一法律规范。[15]

---

〔12〕 See Kate Lewis, "Cruise Ship Operators, Their Passengers, Australian Consumer Law and State Civil Liability Acts－Part", *Australia and New Zealand Maritime Law Journal*, Vol. 93, 2015, pp. 93－110.

〔13〕 参见张亮、黎东铭：《粤港澳大湾区的立法保障问题》，载《地方立法研究》2018年第4期。

〔14〕 参见韩大元：《论〈香港国安法〉第2条"根本性条款"的规范内涵》，载《法学论坛》2021年第4期。

〔15〕 参见荆洪文：《粤港澳大湾区法治一体化路径研究》，吉林大学2019年博士学位论文。

对于邮轮旅游规范的部门法体例而言，无论选择何种体例，都必须充分考虑粤港澳大湾区内部的多法域属性，同时也要认识到粤港澳大湾区内部存在着协同治理与规则衔接的现实需要。在此背景下研究粤港澳大湾区邮轮旅游规范的定位，从路径上来看有两个选择：一是统一化地进行规范制定。就当下的发展阶段来看，统一化地进行规范制定更多的是从政策与指导层面出发，它并不当然地属于"法"的范畴，也不能在三地间发挥调整和约束作用，但它可以就粤港澳大湾区的邮轮旅游发展提供方向性的指引，并能对未来相关立法的出台起到重要的推动性作用。[16]实际上，这种规范性文件大量地存在于粤港澳大湾区之中，如2019年《粤港澳大湾区发展规划纲要》、2020年《推进海事服务粤港澳大湾区发展的意见》等。二是区际法律协议。尽管三地间法域环境不同，当下无法统一化地进行立法，但是粤港澳三地可以通过构建区际法律协议的方式来为三方设置法律权利与义务，并在彼此之间发生约束性的作用。[17]例如，2020年8月，交通运输部海事局、香港海事处、澳门海事及水务局共同签署《粤港澳大湾区海事合作协议》，三方将共同优化珠江口船舶定线制及报告制，从而协同开展船舶交管服务，加强引航安全合作。两种不同的规范体例并行存在于粤港澳大湾区的协同治理活动中，而邮轮旅游规范定位也会在统一化或是区际性的法律协议中进行考量并选择。

（二）内容：海事法律规范或旅游法律规范

关于邮轮旅游规范的具体内容，学理上存在两种设计路径：一是以海事立法为主线的基础部门法定位。[18]有观点认为，邮轮旅游中的法律关系的本质是《海商法》体系之下的海上旅客运输关系，它的实质就是以海事立法为主线的部门法定位。在考虑其部门法体

---

〔16〕 参见邓伟平、郭世恩：《粤港澳大湾区法律合作研究》，载《法治论坛》2020年第4期。

〔17〕 参见王春业、徐珮程：《论粤港澳大湾区合作中政府间协议及其法律效力》，载《港澳研究》2022年第1期。

〔18〕 参见司玉琢、谢忱：《法律视角下的邮轮旅游文化研究》，载《政法论丛》2017年第4期。

例之时要围绕促进邮轮旅游发展和公共利益等方面，尽可能地在邮轮旅游运输服务提供方与旅客之间保持利益的平衡。[19] 二是以旅游立法为主线的基础部门法定位。有观点认为，邮轮旅游法律关系的本质是《中华人民共和国旅游法》体系之下邮轮旅客权益保护的法律关系。该观点是从纵向的角度出发来确定邮轮旅游法律规范的体例，强调了作为承运人的邮轮公司在履行合同的过程中所负担的具体法定义务。[20] 例如，《中华人民共和国旅游法》《中华人民共和国消费者权益保护法》就从公法和私法两个不同的角度对邮轮公司旅游服务的提供进行了全面的规制，如旅游计划的变更、损害赔偿的范围等。

在这两种不同定位路径的影响下，粤港澳大湾区邮轮旅游的规范内容可能会存在横向与纵向两种不同的内容安排：[21] 一方面，如果规范定位的线索落实于区际海商法律体系之下的海上旅客运输关系，那么规范的内容就与《海商法》中海上旅客运输章节的内容高度关联，包括旅客运输的主体、法律责任风险、责任分摊、责任限额、承运人与旅客之间的权利义务关系等内容；另一方面，如果规范定位的线索落实于《中华人民共和国旅游法》体系之下邮轮旅客权益保护的法律关系之中，那么其内容可能会围绕邮轮旅游规划与促进、邮轮旅游经营、邮轮旅客权益保护、旅游服务合同以及旅游安全等内容。

（三）衔接：体例与内容间的互塑及选择

实际上，体例选择与内容安排之间存在着紧密的逻辑关联。如果未来粤港澳大湾区内部能够在某些特定的领域进行统一化的立法，并能约束三地的有关法律行为，那么无论是海事法律规范还是旅游法

〔19〕 See Erxiu Zeng, "The Protection of Cruise Passengers and the Athens Convention", *Beijing Law Review*, Vol. 9, 2018, pp. 709-725.

〔20〕 参见吴煦、孔德兵：《邮轮公司对旅客人身伤亡的赔偿责任限制——基于类型结合合同的视角》，载《中国海商法研究》2021 年第 3 期。

〔21〕 参见陈琦：《邮轮旅游经营者法律定位分歧的破解——以〈旅游法〉〈海商法〉的制度冲突为视角》，载《法学》2020 年第 6 期。

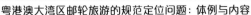
律规范都存在被设置的可能。[22]然而，不同的体例选择对内容的包容性仍存在一定区别。

作为粤港澳大湾区最核心的行政省份，如果广东省面对邮轮旅游的发展及规则对接等问题采取的是统一的规范性文件，如交通运输部出台的《关于推进海事服务粤港澳大湾区发展的意见》，那么其内容很大可能会与大湾区邮轮旅游的发展规划、邮轮经营、旅游安全、风险处理等问题紧密相关，其规范的属性更可能偏向于设置旅游法律规范。目前广东省与港澳特别行政区之间暂不存在一个上位机构来负责制定规范性文件，所以广东省及其行政辖区内有相关立法权的地市可以以促进邮轮旅游发展为目的和宗旨来制定规范性文件。虽然其并非法律，而更多的是政策、政令或是其他抽象行政行为，但是也能发挥相应的约束作用。[23]因此，采用统一规范的做法相对而言在内容的部署及选择上会存在一定的局限性。

如果采用另外一种做法（即区际法律协议），那么无论是何种属性的规范都可能成为其主要内容，如三地海事部门为加强海事合作而形成的《粤港澳大湾区海事合作协议》、三地卫生与医疗部门为加强卫生与医疗领域合作而形成的《粤港澳大湾区卫生与健康合作框架协议》以及涉及港澳的区际私法规范等。只要是三地之间就一些问题达成了共识、愿意受到某个具体的法律规范或区际法律协议的约束，那么除非与《中华人民共和国香港特别行政区基本法》和《中华人民共和国澳门特别行政区基本法》的原则性的规定或理念相违背，否则无论规范是什么属性，都会在三地之间发生法律效力。[24]

三、国外邮轮旅游规范定位的比较与借鉴

分析国外邮轮旅游法律规范的定位并进行比较研究的必要性就

---

〔22〕 参见董皞、张强：《推进粤港澳大湾区建设的法律制度供给》，载《法学评论》2021年第5期。

〔23〕 参见钱焰青：《论新时代行政规范性文件的正当性及其界限》，载《中国法律评论》2021年第3期。

〔24〕 参见王禹：《全面管治权理论：粤港澳大湾区法治基石》，载《人民论坛·学术前沿》2018年第21期。

在于粤港澳大湾区"一国两制三法域"的现实状况。[25]基于此，笔者主要选取美国、日本和欧盟三个国家和区域进行比较与分析。之所以选取这三个主体，主要缘由包括以下两个方面：一是具有"一国且多法域"的特征。以美国为例，美国纽约湾区涵盖纽约州、康涅狄格州和新泽西州等，除了属于美国联邦立法的事务之外，各个州之间不存在一个顶层的规范制定机构，而是在平行、平等的前提下针对具体的事务进行协商，从而达成合作协议，这一模式与粤港澳之间就海事服务等具体事项达成一致协议具有相似性。同样，除了欧盟法所保有的直接优先效力之外，欧盟成员国国内亦可以在欧盟法规定之下结合本国实际情况出台相应的法律或其他规范性文件。二是符合我国立法与其他规范制定的模式与体例。正是基于这一原因而选择日本作为借鉴对象。除了日本正打造和构建东京湾区之外，我国涉海立法及相关规范，特别是目前正在研究制定的"海洋基本法"，从体例来看在很大程度上参考了《日本海洋基本法》，邮轮旅游作为海事服务提供的一种，其规范定位和构建要与我国上位立法保持一致。

（一）国外邮轮旅游规范的体例选择

国外大部分国家并没有专门出台针对邮轮旅游的单行立法，但是都存在着完整的海事法体系和判例法体系，一旦涉及邮轮旅游活动的相关纠纷，就会适用相应的立法和判例，其中最典型的就是美国。美国海事法律（Maritime Law）由大量零散的成文单行法组成，其记载于第 46 目"航运法"（Title 46：Shipping），分为 8 个分目（Subtitle）分散在《美国统一商法典》（Uniform Commercial Code）之中，该法典的层级直接由《美国联邦宪法》所规定，属于联邦立法，其效力仅在《美国联邦宪法》之下。这意味着其他州制定相应的地方性立法不能与美国海事法律相冲突，否则将不能适用。[26]除了联

---

〔25〕 参见邓莉、杜承铭：《"一国两制"下中央对特别行政区全面管治权之释义分析——兼论全面管治权与高度自治权的关系》，载《吉首大学学报（社会科学版）》2018 年第 5 期。

〔26〕 See David A. Strauss, "Not Unwritten, After All?（reviewing Akhil Reed Amar, America's Unwritten Constitution：The Precedents and Principles We Live by（2012）", *Harvard Law Review*, Vol. 126, No. 6, 2013, pp. 1534-1535.

邦立法之外，美国的两大湾区（旧金山湾区、纽约湾区）也有相应的制定法律规则的权力，如旧金山湾保护和发展委员会（SFBCDC）就与加州海岸委员会相互配合，[27] 在加州制定的《1976 年加利福尼亚海岸法》的基础上制定负责旧金山湾区海岸带的保护法律，如《麦卡迪亚—彼得里斯法案》（McAteer-Petris Act）[28]；纽约湾区在各个州之间构建起了平行、平等环境下的协商机制，以就规范的形成达成合作协议。[29] 除了联邦以及各个州制定的成文法之外，美国还存在着大量的海事法条文以及联邦和州法院的判例。由于美国是典型的判例法国家，调整和规范邮轮旅游活动的法律规则也大量地存在于判例之中。[30] 这些海洋政策、立法以及判例共同为美国邮轮旅游活动提供相应的支持和保障，并提供相应的依据。（见图 1）

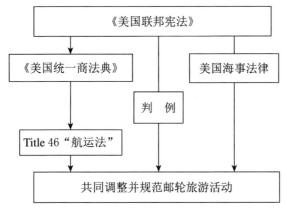

图 1　美国法下规范邮轮旅游活动的上下位规范关系

相比之下，日本更注重制定邮轮旅游的发展规划，而不是依靠判例。日本属大陆法系国家，而且早在 2007 年就出台了一部《日本海洋基本法》。从体例上来看，《日本海洋基本法》属于纲领式立法，

---

〔27〕　See Ira Michael Heyman，"Symposium：The San Francisco Bay Are—Regional Problem and Solutions"，*California Law Review*，Vol. 55，No. 3，1967，pp. 695-701.

〔28〕　See MTC，Bay Area Metropolitan Rapid Transit District Act.

〔29〕　New York v. New Jersey，256 U. S. 296，313，41 S. Ct. 492（1921）.

〔30〕　Jackson v. Carnival Cruise Lines，Inc. ，203 F. Supp. 2d 1367（S. D. FLA. 2002）.

它的体系由总则、海洋基本计划、海洋基本政策以及综合海洋政策本部构成。[31]《日本海洋基本法》第 10 条规定："从事海洋产业的企业，应在依据基本原则从事经营活动的同时，努力配合国家和地方公共团体实施海洋政策与措施。"第 12 条规定："国家、地方公共团队、海洋产业经营者、从事海洋活动的组织以及其他相关当事方，应当相互合作并进行协调以实现基本原则。"诚然，《日本海洋基本法》不会专门地调整与规范日本邮轮旅游的具体行为，但是作为日本的"海洋宪章"，其对邮轮旅游及其整个产业发展提供了方向性的指引，即原则性、方向性的立法与地方政策之间应进行统筹。针对日本大湾区的海洋管理，日本政府已经出台了一些基本构想和基本计划，如 1967 年日本政府就依本国的程序性立法颁布《东京湾港湾计划的基本构想》，1999 年日本制定《"第五首都圈"基本计划》。[32]在《日本海洋基本法》的影响下，2019 年日本横滨市发布《邮轮友好计划》，其主要内容是鼓励邮轮公司与当地的旅游设施、餐厅、商店等商家合作，刺激横滨市旅游业的发展。尽管这些规范性文件或政府计划众多，但其核心的和最原则性的规范都能够在《日本海洋基本法》中"追本溯源"，特别是其中涉及日本海洋经济的发展等事项，而这也正是《日本海洋基本法》作用及价值的体现。

与美国和日本不同的是，欧盟直接通过立法的方式解决邮轮旅游活动所可能产生的法律问题，并且其立法数量较多，如欧盟《旅客在海上和内陆航道旅行时的权利条例》《旅客发生海上事故时承运人的责任条例》《包价旅游和关联旅游安排指令》《欧盟海上旅客权益条例》等。这些法律规范的特点具有直接性、针对性，专门解决邮轮旅游过程中所涉及的法律问题。这些法律规范能够从民事立法层面明确邮轮旅客的各种权利，规制邮轮公司（或邮轮承运人）责

---

〔31〕 参见李志文、冯建中：《〈海洋基本法〉的立法要素与范式考量》，载《社会科学家》2019 年第 3 期。

〔32〕 参见林贡钦、徐广林：《国外著名湾区发展经验对我国的启示》，载《深圳大学学报（人文社会科学版）》2017 年第 5 期。

任以及规范邮轮旅游合同等，可以综合地保护邮轮旅客的合法权益，而这与笼统地制定涉海立法、通过地方发布政策的方式来规制旅游行为有明显的区别。总体来看，美国、日本与欧盟关于调整和规范邮轮旅游活动的法律法规可以进行如下对比：（见表2）

表2 美国、日本及欧盟邮轮旅游活动的规范梳理及比较

序号	国别/地区	相关规范文件	综合比较
1	美 国	《美国统一商法典》、美国海事法律以及与邮轮旅游相关的司法判例。	以《美国统一商法典》和美国海事法律为纲领、司法判例为核心来规制邮轮旅游活动。
2	日 本	《日本海洋基本法》、《东京湾港湾计划的基本构想》及横滨市《邮轮友好计划》等。	以《日本海洋基本法》为纲领、地方政策和具体邮轮发展规划为核心来规制邮轮旅游活动。
3	欧 盟	《旅客在海上和内陆航道旅行时的权利条例》《旅客发生海上事故时承运人的责任条例》《包价旅游和关联旅游安排指令》《欧盟海上旅客权益条例》等。	以直接立法的方式来规制邮轮旅游活动。

（二）国外邮轮旅游规范定位的内容选择

通过梳理邮轮旅游发达国家对邮轮旅游法律关系的部门法定位可知，主要国家和地区邮轮旅游的法律定位与内容结构有以下两种模式可供考量：

1. 以海事法律规范为主要内容

美国作为判例法国家，其海事法律体系与我国有着很大的区别。美国不存在一部类似于我国的成文《海商法》立法，而是由大量零散的成文单行法组成，并且判例是非常重要的法律渊源。美国认可海事立法的优先性，埃弗雷特诉嘉年华邮轮公司案（Everett v. Carnival Cruise Lines）中法官就认为如果海事管辖权存在，那么无论任何一方主张依据其他州法律而产生的管辖权，联邦海事法律应成为解决案件纠纷的法律。[33]也有法官主张，州法律并非完全禁止适用于海事审判，但是州法律的适用不得打破联邦海事法律的统一性。[34]因此，美国司法判例表明，其支持海事法律法规的优先适用，所以面对邮轮旅游相关的诉讼时，美国法院经常性地将邮轮侵权行为归到海事法的管辖范围之下，或者至少可以看出美国在处理邮轮旅游纠纷时能够重视海事法律法规在其中的调整作用。[35]

值得关注的是，除了美国之外，欧盟作为邮轮旅客的主要客源地，采用的主要是通过民商法为主的部门法定位，虽然有学者强调了这种部门法定位方式与美国海事优先性之间的差别，但是海事法律法规本质上与民商法之间存在着紧密的关联，是一种横向法律法规体系下的特殊法与一般法之间的关系，[36]因此，笔者并不将它们作为两种不同的模式或路径予以对待。其实，上文任一种模式都可以反映出美国、欧盟等国家和区域采用了横向规范的方式来解决邮轮旅游活动中的相关纠纷，在这种规范体系下，美国更强调的是海事法律法规的优先性，而欧盟则是以一般民商法体系作为解决邮轮旅游纠纷的规范路径。

2. 以邮轮法律规范为主要内容

与美国不同的是，欧盟作为邮轮旅游业发达区域，已经成为邮轮旅游单独立法规制的先驱。考虑到邮轮旅游具有明显的消费娱乐性，其被划归到欧盟《包价旅游和关联旅游安排指令》的严格管辖之内，从而在非海事风险方面达到了对邮轮旅客的全方位保护。同时，欧盟在 2010 年又为此单独制定了一部法律规范，即《欧盟海上旅客权益条例》，对海上邮轮旅客运输下的若干重要事宜（如邮轮航行计划、旅客协助权与补偿等）进行了规定。这部条例辩证地汲取了海事法和旅游法的双重立法思路，既考虑到邮轮旅游中的海上旅

〔33〕 Everett v. Carnival Cruise Lines, 912F. 2d 1355, 1358 (11th Cir. 1990).

〔34〕 Fedorczyk v. Caribbean Cruise Lines, Ltd. , 82F. 3d 69 (3rd Cir. 1996).

〔35〕 Petitt v. Celebrity Cruises, Inc. , 153 F. Supp. 2d 240, 251 (S. D. N. Y. 2001).

〔36〕 See Alison Visser, "Medical Negligence–Cruise Line Passenger May Bring Claim against Ship Owner for Negligence of On-Board Physician under Respondent Superior", *Journal of Health & Biomedical Law*, Vol. 11, No. 3, 2016, pp. 521–535.

客运输法律关系，又重视和保护邮轮旅游者的合法权益。[37]因此，它与欧盟《包价旅游和关联旅游安排指令》共同构成了调整与规范欧盟地区邮轮旅游活动的法律规范，相比于前一种立法模式而言体现得更加综合、全面。

实际上，现有的两种模式就是不同国家和地区在面对邮轮旅游法律规范的定位问题时所采取的两种不同的做法，即究竟是在不同法律规范中设置一种优先次序，还是就邮轮旅游问题的各个方面进行综合性立法。无论采取哪种模式，必须要在充分分析的基础上才能够对粤港澳大湾区邮轮旅游规范定位提供必要的借鉴。

3. 粤港澳大湾区邮轮旅游规范定位的相关借鉴

分析粤港澳大湾区邮轮旅游的规范定位问题，不宜全盘照抄或照搬其他国家的做法，而应是有选择地借鉴各个国家或地区相关规范中合理的且与我国立法体例相适应的部分。美国、日本以及欧盟等国家和区域针对邮轮旅游法律规范的定位还是有许多细节值得我国借鉴，主要体现在以下几个方面：

（1）体例上可参考美国和日本的做法形成相应的邮轮旅游发展计划与政策。美国与日本的政府有关部门针对本国大湾区内部事务制定相关的基本计划与政策，《日本海洋基本法》甚至还专章强调了本地海洋基本计划和基本政策的重要性，这不失为其在制定《日本海洋基本法》的一大特色与亮点。[38]粤港澳大湾区邮轮旅游的规范定位必须要有一个相对详细的规划或政策以发挥牵引性作用，尽管粤港澳大湾区可能短期内仍然不会出台一部统一的、上位的立法。从这一点来看，循序渐进的"分步走"策略更贴合我国的现实情况，即先在立法中突出"基本计划与政策"的指导性作用，而后再制定相关的发展计划或法律法规。

粤港澳大湾区内的主要海洋城市亦采纳了这种做法。例如，深

---

〔37〕 See Yu Ya-Nan and Ji Sang-Gyu, "A Study on the Protection of the Cruise Passengers' Rights and Proposals for Cruise Legislation", *Korean Journal of Law*, Vol. 7, No. 4, 2017, pp. 111-137.

〔38〕 参见胡德坤、江月：《日本〈海洋基本法〉框架下的政策进展研究》，载《武汉大学学报（人文科学版）》2016年第6期。

圳市制定了《关于勇当海洋强国尖兵加快建设全球海洋中心城市的实施方案（2020—2025 年）》，肩负起打造建设全球海洋中心城市的使命，并在这份方案中明确强调了要在海洋经济等重点涉海领域开展项目建设。珠海市于 2022 年亦出台了重要规范性文件《关于印发珠海市海洋经济发展"十四五"规划的通知》，其在第四章"构建现代海洋产业体系 壮大现代海洋城市硬实力"第二节"巩固提升海洋优势产业"明确提出要打造国际邮轮游艇旅游度假胜地，加快推进粤港澳游艇自由行，积极建设邮轮访问港，开展粤港澳大湾区邮轮旅游合作。然而，粤港澳大湾区发展至今仍欠缺一整套系统的、完整的、全面的邮轮旅游协同发展战略，我国交通运输部、自然资源部、广东省以及大湾区内各沿海城市依自身享有的政策制定及立法权限在不同发展方向上各自制定相应的规范性文件，而这就需要我们从粤港澳大湾区的视角来考虑邮轮旅游的规范定位问题。从这样的契机来看，日本的做法在一定程度上有借鉴的环境土壤。

（2）内容上可效法欧盟设置综合性规范来调整邮轮旅游活动。欧盟所采取的将邮轮旅游置于海事法和旅游法的双重视角下的立法思路对粤港澳大湾区的借鉴意义是比较明显的。如果从内容上单一化地适用传统海商法调整邮轮旅游，即采用以美国为主的优先适用做法，那么在邮轮旅游活动中就更加侧重于船客双方海上特殊风险和责任分担，而忽略了对作为承运人的邮轮公司在履行合同的过程中所负担的具体法定义务的规制。[39] 因此，粤港澳大湾区若要真正完善地调整与邮轮旅游相关的法律法规，必须从横向和纵向两个方面进行全面的、综合的规制，至少在相应的发展计划与政策上要体现出来。同时，在涉及可能需要三地互相对接，并进而发起设立一项区际法律协议的情况下，可以就旅游计划变更、损害赔偿、区际协助、责任限制以及多个方面进行充分的协商和对接，为具体的规范设置提供更为成熟的制度设计思路。

---

〔39〕 See Zhao Qiang and Chu Siyu, "Study on the System of Limitation of Liability of Cruise Companies", *China Legal Science*, Vol. 8, No. 3, 2020, pp. 117-139.

需要注意的是，我们所看到的法律规范，在某种程度上其实是国家政治历史的缩影，是特定文化作用下理性和经验相结合的产物。因此，在借鉴别国经验的同时也应考虑我国的现实情况，削足适履并非明智之举：首先，要注意我国香港和澳门地区的特殊政治地位。香港和澳门在我国有特殊的政治历史背景，其在某些方面作出的改革举措，不可避免地包含着对外界所释放出的政治信号。特别是近年来各国对海洋事务方面的关注度显著提升，邮轮旅游产业背后所牵连的海洋经济问题，或许需要置于更高层次的顶层规则设计。其次，要考虑粤港澳大湾区立法与国内法律制度的衔接。正如前文所分析，我国在现有的法律框架下难以通过直接立法的模式在粤港澳地区建立一部通用的海洋法规范，因此在粤港澳大湾区适用的邮轮旅游规范必然涉及与我国国内相关法律法规的衔接问题。最后，需要考虑粤港澳大湾区邮轮旅游产业的客观限制。目前，粤港澳大湾区城市间的交通网络基本实现了铁路、公路及航空的三网全面覆盖。自 2018 年港珠澳大桥及广深港高铁香港段开通后，大湾区基本实现了陆上交通的跨区域联通，这必然会在客观上对大湾区的邮轮旅游体量产生限制，应借助邮轮旅游规范更大程度上促进大湾区要素的流通。

四、对粤港澳大湾区邮轮旅游规范定位的具体建议

多法域的复杂性和邮轮旅游规范的制度复合性，是造成粤港澳大湾区邮轮旅游规范定位模糊的主要原因。前文通过比较分析，对粤港澳大湾区的邮轮旅游规范已有清晰定位：在体例设置上，可采用统一政策或区际合作协议的方式实现对粤港澳大湾区邮轮旅游的整体规制；在内容设置上，既可以围绕海事法律关系展开，也可从旅游促进政策切入。在综合借鉴域外主要国家和地区相关经验的基础上，笔者拟对粤港澳大湾区邮轮旅游规范提出如下建议：

第一，出台粤港澳大湾区邮轮旅游发展计划与政策。我国于2019 年 2 月出台《粤港澳大湾区发展规划纲要》，并在其中强调要大力发展海洋经济，促进大湾区邮轮旅游产业的发展。考虑到粤港

澳大湾区内部事务具有广泛性和复杂性，这部纲要并没有过多地回应要如何具体地发展本地区的邮轮旅游市场，只点明了诸多可开发的方向性领域。若要对粤港澳大湾区邮轮旅游法律规范进行定位，需要依照《粤港澳大湾区发展规划纲要》的要求先出台前置性的发展计划与政策。其目的在于引导大湾区内部的相应立法出台，辅助相关法律法规获得原则性的支撑与依据。[40]海事部门在制定相关的计划与政策时，可围绕邮轮旅游计划、邮轮母港的发展、旅游航线保障、旅客权益维护等多个方面展开，但最重要的是要指明粤港澳大湾区邮轮旅游的发展方向，具体可从以下两方面切入：其一，以大力发展邮轮旅游经济为整体出台一个完整的发展计划与政策。这种做法将各个发展邮轮旅游经济的具体领域整合于一部计划或纲要之中，其主题就围绕着"粤港澳大湾区邮轮旅游发展纲要"而展开。其二，以具体的事务为切入点出台多个发展计划或政策。这种做法是以邮轮旅游计划、邮轮母港的发展、旅游航线保障、旅客权益维护等多个方面为切入点，分别制定多个"子计划"或"子政策"，其细致程度会更加深入。

第二，签订有关邮轮旅游的区际合作协议。香港和澳门在本行政区范围内对与经济活动相关的事项享有高度自治权，故而若想单一地由内地主导，将大量统一性的规范加之于粤港澳大湾区，未必符合国家"一国两制"的基本国策，更不是一种尊重港澳对本地享有高度自治权的行为。[41]因此，对于大湾区及其内部的若干事务而言，内地与香港和澳门之间长期有着就某事达成一致协议或安排的习惯性做法。而就目前粤港澳大湾区发展的现况来看，内地与香港和澳门之间就大湾区事项所达成的安排或协定仍然会是未来粤港澳大湾区范畴内相关规范出台的主要方式。为此，在邮轮航线等方面的发展与建设上，我国交通运输部门可会同粤港澳大湾区海事部门

---

〔40〕 参见张龙鹏、刘俊杰：《粤港澳大湾区战略性新兴产业政策比较研究》，载《科技管理研究》2020 年第 22 期。

〔41〕 参见荆洪文：《粤港澳大湾区法律冲突的解决路径》，载《广西社会科学》2019 年第 10 期。

就邮轮旅游活动中的几个重要领域（如航线设计、旅游规划、邮轮旅客的权益保障以及区际航线保障等）开展交流与合作，并推动相应区际合作协议的形成。粤港澳区域内政府之间所签订的一系列关于邮轮旅游、邮轮母港发展的合作协议都可以在一定程度上为大湾区海事服务能力的提升和发展奠定更为坚实的基础。

此外，在邮轮旅游产品合作方面，2020 年 8 月交通运输部海事局、香港海事处、澳门海事及水务局共同签署的《粤港澳大湾区海事合作协议》为区际邮轮旅游产品的合作提供了规范和制度上的示范。同时，在粤港澳三地之间就邮轮旅游的合作问题开展深入的交流与合作，本质上也与《粤港澳大湾区海事合作协议》所体现的体例和内容一脉相承。因此，推动设立区际邮轮旅游产品合作协议将成为深入加强三地海事合作的又一次实践。

第三，构建粤港澳邮轮旅游规范实施机制。"法令行则国治，法令弛则国乱。"法律规范的权威和生命力在于实施，在明确规范定位的同时，也应匹配相应的执行机制。在"一国两制"框架下，粤港澳大湾区内部规范的落实需要借助相应的平台进行辅助。在实施层面可以多元化主体联席会议制度和专项小组制度为机制，共同构建一个稳定的合作平台，为三地的邮轮旅游合作事项的具体落实、优化大湾区海事服务以及实施监察和指挥提供必要的保障。为保障规范能在粤港澳三法域发挥出最大效能，除了要在三地之间积极地开展合作，还需要一个牵头部门来负责统领与协调，统筹粤港澳大湾区邮轮旅游的相关规范的制定工作并付诸实施与监督，实现制度资源的整合与共享。我国交通运输部可会同粤港澳大湾区内的海事部门，负责建立邮轮旅游发展的规划体系并监督实施，其他部门如环保部门、自然资源部门等予以协调和配合，由此构建一套综合性的粤港澳大湾区邮轮旅游规范的实施机制。

粤港澳大湾区海事服务能力的提升与交通部门的政策支持在一定程度上推动了大湾区邮轮旅游的发展。作为提升粤港澳大湾区海事服务能力的重要体现，深入对接三地之间与邮轮旅游相关的规范，并解决制度可能存在的不协调问题始终都是大湾区涉海法治发展建设的重要使命。未来随着大湾区海洋经济的发展，邮轮旅游行业势必迎来强势复苏，而解决规范的定位问题恰是为邮轮旅游行业未来的发展进行先行的铺垫和考量。

（本文责编：张继红）

The Rules Making of Cruise Tourism in Guangdong−Hong Kong−Macao Bay Area: Styles and Content

Wang Chong, Liu Enchi

Abstract: To develop the cruise tourism economy in Guangdong−Hong Kong−Macao Great Bay area, we need to pay attention to the rules making. The core is to answer how to adjust the rules of conduct related to cruise tourism services that sail between Guangdong−Hong Kong−Macao. The study bases on the paradigm of normative legal research to explore the normative positioning of cruise tourism in the Guangdong−Hong Kong−Macao Greater Bay Area, starting from concept definition and environmental background. In terms of style, the Guangdong−Hong Kong−Macao Greater Bay Area cruise tourism standard positioning can be either to set up a unified policy specification document, or to initiate and promote an interregional cooperation agreement; in terms of content selection, the relevant regulations of cruise tourism in Guangdong−Hong Kong−Macao Great Bay area can not only take the adjustment of maritime legal relations as the main content, but also take the introduction of corresponding tourism promotion policies as the main content. The Guangdong−Hong Kong−Macao Greater Bay Area can refer to the Tokyo Bay Area's practices to form corresponding development plans and policies, and take the promotion of cruise tourism development as the core theme; in terms of content, we can learn from the EU's practice of setting comprehensive norms to adjust and standardize cruise tourism activities, and promote the establishment of inter−regional cruise tourism product cooperation agreement to include various normative content with different attributes.

Keywords：Guangdong-Hong Kong-Macao Greater Bay Area；Cruise Vacation；Normative Positioning；Normative Style；Normative Content

热点聚焦

数字经济背景下国际税收征管的法律困境及中国应对[*]

魏庆坡[**]　赵藏平[***]

摘　要： 数字经济对商业模式的重塑激化了跨境税收矛盾并加剧了税收征管难度，基于此，G20/OECD 提出了公平征税的"双支柱方案"、法国提出了征收"DST"等应对措施，以上方案彰显了各国税收主权和经济利益分歧。但是，数字税收征管不能脱离共商、共建，单边实践不仅不利于数字经济的发展反而会加剧各国之间的冲突。中国数字经济发展亦处于稳步上升阶段，面对数字经济国际税收征管共同存在的法律困境，在国内层面上应重视用户价值创造，明确数字所得范围，立足国情完善数字经济征税连接点的税收规则，优化税收征管措施。在国际层面上应明确利益底线，通过 RCEP、"一带一路"等平台积极参与新一轮国际税收规则制定，争取税收竞争利益主动权，以期在平等对话的基础上制定适应数字经济发展的税收规则，进一步优化公平合理的数字营商环境。

关键词： 数字经济；跨境税收冲突；税收征管；数字服务税；数字连接点

联合国在《2019 年数字经济报告》中指出数字经济的规模占世

---

　* 基金项目：2017 年北京市社会科学基金项目"'一带一路'下绿色金融发展法律保障体系研究"（项目编号：17FXC018）。

　** 首都经济贸易大学副教授。研究方向：国际经济法、国际环境法。

　*** 首都经济贸易大学 2019 级硕士研究生。研究方向：数字贸易。

界国内生产总值（GDP）的 4.5% ~ 15.5%。[1]据统计，中国数字经济规模在 2021 年已达到 45.5 万亿元，占 GDP 比重约 40%。[2]数字经济在世界范围内呈迅猛发展的态势，已经成为助推经济发展的新引擎。[3]从国际层面上讲，数字经济重构了全球产业链，加速了全球产业链升级，提高了全球经济往来与生产协作；从国内层面上讲，数字经济改变了企业商业模式，模糊了企业边界，通过提高企业效率从而促进国家的经济与发展。同时，互联网技术的快速发展催生出具有高质量新动能的数字经济，而 2019 年新冠肺炎疫情的暴发使得全球线上办公、线上授课等线上数字经济迅速发展，从而加快了全球产业数字经济化和数字经济产业化进程。不难看出，伴随信息技术革命进程的不断加深，全球数字经济稳中求进，呈现繁荣发展的新样态。但值得关注的是，数字经济迅猛发展的同时也带来了对国际税收规则和管辖权的冲击和挑战，不仅加剧了现有规则的应用难度，也产生了现有规则无法解决的问题。因此，创建出符合新时代数字贸易发展的贸易规则，制定出相应的数字产品跨境税收政策，不仅可以使我国在未来国际数字经济贸易往来中抢占先机，更好地维护我国的数字经济效益，还可以推动全球贸易自由化深入发展，打造全球数字贸易合作发展新机制。

一、数字经济下国际税收征管的法律困境

数字经济作为一种新型经济，与传统经济有着本质不同。数字交易虚拟性、便捷性等特征使传统国际税收秩序下各国面临征税权重新分配、税基侵蚀与税收流失的风险与挑战，对数字征税的法律困境进行分析可以让我们更加直观地理解全球征税在数字经济背景

〔1〕 参见联合国贸易和发展会议：《2019 年数字经济报告——价值创造与捕获：对发展中国家的影响》，载 https://unctad.org/system/files/official-document/der2019_ overview_ ch. pdf，最后访问日期：2023 年 9 月 19 日。

〔2〕 参见中国信息通讯研究院：《中国数字经济发展报告（2022 年）》，载 http://www.caict.ac.cn/kxyj/qwfb/bps/202207/t20220708_ 405627.htm，最后访问日期：2023 年 2 月 27 日。

〔3〕 参见国家税务总局税收科学研究所课题组：《数字经济对我国税制和征管的影响及相关政策建议》，载《国际税收》2022 年第 3 期。

下面临的挑战。

（一）常设机构原则受到冲击

数字交易网络化改变了传统法律实体应用，使得传统税收秩序下的常设机构原则受到冲击与挑战。[4] 具体而言，针对来源地税收秩序，大多都规定判断标准为产生所得的经济活动与财产存在关联关系的法律实体，即在经营地存在常设机构。但在数字经济背景下，互联网信息技术的发展使得企业突破传统的时空限制，企业的营业活动可以依托互联网平台进行，而不用必然在营业活动地存在法律实体，这样一来营业活动并不会和一国的法律实体存在必然的联系。这是因为数字经济越来越允许企业从偏远地区向世界各地的消费者交付此类产品，而供应商不必在消费者管辖范围内直接或间接地实际存在。这种偏远的服务和无形资产的供应给增值税制度带来了挑战，因为这通常会导致无法征收增值税或征收增值税过低，并对国内供应商造成潜在的竞争压力。

另外，如果供应商与客户居住在同一司法管辖区，则需要收取并汇出该管辖区供应商的增值税。但是，如果供应商是消费者管辖区内的非居民，各国对此类跨境服务或无形资产征收增值税通常采用两种方法：

第一种方法将征税权分配给供应商居住国。该方法适用于异地数字内容的供应，该供应将在供应商管辖区内按照该管辖区适用的税率缴纳增值税。如果数字内容供应商的管辖区没有增值税或税率低于消费者管辖区的增值税，那么就不会对这一供应征收增值税，或者征收不适当的低增值税，并且最终消费所在地的司法管辖区也不会产生任何增值税收入地点。

第二种方法是将征税权分配给客户所在的司法管辖区，这将导致消费管辖区征税。然而，在这种方式下，私人消费者管辖区很难确保有效征收此类消费者在国外获得的服务和无形资产的增值

---

〔4〕 参见杨杨、雷正、杨晓倩：《数字经济下企业所得税面临的挑战及解决路径——基于国际比较视角》，载《会计之友》2018 年第 7 期。

税。[5]另一种选择是要求私人消费者按照本辖区适用的税率汇出或"自行评估"其管辖范围内的增值税。值得注意的是，事实证明这种消费者自我评估机制在很大程度上是无效的，因此，在这种情况下消费者很可能不缴纳增值税。

（二）数字交易所得难以定性

传统的所得定性分类标准因数字经济的发展遭受冲击与挑战，而现行的国际税收范本都采用了按照所得类型不同规定相应的划分原则，因此对所得进行定性是秩序划分的前提和基础。按照传统的所得定性原则，所得的性质由交易标的的性质和交易活动的形式来共同区分，但是在数字经济背景下，数字经济模式的独有特征使得商品和服务的界限变得模糊化，不同交易之间逐渐趋同化，传统的定性标准难以发挥作用。[6]数字经济的发展对经营所得、投资所得及劳务所得三者之间的所得判定带来影响，这种影响在应用软件领域尤为突出。[7]随着信息技术深度嵌入人们的日常生活，智能手机、平板电脑等移动终端带来的应用商店的大量应用促进了人们的生活便捷，[8]但随之而来的便是对下载应用软件所产生的所得费用定性问题的讨论。不论是电脑终端还是移动终端，用户的需求必然导致应用商店软件下载交易的存在。用户支付一定费用，通过应用商店购买所需应用，在此过程中，产生的交易费用应如何认定？是将其认定为销售软件这种商品交易从而产生的经营所得？还是将其认定为销售提供搜索下载服务所产生的劳务所得？亦或是将其认定为一种许可从而认定为特许权使用费所得？[9]上述争议若得不到较好的

---

〔5〕 参见李辉、张成：《数字经济征税的现实困境、国际比较与政策建议》，载《经济体制改革》2021 年第 2 期。

〔6〕 参见张泽平：《数字经济背景下的国际税收管辖权划分原则》，载《学术月刊》2015 年第 2 期。

〔7〕 参见张泽平：《全球治理背景下国际税收秩序的挑战与变革》，载《中国法学》2017 年第 3 期。

〔8〕 See Daniel Bunn, "A Summary of Criticisms of the EU Digital Tax", *Tax-Foundation*, No. 518. , 2018, pp. 4-6.

〔9〕 参见蔡庆辉：《跨境电子商务国际税收协定适用问题——对所得定性问题的思考》，载《税务与经济（长春税务学院学报）》2001 年第 2 期。

解决，将会对国家之间在国际税收协定的适用方面产生争议。

（三）传统价值创造模式与"独立交易原则"难以为继

数字经济时代消费者角色的改变使得价值创造与实体趋于分离，从而模糊企业获得营业利润的归属地：一方面，数字经济打破了传统模式下各主体间的价值创造平衡。[10]这是由于传统经济模式下消费者因在价值链创造中处于被动接受的位置，对价值创造所起的作用微乎其微，然而在数字经济下消费者通过提供数据直接参与到价值创造的过程中（数字经济本质是以数据作为交易对象和手段），企业则通过消费者提供的数据对其进行加工利用从而产生利润。[11]申言之，数字企业的核心驱动因素来源于用户群体的积极参与（如大众点评的核心业务支撑来源于消费者的消费点评），消费者在数字经济的作用下缔造了"产消一体"的新角色。但此模式下消费者创造的这部分价值转换后的利润被企业占为己有，因此，如何平衡消费者、企业以及不同消费者之间的价值创造成为亟待解决的问题。另一方面，数字经济加深了消费者与生产企业之间的交互程度，用户的消费数据与数字企业的经营效益联系更加密切。消费者在生产过程中"价值创造"的界定尤为重要，"价值创造"亦成为贯穿于数字经济征税过程的重要概念。但是，迄今为止国际社会尚未对"价值创造"概念有一个清晰的定位和明确的界定，这加剧了数字经济征税的现实困境，因此对"价值创造"概念进行界定成为当务之急。

此外，企业采用分散价值链管理使得"独立交易原则"陷入窘境。目前大部分的跨国交易是通过关联企业完成的，而企业往往通过关联企业进行非公平性质的转移定价来进行避税，"独立交易原则"的出台就是为了规避这种现象的发生。[12]但是随着数字经济的

〔10〕 参见刘奇超、罗翔丹等：《经济数字化的税收规则：理论发展、立法实践与路径前瞻》，载《国际税收》2018 年第 4 期。

〔11〕 参见石媛媛：《论我国经济数字化的税收应对——基于企业所得税视角》，载《税务研究》2020 年第 3 期。

〔12〕 参见管治华、陈燕萍、李靖：《国际视域下数字经济国际税收竞争挑战的应对》，载《江淮论坛》2019 年第 5 期。

发展，无形资产之间的转移定价比重持续上升，由于数据的不可收集性，从独立企业或者第三方收集资料的难度加大，可比性交易的不易确定性使得"独立交易原则"不再具有实操性，在实践中无法解决现实的税收矛盾。[13]依托互联网和信息技术进行经济活动的企业往往通过功能剥离和价值链重构将主要功能放在低税区，将辅助功能放在高税区从而达到价值链的重构（如 Kitchen Co[14]）。在这种情况下，"独立交易原则"不再具有合理性，若仍用"独立交易原则"来衡量此种经济活动则会造成实质上的不公允，不利于国际税收秩序的构建。

（四）税收征管难度增加

传统征税连接点逐渐消亡造成传统的居民地税收秩序与所得来源秩序判断标准的不适应性。对居民税收秩序而言，传统居民税收秩序的判断标准为住所地、居住地以及居住时间，但是在数字经济背景下互联网的发展使得居住在 A 国的纳税人依托互联网平台从事 B 国的经济活动往来完全可以达到在 B 国居住的同等效应。这样一来，再以传统税收秩序中规制居民税收秩序的住所地、居所地以及居住时间的标准来进行秩序划分就不再具有实际意义，并且还会造成有害税收行为的出现。法人居民身份的界定也存在同样的问题，在数字经济背景下，企业往往利用互联网信息技术的便利性将企业运营管理分散到不同的领域以争取利润的最大化，因此往往难以确定法人的总机构所在地，从而不利于税收征管。

另外，传统税务管理机关对数字经济商业模式的税收敏感性低，不能恰当地捕捉到新的商业模式（如在线零售、社交媒体、订阅、合作平台模式等），这对传统税务管理能力造成了冲击与挑战。首先，数字技术潜力的不断增加，导致企业在与客户交互程度不断加深的情况下对广泛的实体存在的需求减少，这使得现行分散化的税

---

〔13〕 参见崔晓静、赵洲：《数字经济背景下税收常设机构原则的适用问题》，载《法学》2016 年第 11 期。

〔14〕 Kitchen Co 对厨房用具设计某一功能，该公司的设计者位于百慕大，用于设计的电脑位于阿根廷，设计软件在澳大利亚开发完成，并且位于美国的客户也参与了设计过程。

务管理体系不再具有实用性。与此同时，传统的税务机关风险自评、税务检测规则发展滞后，无法及时准确地搜集企业税务信息，造成税收流失。传统的纸质税务发票对数字经济下的商业模式发展造成阻碍，加重税务机关税收时间成本，不利于税收便利化进程发展。[15]其次，在国际政治、经济格局发生根本转变的情况下，发展中国家在新一轮国际税收规则制定中发声不足不利于其在数字经济大环境下维护本国发展利益。[16]现如今在国际税收事务中发展中国家话语权不足成为现行国际税收秩序发展的一大弊端。随着 OECD、G20 发起的"BEPS 行动计划"的有序推进，发展中国家作为非成员国在该计划中的积极发声一定程度上保障了发展中国家的数字经济利益，"BEPS 行动计划"虽吸收了非成员国，但其与成员国之间的权利仍存在一定差距。因此，在数字经济对国际税收秩序造成冲击的大环境下，新崛起的发展中国家必将重谈国际税收秩序改革以求维护自身的税收利益。[17]

二、数字经济下税收征管的国际实践

近年来，数字经济税收征管一直是税收辩论的重点，国际社会对数字经济征税的认识随着研究的不断深入而加深。但短期内多边共识框架难以达成，各国及各地区迫于财政收入和保护本国数字企业发展的压力，相继采取税收措施以应对数字经济冲击。[18]主要的税收措施焦点集中于税收流失与税基侵蚀。

（一）国际视角下应对税收流失实践

由数字经济发展现状所决定，国际组织及各国为了维护本国数字经济发展利益，皆采用对数字产品征税的税收政策。虽然各国的

〔15〕 参见姚轩鸽：《数字经济对税收征管方式的挑战及对策研究》，载《西部学刊》2019 年第 23 期。

〔16〕 参见廖益新：《在供需利润观基础上重构数字经济时代的国际税收秩序》，载《税务研究》2021 年第 5 期。

〔17〕 参见卢静：《当前全球治理的制度困境及其改革》，载《外交评论（外交学院学报）》2014 年第 1 期。

〔18〕 参见樊轶侠、王卿：《经济数字化背景下国际税收规则发展——对 OECD "统一方法"的解读与研究》，载《税务研究》2020 年第 6 期。

税收政策存在差异，但是根本上的利益归属点为通过对数字产品征税来达到维护本国数字企业发展及减少税收流失的目的。

1. "支柱一"采取统一方法公平征税

为应对数字经济带来的税收困境，G20 和 OECD 于 2013 年启动"BEPS 行动计划"，[19]其中第一项成果引起了国际税收领域的强烈反响与国际社会的热烈讨论；2020 年初指出，要在 2020 年底就数字经济征税主要问题达成一致意见以解决数字经济领域的关键税收问题，[20]最终在 2021 年 136 个成员方就"双支柱"解决方案达成了共识。[21]其中"支柱一"主要就税收辖区征税权分配问题作出立法模板，旨在解决数字经济下全球征税权重新分配问题。"支柱一"提出了"统一方法"，主要涵盖三方面内容：一是结合年收入额及企业类别将征税范围作出明确限定以应对征税范围不明确的现实困境。二是提出了有别于实体存在的新的连接点规则。新规则不再局限于传统 PE 规则，而是引入销售收入因素来作为判定企业与市场所在国之间关联度的规则，并指出销售收入值可根据市场规模大小进行相应调整。三是提出了新的利润分配方案，新的利润分配方案是融合了独立交易原则与公式分配法的三层分配机制。[22]具体而言，新的利润分配方案将企业的全球合并利润分为金额 A、金额 B 以及金额 C，其中金额 A 创新了一种适应数字经济特征的利润分配方式，金额 B

〔19〕 See BDO, "G‑20 Backs G‑7 Support for Global Minimum Tax and New Allocation Rules—What's the Real Impact?", available at https：//www. bdo. global/en‑gb/insights/tax/international‑tax/g‑20‑backs‑g‑7‑support‑for‑global‑minimum‑tax‑and‑new‑allocation‑rules‑%E2%80%93‑what%E2%80%99s‑the‑real‑impact, last visited on Feb. 2, 2021.

〔20〕 See OECD, "Reports on the Blueprints of Pillar One and Pillar Two", available at http：//www. oecd. org/tax/beps/beps‑ actions/action1/# d. en. 521630, last visited on Jun. 18, 2023.

〔21〕 See OECD, "OECD/G20 Base Erosion and Profit Shifting Project：Statement on a Two‑Pillar Solution to Address the Tax Challenges Arising from the Digitalisation of the Economy", available at https：//www. oecd. org/tax/beps/statement‑on‑a‑two‑pillar‑solution‑toaddress‑the‑tax‑challenges‑arising‑from‑the‑digitalisation‑of‑theeconomy‑october‑2021. pdf, last visited on Jun. 19, 2023.

〔22〕 See OECD, "Report on Pillar One Blueprint", available at http：//www. oecd. org/tax/beps/tax‑challengesarising‑from‑digitalisation‑report‑on‑pillar‑one‑blueprint‑blueprint‑beba0634‑en. htm, last visited on Jun. 19, 2023.

为传统经营方式下的利润分配方式，金额 C 则起到协调金额 A 与金额 B 的作用，避免因业务模式不同造成两者割裂。[23]

"支柱一"最终的目的是实现公平征税，减少因数字经济带来的税收辖区歧视，正式提出向市场和用户所在地分配更多的征税权。不难看出，"支柱一"方案是基于用户参与理论提出的市场管辖权概念，该方案肯定了消费者参与价值创造，并在此基础上赋予用户所在的市场辖区更多的征税权，以保证该辖区的征税公平。总体而言，"支柱一"考虑了不同税收辖区之间的差异，在最大限度上保证方案的实施，减少数字经济下国际税收的难度与复杂度，为跨国企业营造更加稳定的贸易环境。然而，由于用户参与所创造的价值在实践中难以作出明确区分，故"支柱一"采用销售收入作为其替代值，并以此作为征税权划分依据。[24]虽然销售收入确实可以反映一定程度的用户参与，但事实上用户参与价值创造的途径多式多样，例如用户的产品反馈及更新建议可以帮助企业减少产品研发成本。如此一来，用户参与的价值创造直接体现在企业的利润上而非销售收入上。因此，"支柱一"统一方法分配征税权在用户参与价值创造及相应国际税收规则的制定上尚存局限性。[25]

2. 法国强调消费地征税应对税收流失

为了应对亚马逊、苹果等大型数字企业的逃税行为，法国征收临时数字服务税（Digital Service Tax，DST）的同时强调消费地征税原则，主张数字企业只要在法国境内有销售和租赁数字产品的行为，就要根据销售和租赁产生的收入向法国政府缴纳税款。[26]首先，法

〔23〕 See G. Kofler, G. Mayr, C. Schlager, "International-Taxation of the Digital Economy: A Pragmatic Approach to Short-Term Measures", *European Taxation*, Vol. 58, No. 4, 2018, p. 4.

〔24〕 参见杜莉、李钧帆：《用户参与、企业利润率与跨境数字服务所得征税权的划分》，载《国际税收》2022 年第 3 期。

〔25〕 See Luis Coronado & Matt Andrew, "BEPS 2.0 Implementation Continues to Vex Multilateral Policymakers", available at https://www.internationaltaxreview.com/article/2anlcu96gkcjpusftw64g/sponsored/beps-2-0-implementation-continues-to-vex-multilateral-policymakers, last visited on Jan. 18, 2023.

〔26〕 See European Commission, "A Fair & Competitive Digital Economy-Digital Levy", available at https://ec.europa.eu/info/law/better-regulation/have-your-sayinitiatives/12836-Digital-Levy, last visited on Jun. 19, 2023.

国单方面宣布征收临时数字服务税。法国于 2019 年 7 月通过了数字服务税草案，规定从 2020 年 1 月 1 日起对大型数字企业征收 3% 的数字服务税。[27]法国实施 DST 不仅可以保护本国数字企业，还可以预防类似苹果、亚马逊等大型科技公司逃避税。由此可知 DST 作为一种新型"非关税壁垒"，在国际贸易谈判中已成为国家之间谈判的砝码，从而容易引发贸易争端。例如，为应对这一税收措施，美国开启 301 调查以迫使法国暂停征收数字服务税。其次，法国通过强调消费地税收原则来减少国内税收流失。具体而言，在数字经济发展初期，法国为了维护国内数字企业的发展提出对国外企业销售"影像制品"征收间接税。而到了数字经济发展后期，伴随着互联网技术的发展，在线视频、在线广告快速兴起与传播，在线广告和视频等逐渐成为交易的主要形式，于是法国便将间接税的征收范围扩大到在线视频与在线广告领域。[28]但这对法国来说远远不够，众所周知，数字经济时代下时空不再成为企业商业往来的限制，企业通过网络技术与不同区域的消费者进行商业往来而不必在消费者所在地设立公司，这样一来，出于对"物理存在"的考量，消费者所在地对该笔交易便没有征税权。正是在此背景下，法国提出了消费地征税的征税原则，主张消费者所在地依法享有对数字企业的征税权，征税范围涉及电子商品的租赁与销售。最后，对常设机构原则进行扩充。由于数字经济对常设机构原则的冲击，法国提出了对传统税收原则中的常设机构原则进行扩充以维护本国的税收利润。在结合数字经济特征的基础上，法国提出了假设常设机构存在原则。针对苹果、谷歌及亚马逊等大型数字企业在法国境内销售数字商品的行为，将被假设其在法国境内存在常设机构，从而对其征收相应的税收。同时为应对大型数字企业利用转移定价来进行逃税避税的行为，法国还对转让定价规则进行了修订，强调大型数字企业内部资产尤其

---

〔27〕　See Daniel Bunn, "France's Digital Services Tax: Facts and Analysis", available at https://taxfoundation.org/france-digital-services-tax/, last visited on Jun. 16, 2023.

〔28〕　参见代志新、班若琳、陈明玮：《数字经济背景下法国税收改革及对我国的启示——以数字服务税为例》，载《法国研究》2023 年第 1 期。

是无形资产转移必须遵循公平公正的交易原则。[29]

（二）国际视角下反税基侵蚀方案

出于对本国数字经济发展现状的考量，为了最大限度地维护本国利益，应对税基侵蚀，国际社会采取了不同策略以应对数字经济的冲击。[30]但税收策略的实施不仅要考虑经济因素，更要考虑政治因素。因此，分析国际社会采取的应对税基侵蚀的税收策略对我国具有积极的借鉴意义。

1. "支柱二"达成全球反税基侵蚀规则共识

"支柱二"主要聚焦在全球"BEPS"问题上，主要达成全球反税基侵蚀规则（Global Anti-Base Erosion，GLOBE）和应税规则（Subject to Tax Rules，STTR）。GLOBE 规则主要包括收入纳入规则（通过该规则跨国企业至少要按最低税率缴纳企业所得税，从而减少了企业逃税行为的发生）和低税支付规则（该规则旨在通过拒绝税前扣除以达到保护税收管辖区税收利益的目的）。STTR 规则主要包括转换规则（通过该规则可以连接双边税收协定与收入纳入规则，避免因二者适用矛盾而引发的适用不能）和应予课税规则（该规则的适用范围仅限于特定付款类型，以保证企业所得缴纳最低税率）。两者有所不同的是，GLOBE 规则主要通过各国修改国内法来实现，而 STTR 规则主要通过税收协定来实现。[31]由于反税基侵蚀的核心是防止税收有害竞争，因此在 GLOBE 规则中，收入纳入规则是实施核心，它的前提是各国达成 15% 的最低税共识，唯有如此才能有效地防止税基侵蚀，因此该规则又称为"全球最低税规则"。对此，OECD 于 2021 年 12 月[32]、

---

〔29〕 参见李蕊、李水军：《数字经济：中国税收制度何以回应》，载《税务研究》2020 年第 3 期。

〔30〕 参见朱炎生：《经合组织数字经济税收规则最新提案国家间利益博弈分析》，载《国际税收》2019 年第 3 期。

〔31〕 参见张智勇：《全球反税基侵蚀规则：多边共识下的税收单边主义》，载《国际税收》2022 年第 10 期。

〔32〕 See OECD, "Tax Challenges Arising from the Digitalisation of the Economy-Global Anti-Base Erosion Model Rules（pillar Two）", available at https//www. oecd. org/tax/beps/tax-challenges-arising-from-thedigialisation-of-the-economy-global-anti-base-erosion-model- rules pillar-two. pdf, last visited on Feb. 22, 2023.

2022 年 3 月分别发布了该规则的立法模板、注释和示例。[33]

不难看出，"支柱二"若在各国得到有效执行，跨国企业的避税行为将得到有效控制。通过设置全球最低税来规避企业的逃避税行为，限制有害税收竞争，无疑是国际税改领域的重大成就。但令人遗憾的是，GLOBE 规则从规则的设定上更倾向于保护企业母公司所在辖区的税收利益，因此低税辖区的税收政策将因此发生变化。[34]另外，上文提到的 GLOBE 规则需要通过国内法及税收协定的实施得到应用，一方面，国内法的修改往往涉及一国的经济、政治等各种因素，想要在各国之间达成统一的国内法修改难度可想而知。另一方面，各国的双边税收协定往往达成一定的税收优惠政策，修改税收协定是否违背协定双方的约定义务仍存在争议。值得注意的是，美国为应对税基侵蚀采取的全球最低税政策（Global Intangible Low Taxed Income，以下简称"GILTI"）与"支柱二"逻辑共通，但二者之间仍存在些许差异，这些差异的处理成为美国是否会同意实施"支柱二"的关键所在。美国作为数字经济大国，其世界 500 强公司占比有明显优势，因此，美国对"支柱二"的态度和立场对其是否能成功落实具有十分重要的影响。具体而言，拜登政府为了保护本国税收利益，防止企业因本国税负过高而转移到其他税负低的地区造成美国税基侵蚀，故希望借助"支柱二"推动本国的税收改革。如此一来，美国就可以在既维护本国税收利益的同时还保持了本国的税收竞争力，拜登政府出于对本国税收利益的考量，极力推动"支柱二"在全球的推行与应用。但基于对美国国内政治情况的考量，要想将"支柱二"转为其国内法适用尚存在诸多不确定因素。上文提到的美国引入的"GILTI"虽与"支柱二"存在相似之处，但二者仍存诸多差异，而且美国在税负上一直对企业研发持保护

〔33〕 See OECD, "Tax Challenges Arising from the Digitalisation of the Economy-Global Anti-Base Erosion Model Rules（pillar Two）Examples", available at https//www. oecd. org/tax/beps/tax-challenges-arising-from-the digitalisation-of-the-economy-global-anti-base-erosion-model-rules-pillar-two-examples. pdf, last visited on Feb. 22, 2023.

〔34〕 See Irma Mosquera, "Can SEZs Survive a Global Minimum Tax?", *Foreign Direct Investment*, Vol. 9, No. 2, 2021, p. 10.

立场，[35]若是赞同"支柱二"的低税政策，将会降低美国企业全球竞争力，而"GILTI"与"支柱二"的税制差异更是决定了要想在美国国内实施"支柱二"必须对"GILTI"进行修改以使其与"支柱二"规则相适应。但美国参议院对"支柱二"表示担忧，并且表示将不再支持全球最低税政策，这在一定程度上增加了美国国内对"支柱二"的否决风险。[36]另外，追根溯源，拜登政府支持"支柱二"是为了推动税改，但众议院共和党的上台将意味着拜登政府的税改政策的破产，即意味着"支柱二"在美国的支持力度将大不如前。故而，作为一项需改进国内法适用的税改政策，"支柱二"的适用还存在诸多不确定性。

2. 欧盟颁布反避税指令应对税基侵蚀

欧盟作为数字经济市场主要消费区域，最先提出适用全球最低税以应对税基侵蚀。欧盟支持全球最低税政策无疑为"支柱二"的实施带来了一束曙光，但是欧盟为了让所有的成员国都达成执行"支柱二"共识，需要在成员国之间签署《反避税指令三》。根据欧盟现行法律的规定，这种文件的签署需要全体成员国的同意，这也就意味着一旦某国拒绝签署该文件，这项指令将成为空谈。事实上也的确如此，波兰作为拥有税收优惠制度的国家首先提出了拒绝签署，这主要是因为受到波兰税收优惠制度的企业其无形资产实际税率只有5%，这远低于"支柱二"确定的15%的税率，若签署该指令必将导致波兰境内的企业失去竞争力，损害本国企业创新。[37]因此，波兰出于本国利益考量拒绝签署该指令。2022年6月，欧盟再次提交该指令时，匈牙利也表示对该指令拒绝签字，拒绝签字的理由是在匈牙利境内企业的税率仅为9%，作为传统的低税率国家，若

---

〔35〕 See Georg Kofler, Gunter Mayr, Christoph Schlager, "Taxation of the Digital Economy: 'Quick Fixes' or Long-Term Solution?", *IBFD*, Vol. 57, No. 12, 2017, pp. 523-531.

〔36〕 See "US Republicans Threaten to Block BEPS 2.0 Legislation", available at https://answerconnect.cch.com/document gdn01152382/ news/us-republicans-threaten-to-block-beps-2-0-legislation, last visited on Feb. 21, 2023.

〔37〕 参见朱青、白雪苑:《OECD"双支柱"国际税改方案的最新进展》，载《国际税收》2023年第1期。

匈牙利签署了该文件将会失去传统税收优惠优势地位，这对匈牙利日后吸引外资是十分不利的。不难看出，"支柱二"在欧盟区域内达成统一共识还存在一些阻力，但是仍有一些国家对实行全球最低税持支持立场。例如，德国就曾明确表示，"支柱二"是在全球达成一致共识，共同执行全球最低税，这样不仅有利于明确最低税，减少税基侵蚀，还有利于减少税收有害竞争，形成公平有序的税收秩序，故德国将明确执行最低税政策。

简言之，欧盟成员国之间签署《反避税指令三》是推动"支柱二"在全球实施的一项重大举措，但在成员国之间推行15%的最低税率能否在欧盟理事会通过还未可知，加上美国对"支柱二"的立场影响，全球最低税能否得到落实还存在许多不确定因素。[38]而以上国家或本地区的数字税实践是由本国或本地区的数字经济发展现状所决定的，这些国家在数字经济发展中或处于输入国的地位或处于输出国的地位，通过对数字经济征税可以增加本国财政收入，维护本土数字企业发展。但值得注意的是，美国作为数字经济发展强国，在数字核心技术领域拥有主导权，为了应对其国内各州因数字经济造成的税收流失，美国在20世纪通过判例先后确立对数字产品进行征税，并对数字税收连接点进行了认定，这一举措有效缓解了美国各州税收压力。但在国际上，美国作为数字经济强国一直处于数字产品输出国的地位，若仍采用国内的数字税收政策将会不利于美国数字企业的发展，故而在国际层面美国极力主张数字产品免税以维护本国的税收利益。而欧盟的税收政策与美国截然不同，与美国相比，欧盟各成员国数字经济发展相对落后，多处于产品输入国的地位，为了维护区域内各国数字企业的发展以及应对数字经济下税收的流失与税基的侵蚀，欧盟主张对数字产品进行一定比例的征税以此维护自身利益。印度作为数字经济后起之秀，亦在积极推出符合本国发展利益的数字政策来维护本国数字经济的发展。

综上所述，各国对于数字经济征税的态度迥异：一方面是各国

---

〔38〕 参见贺燕：《欧盟反避税指令：欧盟反避税协调的新纪元?》，载《国际税收》2020年第1期。

囿于本国的税收利益采取符合本国利益的税收政策，以便在数字经济背景下更好地维护本国的经济利益。另一方面由数字鸿沟所决定的。不同国家的数字经济发展现状决定了其采取不同的税收政策以适应本国数字经济的发展。但值得注意的是，由于当前互联网用户分布和数字产品的位置不匹配，因此更改税法以反映用户所在位置作为企业缴税的地方，这凸显了以影响各国从数字企业获得税收的方式重写规则的政治挑战。具体而言，单方面出现的相互冲突的税收措施仅考虑了本国的税收利益，而忽视与其他国家之间的税收征管协调性。因此，单方面改变税收规则可能造成双重征税，有害税收竞争，从而影响国际税收良好秩序的构建与发展。[39]

三、数字经济下中国税收征管的应对之策

虽然各国数字经济发展现状有所不同，但国际税收征管所遇到的法律困境具有普适性。中国作为数字经济发展大国，近几年数字经济的发展呈井喷之势，因此，通过分析当下国际税收征管的法律困境及国际社会现阶段作出的税收实践可以更好地为我国数字经济税收征管提供应对思路及先机。

（一）更新税收管辖机制并完善数字所得分类标准

数字经济的发展使得传统税收连接点不再具有普适性，若仍依据传统连接点对各国数字产品进行税收监管，对具有税收管辖权的国家及数字企业甚至消费者都将产生不可逆转的实质损害。[40]另外，当下数字经济征税问题不再局限一国而成为全球数字经济发展难题，单边主义不能有效解决数字经济的征税难题，反而会加剧问题的严重性、复杂度。因此当务之急是各国应顺应数字经济发展趋势，兼顾现实和发展的双重需要，在平等对话的基础上积极探索有益的数字经济税收治理之路。在此过程中，中国应积极参与其中，贡献中

---

〔39〕 See Daniel Bunn, "A Summary of Criticisms of the EU Digital Tax", available at https://taxfoundation.org/research/all/global/eu-digital-tax-criticims, last visited on Jul. 8, 2023.

〔40〕 参见樊轶侠、王卿：《经济数字化背景下国际税收规则发展——对 OECD "统一方法"的解读与研究》，载《税务研究》2020 年第 6 期。

国智慧。

1. 建立数字连接度规则并区分数字所得

（1）构建数字连接点。数字经济的虚拟性使得传统划分税收秩序的关键因素逐渐消亡，从而导致居民地税收秩序与所得来源判断标准不兼容。对此，建议借鉴欧盟双重应对方案中借助用户数量、年营收额、合同数目三要素判断大型数字企业是否在其境内构成数字存在。[41]针对在我国境内的数字企业可以通过网站终端连接点、市场辖区内商品交易额、消费者居住国等因素建立数字连接点，从而降低因传统连接点消亡造成的税收流失的风险。

（2）增设数字连接点认定标准。OECD "支柱一" 方案主张数字企业采用有别于实体存在的数字存在作为 PE 认定标准，对此我国应积极提倡并修改国内 PE 认定标准以适应数字经济的发展。具体而言，综合考量 "用户消费数据" "消费者所在地" "营业额" 等因素，对在我国境内不存在任何实体机构的非居民纳税人通过网络远程操作、第三方关联企业进行的跨境交易等方式按照新连接点确定征税权，从而使我国拥有对 "非实体存在" 大型数字企业的征税权。

（3）合理区分传统所得与数字所得。"去实体化" 的数字商业模式模糊了传统所得分类标准，对此我国应在坚持税收公平与税收中性的基础上合理区分传统所得与数字所得。对于货物实质内容未发生改变只是借助数字形式实现销售目的所得应按传统所得定性，对于货物实质内容发生改变的新型数字产品可以借鉴印度、法国等国家建立新税种的做法对其征税，但在税率的考量上应结合我国数字经济发展现状，借鉴 OECD "双支柱方案" 中不低于 15% 的最低税率做法，维护我国税收利益。

（4）更新产品定性。数字经济的发展使得原有数字产品定性出现局限性，主要表现为产品定性模糊不清。在 WTO 对电子商务的探讨进程中，各国基于自身不同的利益考量，纷纷主张将其定性为更符合本国数字经济发展利益的类别。但无论最后定性的结果为何，

---

〔41〕 参见邱峰：《数字税的国际实践及启示》，载《西南金融》2020 年第 3 期。

都将因不同国家对同一商品的不同定性而产生贸易争端。更有甚者将利用数字产品定性不同进行贸易保护，而这必然对全球经济往来产生阻碍。对此，各国应在平等对话的基础上，对数字产品定性进行实时更新，对于各国争议最大的产品通过建立双边税收协定来规制，对无争议的数字产品定性达成普遍共识。

2. 增设补充条款及贯彻价值创造理念

互联网信息技术的发展使得数据成为新的生产力，在新一轮竞争中谁拥有数据谁就拥有话语权[42]。而作为数据生产者的消费者对数据的价值创造作用却被选择性忽视，在实践中消费者创造的这部分价值往往被企业占为己有，这对消费者来说是极其不公平的。

首先，增设"独立交易原则"补充条款。数字经济的高移动性以及隐蔽性使得"独立交易原则"适用陷入困境，无形资产往往具有学科交叉性，现阶段税务机关估值人员知识储备不足，难以准确评估无形资产的价值，这给"独立交易原则"在无形资产领域的应用造成了阻碍。对此，可以在我国税法中增设"独立交易原则"补充条款，借助实际现金流、收入流等因素与预估现金流、收入流作比较从而评估事前定价是否合理，以此对企业的纳税额作出相应调整。另外，将最低税率作为"独立交易原则"的补充适用。针对企业通过税务筹划、分散企业价值链等行为启用最低税率检验，从而保障企业实际上至少缴纳了最低税率的税款。

其次，科学界定用户价值创造的税收范围。根据目前的关系和分配规则，用户对利润的贡献在公司征税时没有被充分考虑在内。对此，建议借鉴英国关于 DST 所确定的规则，采取渠道评定、个案评估及界定收入三种方法来确定税收范围。通过界定之后对该部分收入设定特定的阈值，在此阈值的设定考量上将用户的价值创造融入其中，并对消费者进行价值反馈。值得注意的是，在网络时代用户对数据的贡献往往发生在网络中，而网络信息技术的发展具有流动性强、数据杂乱等特点。在此背景下应加强消费者、监管部门、

---

〔42〕 参见李辉、张成：《数字经济征税的现实困境、国际比较与政策建议》，载《经济体制改革》2021 年第 2 期。

数字企业之间的沟通联系，建立多元治理模式。具体而言，监管者提高数字技术能力，对用户贡献进行及时准确的收集与界定；企业提高自身的社会责任感，避免产生因极致逐利而采取的违法行为；而用户则积极向税收监管部门上报信息。

（二）实施数字技术征税并统一税收体系

进入21世纪，各国纷纷开启数字时代。中国作为世界上最大的发展中国家、全球第二大经济体，积极进行国家数字税收协定的制定与完善对中国的数字经济发展具有重要的作用与意义。

1. 运用数字化技术进行税收管理

传统的纸质征税体系难以适应数字技术的发展，在社会发展迅速的今天若仍旧使用传统的税收体系将会大大降低社会有效生产力，从而不利于经济发展。数字经济带来的挑战主要集中在确定活动范围、信息收集及验证以及识别客户等方面。对此，应在我国税收征管体制改革的大背景下，结合税收征管体制现存特点来提高税务管理能力，创新税收管理办法，运用数字化技术进行税收管理以应对数字经济的挑战。具体而言，传统纸质发票的继续应用将在数字经济背景下降低税收管理的效率与质量，这不仅使得税务管理能力与数字经济发展不同步，还会对纳税人在数字经济下纳税造成阻碍，因此改革传统纸质发票、进行电子发票认证不仅对税务机关管理能力的提高有所帮助，还使得纳税人的纳税遵从度提高。另外，我国现行的税务管理系统处于分散化的状态，这导致我国税务管理办法在数字经济下往往出现"管不了""管哪儿""管不好"等问题，从而造成部分税收流失。因此创建统一的以国家为中心的税务管理系统取代现行的分散化体系，即纳税人和企业所在地通常根据税务登记和确定征税的方式和水平成为当务之急。同时，要优化税务稽查管理措施，引入基于风险的管理、自评和税务审计规则，改善税务信息收集，降低纳税人的合规成本。这样可以提高税务稽查准确率，降低纳税人利用管理漏洞进行逃税的可能性，提高税务稽查效率。

另外，在数字经济税收治理实践中，我国数字税收执法队伍人才建设不足的问题逐渐显现，无论是执法能力还是执法资源配置，都存在明显的短板。对此我国可以加强对数字税收执法人员的专业培训，增加执法人员的数字背景知识。由于数字经济税收问题涉及多个领域，将不同领域的专家吸收进数字税收执法队伍，可以提高执法的效率。

2. 优化数字经济税收路径

由于我国现行法律在税收领域存在规制空白，对数字连接点、税率等因素的忽视导致监管部门不能对数字经济背景下出现的新型纳税行为进行准确识别，以至于造成我国税收流失、税基侵蚀。因此现阶段应当结合数字经济的特征，完善数字税收领域治理法律法规，促进数字经济平稳、高效发展。随着我国数字经济的发展，数字经济逐渐成为人们关注的焦点，如何准确高效地对数字税收进行规制成为当下数字经济发展的重点。对此，OECD 提出的"双支柱方案"对数字税收治理进行了积极有效的探索。"支柱一"考虑了不同税收辖区之间的差异，在最大限度上保证方案的实施，减少数字经济下国际税收的难度与复杂度，为跨国企业营造更加稳定的贸易环境。"支柱二"则聚焦在全球"BEPS"问题上，主要表现为四项规则，若在各国得到有效执行，跨国企业的避税行为将得到有效控制。因此，"双支柱方案"对数字经济下国际税收监管起到了引导与示范作用。

然而由于"双支柱方案"中相关规定过于宽泛，缺少具体的规制措施，这不仅难以对数字税收进行有效准确的规制，还会对数字企业的合理经营行为造成认定错误从而影响数字企业的发展。因此在完善数字税收法律法规的同时，要针对数字经济特征、新型商业模式等因素对症下药，明晰具体税收要素，增强可操作性。例如，与传统模式中消费者处于被动接受模式不同的是，在数字经济时代消费者角色被重塑，不再局限于单纯购买方的角色定位，而是通过提供数据参与到价值创造的过程中。故而，从考虑数字经济中消费者价值创造的角度出发，将用户参与度作为对数字企业征税的重要依据。具体而言，主要出于以下四方面的考量：首先，数字平台是用户参与用户创造所必经渠道，用户通过数字平台生成自身数据，从而参与到价值创造过程中（如大众点评）。其次，随着数字化程度的加深，用户参与价值创造的时间投入增加，对数字平台企业的建设作用持续性加大（如用户微信在线时间）。再次，用户的持续性投入对平台促成了超额利润，这是由网络的内部性与外部性所共同决定的，用户在平台的时间投入越多，数据生成越多，这对以数据为生产要素的企业来讲具有决定性的竞争力，从而推动企业产生超额利润。最后，用户通过平台参与价值创造的过程体现平台企业的核心生产力，对平台企业的生存发展起到助推作用。对符合以上条件的数字企业征收一定比例的税收符合当下数字经济的发展现状。

（三）积极应对国际税收规则变化

近年来，数字经济呈现指数级增长，为了维护本国和本区域的数字经济利益，各国和区域纷纷在国际上推出符合自身利益的数字规则模板，其中尤以美国、欧盟最为突出。由于根本利益的不同，美国与欧盟数字经济发展阶段存在根本差异，美国作为数字经济强国，极力推崇以《美墨加协定》为蓝本的美国数字规则模板，而欧盟成员国中以法国为主要代表的国家的数字经济发展缓慢且程度尚显不足，因此法国积极推出数字服务税以主张对数字产品进行以总收入为基准的税收规则。

1. 采取中立、稳定的数字税收政策

上文提及的 DST 是对收入而不是利润征税，不考虑盈利能力。这类流转税的税率似乎很低（DST 税率 3%），但却会带来沉重的税负。[43]换言之，相应的有效利润税率因盈利能力而异，会对利润率较低的企业造成不成比例的损害。另外，从经济角度看，也会使得基于总额的预扣税明显不如对净收入征税或最终所得税消费，而且对数字公司征税的效率和透明度降低将会阻碍数字经济的发展，具有一定的不合理性。

---

　　[43]　See Daniel Bunn, "France's Digital Services Tax: Facts and Analysis", available at https://taxfoundation.org/france-digital-services-tax/, last visited on Dec. 21, 2022.

合理的税收政策应简单、中立、透明和稳定。[44] 中国也可以探索国内措施来解决数字化带来的税收问题，对网页、软件等刊登广告所赚取的收入、数字中介机构如 58 同城等平台创造的收入征收预提税。预提税的税率需要在考虑数字产品或服务的利润率基础上合理确定，同时与海关机关进行信息共享，降低税收错误率。征收的方式可以选择代扣代缴，由于个人纳税遵从度较低且个人用户数量庞大，若采用个人用户缴纳将增加税务机关的工作量，不利于税收征收，可以选择由用户进行支付的金融机构进行代扣代缴。然而，中国应在吸取欧盟数字服务税经验的基础上，谨记采取的任何单方面措施都应避免造成不确定性和复杂性且避免引起与条约义务的潜在冲突，制定的任何临时性、针对性的措施都应符合中国的国际义务。在考虑临时措施的成本以及复杂性的同时应该尽量减少过度征税对企业创建和中小型企业的影响。

2. 利用国际税务平台推出中国模板

在现有的双边合作机制层面，我国目前已有一百多个双边税收协定，但因签订时间较早，其内容大多不能准确反映现阶段我国的税收利益，需要及时更新我国签订的双边税收协定，在税收优惠、国民待遇等方面制定更符合本国数字经济发展利益的规则，以便更好地维护我国的税收利益。在多边层面上，我国应积极利用现有平台，积极参与国际税收秩序构建，进一步提升我国在国际税务治理中的广度和深度。

同时，积极开拓新的国际税务谈判平台。我国应积极开拓新的国际税务谈判平台以更好地维护自身的税收利益。现有的国际税收治理格局仍以发达国家为主导，不能全面客观地维护发展中国家的税收利益，因此中国应积极寻求新的国际税收治理平台来推动构建公正合理的国际税收秩序新格局。对此，应积极借助"一带一路"经济带、RCEP 搭建新的国际税务合作平台，更好地维护发展中国家在数字经济背景下的税收利益。

---

[44] 参见魏庆坡、赵藏平：《跨境数字产品的税收法律问题研究》，载《北京政法职业学院学报》2021 年第 3 期。

结　语

数字经济必然带来全球税收治理规则的调整，从而加剧各国税收利益争夺。如何应对数字经济征税问题成为当前国际社会讨论焦点，对此 OECD 站在推动国际税制长远改革的角度上提出了"双支柱方案"，以期推动各国在多边框架下对数字征税问题达成共识，而法国则出于维护本国税收利益目的采取不同的单边措施，从而积极争夺新一轮国际税收规则制定主导权。但是，数字税收征管不能脱离共商、共建的多边模式，单边实践不仅不利于数字经济的发展反而会加剧各国之间的冲突与摩擦，中国作为数字经济发展大国，应在共商、共建的多边框架下积极发声并推出中国方案。但由于数字征税目前尚未达成一致共识，我国应尽早筹划以应对单边主义临时税收措施对走出去的数字企业造成的双重征税或者零利润征税问题。

（本文责编：朱怡）

Legal Dilemma of International Tax Collection in the Digital Economy and China's Response

Wei Qingpo, Zhao Cangping

Abstract：The digitization of the economy has led to a reshaping of business models, intensifying cross-border tax conflicts and exacerbating the challenges of tax administration. In response to these developments, the G20/OECD has introduced the "two-pillar" solution for fair taxation, while France has proposed the implementation of the Digital Services Tax (DST) as a countermeasure. These proposals underscore the divergences in tax sovereignty and economic interests among nations. However, it is crucial to recognize that digital tax administration cannot be divorced from a collaborative and cooperative approach, because unilateral practices not only impede the development of the digital economy but also escalate conflicts among countries. China is currently experiencing a steady ascent in its digital economy. Confronting the legal challenges in the international taxation of the digital economy, it becomes imperative for China to prioritize the creation of user value domestically. This involves clearly defining the scope of digital income, taking into account national conditions, and refining tax rules at the connection points of digital economy taxation, all while optimizing tax administration measures. On the international stage, it is essential to establish a clear bottom line for interests. Actively participating in the formulation of new international tax rules through platforms such as RCEP and the "Belt and Road Initiative", China should strive to take the initiative in terms of tax competition interests. The objective is to develop tax rules that adapt to the dynamics of the digital economy, based on equal dialogue, thereby further enhancing a fair and reasonable digital business environment.

Keywords: Digital Economy; Cross−border Tax Conflicts; Tax Collection; Digital Service Tax; Digital Connection Point

中资企业对外投资合规风险及法律应对[*]

肖　蓓[**]　张思慧[***]

摘　要： 受复杂国际投资环境、我国法律保障规范阙如、东道国投资规则调整转向的影响，区别于国内投资，中资企业面对难以预测的合规风险，往往在合规问题导致严重损失后才被动应对。中资企业要实现可持续发展，离不开有效的法律措施：通过加强风险预警，在违规事件发生前引导企业有效识别、防范合规风险；通过完善对外投资法律保障，为企业面临严重损失时提供兜底性保障，提高中资企业抗风险能力；通过加强对外投资行为审查监管，引导企业主动适应并引领国际投资新规则，不断调整投资战略，完善合规管理体制。

关键词： 中资企业；合规风险；对外投资；法律应对

一、中兴通讯案折射出的中资企业对外投资合规实践现状

（一）中兴通讯案的法律分析

2017 年，中兴通讯股份有限公司（以下简称"中兴通讯"）因违反美国出口管制有关规定，面临美国政府罚款 8.92 亿美元、暂缓执行罚款 3 亿美元的决定，该决定成为中资企业收到的来自美国政府的最重处罚。中兴通讯与美国政府签订和解协议仅过去一年，2018 年 4 月美国商务部以"欺骗、虚假陈述和一再违反美国法律"

---

　　* 基金项目：2019 年最高人民检察院检察理论研究一般课题"检察机关服务保障内陆自由贸易港建设问题研究"（项目编号：GJ2019C39）。
　　** 华中师范大学法学院副教授，硕士生导师。研究方向：国际投资法。
　　*** 对外经济贸易大学法学院硕士研究生。研究方向：国际经贸规则。

为由宣布立即重启对中兴通讯长达 7 年的制裁禁令。2018 年 6 月，双方达成《替代和解协议》，中兴通讯恢复正常经营活动，为此付出的代价是再次缴纳高额罚金、调整其管理层并重组董事会、设立合规委员会并接受为期 10 年的合规监管。至此，中兴通讯案宣告结束。（案情经过如表 1 所示）

表 1 中兴通讯案案情经过

违规事实	2012 年，中兴通讯将载有美国软硬件的路由器、微处理器、服务器出口给伊朗最大电信运营商。	
	为逃避美国监管机构的立案调查，2013 年中兴通讯设立、控制诸多"隔断公司"，2016 年在面对美方调查时隐瞒信息、不充分陈述。	
案件进展	违法依据	上述行为违反了美国《出口管理法》及《出口管制条例》。
	第一阶段	2017 年，中兴通讯与美国司法部、商务部签订和解协议，双方同意中兴通讯需向美国支付 8.92 亿美元、暂缓执行 3 亿美元罚款，对涉案 39 名员工进行处分。
		2018 年 3 月，美国商务部调查发现中兴通讯违背了和解协议的附条件生效条款，此前和解协议失效。
	第二阶段	2018 年 4 月 17 日，美国启动激活拒绝令，宣布禁止美国公司在 7 年内向中兴通讯出售任何产品和技术。
		2018 年 6 月，中兴通讯与美国商务部达成《替代和解协议》，新的和解协议替代 4 月发出的拒绝令，使中兴通讯得以恢复正常经营活动。该协议约定：①需再次缴纳 10 亿美元罚款并额外支付 4 亿美元的罚款作为保证金；②中兴通讯须调整其管理层并重组董事会；③设立合规委员会，自费聘任一名独立特别合规协调员，负责协调、监察、评估和汇报中兴通讯及其全球子公司或关联企业在监察期内的合规情况；④签发一项新的暂缓执行的拒绝令，在为期 10 年的观察期内，若中兴通讯再次发生违规事件，美国商务部可以激活该拒绝令。
	第三阶段	2018 年 7 月 13 日，美国商务部宣布终止其 4 月作出的拒绝令，并将中兴通讯从《禁止出口人员清单》移除，中兴通讯恢复"自由身"。

续表

案件后续合规努力	（1）合规文化建设：公司董事长和总裁发表全员声明，表明合规建设的决心；公司高管作为各自领域第一合规责任人签署合规责任状，作出合规承诺；公司持续开展全员合规培训。 （2）合规资源投入：加大合规管理资金投入，开展合规风险评估，加强与外部律师和咨询机构的合作，协同处理合规领域的专业问题。 （3）合规制度建设：将公司合规管理制度制定、合规事项审议和决策权纳入合规管理委员会；将合规嵌入具体业务流程之中。

从该事件的影响来看，中兴通讯案暴露出了中资企业在海外投资过程中合规管理疏漏、合规问题积压、合规意识模糊等问题。该案发生后，开展对外投资业务的中资企业开始重视并初建公司的合规体系。监管部门受此影响，2018 年底，我国发展改革委等七部门联合印发《企业境外经营合规管理指引》（以下简称《合规指引》），明确提出"合规是企业'走出去'行稳致远的前提，合规管理能力是企业国际竞争力的重要方面"[1]。中兴通讯案成为中国企业强化合规管理的里程碑事件，甚至可以说，中资企业真正意义上强化合规管理始于 2018 年。

（二）企业合规的兴起及发展

中兴通讯受到美国政府调查的直接原因就在于，美方认为其向伊朗出售软件设备，违反了美国对伊朗的出口管制政策。而后美国两次作出处罚决定，均因中兴通讯逃避美国的合规监管；先后两次达成和解协议，亦均因中兴通讯同意美方提出的合规整改方案，尤其是《替代和解协议》中明确提出要求中兴通讯建立合规机制。"企业合规"贯穿了中兴通讯案的始末。

"合规"一词由"compliance"翻译而来，根据《合规指引》第3 条的规定，企业"所合之规"包括以下三个层面的内容：①遵守法规，包括国际条约、经营活动所在国相关法律法规、行业准则；②遵守规制，包括企业依法制定的规章制度；③遵守规范，即遵守

---

〔1〕 参见中华人民共和国国家发展和改革委员会：《关于印发〈企业境外经营合规管理指引〉的通知》，载 https://www.ndrc.gov.cn/fggz/lywzjw/zcfg/201812/t20181229_1047064_ext.html，最后访问日期：2023 年 4 月 29 日。

商业惯例和公序良俗。按照规范的强制性分类，前两项可称之为"硬法"，企业必须遵守，若违反将面临行政、刑事责任，为企业形象带来负面评价，并可能因此而丧失交易机会；第三项可称之为"软法"，更多表现为企业的社会责任，违反这些内容不会对企业造成立竿见影的负面效果和即时的法律评价，但若不重视"软法"的遵守，将导致企业违规成本攀升，难以应对力度、广度、程度越来越大的政府监管。因此，企业合规的目的不仅在于阻止非法行为，防范法律风险，使其符合"硬法"，还应使企业主动遵守商业伦理、承担社会责任，使其符合"软法"。

实际上，源于美国反垄断法领域的合规制度已有近 80 年的历史，并在 20 世纪 70 年代扩展至证券、税收等金融领域。在我国，最早提到"企业合规"的部门规范性文件是 2005 年证监会颁布的《关于推动证券公司自查整改、合规经营和创新发展的通知》，第 3 条即要求证券公司"严格依法合规经营，有效控制经营风险，规范开展各项业务"；2006 年原银监会颁布《商业银行合规风险管理指引》，第 1 条即要求"加强商业银行合规风险管理"；证监会也于 2008 年颁布了《证券公司合规管理试行规定》，后在 2017 年被《证券公司和证券投资基金管理公司合规管理办法》修改（2020 年再次修改）。

（三）中资企业对外投资合规发展态势

《2021 年度中国对外直接投资统计公报》显示，2021 年我国对外投资影响力不断扩大，对共建"一带一路"国家投资并购显著增长，对共建"一带一路"国家投资领域广泛，金额创历史最高。[2] 但与此同时，中资企业在对外投资过程中面临的合规形势不容乐观。

一方面，随着美国安然事件、西门子腐败案、美国施乐造假案等多家知名跨国企业相继爆发合规问题，投资东道国的合规监管日趋加强，这不仅体现在各个国家和国际组织的立法、执法力度不断加大、全球政策环境收紧，对中资企业构成巨大挑战，还体现在随

---

〔2〕 参见中华人民共和国商务部、国家统计局、国家外汇管理局：《2021 年度中国对外直接投资统计公报》，中国商务出版社 2022 年版，第 8~20 页.

着"企业社会责任""内部控制理论""利益相关者理论"等理论在西方国家逐步发展起来，企业合规经营已是大势所趋。

另一方面，由于部分国家近年来奉行单边主义，不断利用长臂管辖实施经济制裁，中资企业对外投资屡屡碰壁。基于以上两方面原因，许多中资企业均遭遇过东道国政府在反腐败、产品出口管制、数据隐私保护、环境和劳工保护等多方面的合规管理和尽职调查，并付出过极为沉重的代价。

中资企业在对共建"一带一路"国家进行投资过程中，上述问题表现得较为突出。

一方面，根据美国企业研究所和传统基金会（The American Enterprise Institute and the Heritage Foundation）的"中国全球投资跟踪"（China Global Investment Tracker）数据库统计数据显示，[3]自2013年9月习近平主席正式提出"一带一路"倡议到2022年11月，中资企业至共建"一带一路"国家投资共发生约99起投资风险案例，占总数（220起）的45%，共损失852.9亿美元，占总金额（1980.2亿美元）的43.1%，共涉及50个国家，每起事件平均损失9.37亿美元（参见表2）。其中不乏因出现合规问题最终投资失败的案例，如2014年缅甸与中国大陆合资的莱比塘矿场扩建计划自实施以来一直因征用土地和环境污染等问题遭到民众抗议，甚至在2014年12月21日缅甸警方与示威群众发生冲突；2015年复星国际董事长因涉反腐调查，以色列暂停复星国际并购其国内在保险和金融服务领域具有领导地位的凤凰控股有限公司。

另一方面，伴随着中国"一带一路"倡议的深入实施，美国联合日本等国家在2021年七国集团峰会上接连提出"重建更美好世界"（Build Back Better World，B3W）倡议，2022年峰会又在此基础上提出"全球基础设施和投资伙伴关系"（Partnership for Global Infrastructure and Investment，PGII）倡议，承诺向中低收入国家基础

---

〔3〕"China Global Investment Tracker", American Enterprise Institute and Heritage Foundation, available at https://www.aei.org/china-global-investment-tracker/? ncid=txtlnkusaolp00000618, last visited on Apr. 8, 2023.

设施建设提供资金支持，以制衡甚至替代中国的"一带一路"倡议。[4]基建投资正成为大国竞争的重要内容，然而由于西方国家的合规能力更强，中资企业在共建"一带一路"国家投资面临的合规压力与日俱增。

表2　2013年9月—2022年11月中资企业海外投资风险案例统计

年份	发生在共建"一带一路"国家的案例数（总数）	发生在共建"一带一路"国家案例的案涉金额（总金额）（亿美元）
2013	2（2）	12.1（12.1）
2014	21（25）	161.9（254.6）
2015	14（23）	191.3（322.1）
2016	6（32）	51.7（381.4）
2017	14（31）	83.4（232.9）
2018	12（27）	204.0（295.9）
2019	9（18）	100.1（123.4）
2020	4（24）	30.0（149.2）
2021	9（16）	63.4（88.1）
2022	8（16）	41.4（84.4）
共计	99（214）	939.3（1944.1）

根据《合规指引》第22条的规定，中资企业违反东道国投资管理规定，将面临合规风险，即中资企业或其员工因违规行为可能遭受法律制裁、监管处罚、重大财产损失或声誉损失以及其他负面影响的可能性。合规风险涵盖了遭受上述负面影响的概率与结果的双重内容。[5]

---

〔4〕　See Gisela Grieger, "Towards a Joint Western Alternative to the Belt and Road Initiative?" European Parliamentary Research Service, Dec. 2021, https://www.europarl.europa.eu/RegData/etudes/BRIE/2021/698824/EPRS_BRI（2021）698824_EN.pdf, last visited on Jan. 5, 2022.

〔5〕　参见魏庆坡：《〈国际卫生条例〉遵守的内在逻辑、现实困境与改革路径》，载《环球法律评论》2020年第6期。

二、中资企业对外投资合规风险的特性

由于经营范围不同、面临的东道国投资环境各异，中资企业在从事对外投资时，所需要遵守的规范内容与要求也就大相径庭，由此隐藏了各类合规风险。中资企业应对的各类合规风险，其特性根据发展过程划分，呈现出：合规风险发生前，企业对其可控性较差；合规风险发生后，企业所应承担的损失难以估量；处理合规事件时，企业管控合规风险具有被动性等特点。

（一）合规风险的发生难以预测

合规风险的存在尽管是客观的，企业若要实现经营目标必然与市场风险共生共存，但对于某一具体风险的发生，甚至该风险是否发生，都包含诸多不确定因素，"风险"一词本身就包含了"可能性"的内涵。这种可能性反映到中资企业对外投资的过程中，就表现为：有别于内资企业参与国内市场经营活动，中资企业在投资主体和投资目的地上的特殊性，均影响了其面对尚未发生的合规风险的管控能力，国际复杂市场环境中难以预测的合规风险是中资企业在开展对外投资时首先要面临的难题。

首先，从投资主体——中资企业自身来看，我国自入世以来参与国际市场不过20年，自"一带一路""走出去"以来也仅仅十年，企业开展海外经营的能力欠缺、经验匮乏，不能在较短时间内迅速适应风云变幻的国际投资环境、东道国人文环境，且缺乏对东道国合规管理、规范内容的足够全面的认知和理解，可能面临的合规风险不仅大于开展国内业务的企业，也大于别国开展海外业务的企业。

其次，从投资目的地——东道国来看，为达到某种政治目的，东道国政府可能对在当地经营的国际企业采取并购禁止、限制性政策、财产性剥夺等行动，对企业经济利益产生的负面影响"更为隐蔽、难以预测、破坏力大"，[6]从而有别于由市场因素导致的传统

---

〔6〕 参见祝宁波：《中国企业海外投资的法律风险与法律风险管理探索》，载《华东理工大学学报（社会科学版）》2013年第3期。

商业风险。中兴通讯案在 2017 年突然进入公众视野，就与中美贸易战持续升温密切相关。受东道国政治目的影响的绝非中兴通讯案一例，早在 2012 年三一重工的关联公司美国罗尔斯公司在美投资的风电项目被迫叫停，即与美国当时的政治形势不无关系。该公司进行收购交易时适逢美国大选，由于共和党候选人指责奥巴马对中国态度过于软弱，在大选形势不甚明朗的情况下，时任美国总统奥巴马遂以涉嫌国家安全为由签署总统令，该项目于此时被叫停"可以称得上是一张适逢其会的'中国牌'"。[7]

在共建"一带一路"国家，复杂的政治态势同样影响了中资企业的对外投资，其中最为典型的是中缅密松电站项目搁置案。在美国的推动下，2011 年缅甸完成政治转型，并加快民主化进程，为促使西方解除对缅制裁，缅甸通过削弱与中国的合作来改善同西方国家的关系。在这一历史背景下，叫停中国在缅投资的密松电站项目即成为缅甸出于战略因素考虑的"关键一刀"——2011 年，缅甸政府突然宣布搁置密松电站项目。该项目的停建不仅使投资主体国家电力投资集团公司遭受巨额的持续损失，也导致当地失去数万就业岗位，更使得中资企业对缅投资的信心大减，中缅友好合作关系受到一定冲击。综观整个事件，缅甸新政府为促进国内政治转型将中方投资项目政治化，将国内政治矛盾转嫁给中资企业，国内政治形势对投资项目能否顺利进行起到了决定性作用。而这样的情况在共建"一带一路"国家时有发生，其复杂多变的国内局势深刻影响了中资企业应对合规风险的能力。

（二）合规风险发生后造成的损失难以估量

合规风险发生后，若中资企业应对不力，很有可能演变成为违规事件。而事实上，中资企业对外投资需掌握中国及东道国国内法、国际条约等多重法律，明确当地投资环境、管理体制、文化差异等多方面隐形限制，而企业习惯根据国内标准和经营经验评估投资行为的状况及后果，缺乏对投资项目的专项合规安排，在未全面分析

---

〔7〕 参见张正怡：《美国国家安全审查制度的刚性、弹性与应对——以罗尔斯案为线索》，载《学习与实践》2015 年第 8 期。

合规风险及其后果的情况下，难以处理大部分合规风险，此时企业所承担的违规损失将远超预期，其中包括直接利益损失和预期利益损失。

直接利益损失将直接体现在企业财务上，如企业自身经济损失、行政罚款、刑事责任。针对企业自身经济损失，在上海汽车集团股份有限公司并购案中，上汽集团先是斥资 5 亿美元收购韩国双龙汽车公司（以下简称"双龙公司"），并购后面对上汽集团的裁员决定，双龙公司的工会举行了规模浩大的罢工抗议活动，工会持久的反抗活动直接导致双龙公司生产计划中断，损失 3700 多亿韩元，汽车减产 1.6 万多辆；[8]针对行政罚款，中国农业银行纽约分行因违反纽约州反洗钱法、隐瞒可疑交易且未及时采取有效合规措施应对，于 2016 年 11 月 4 日被纽约州监管机构处以 2.15 亿美元的巨额罚款，是中国商业银行在海外遭受的最重大的违规处罚案件；[9]针对刑事责任，中兴通讯实际上通过诉辩交易与美国政府达成了刑事和解，但其罚款总额累计达 22.9 亿美元，相当于其 2017 年净利润的 3 倍多。

预期利益损失可能因公布企业违规信息后造成企业商誉下降、价值受损。某些国家或者国际组织的法律法规会直接限制企业的交易机会。典型案例是世界银行限制湖南建工集团交易机会一案。2013 年 10 月，湖南建筑工程集团总公司（以下简称"湖南建工"）下属的东非分公司在参与由世界银行（以下简称"世行"）出资的一起工程项目的竞标过程中提交虚假证明材料，后经世行审查认为该行为属于《世界银行集团诚信合规指引》所禁止的欺诈行为，世行据此向其签发制裁决定，对该公司给予为期两年的附解除条件的资格制裁。根据该决定，湖南建工（包括下属所有公司）两年内不得参与世行资助项目，也不得因世行贷款而获益。同时，世行作为

---

〔8〕 参见王蓓、蒋琳瑶：《"一带一路"背景下中国企业海外并购的劳动法律风险及防范》，载《山东财经大学学报》2018 年第 6 期。

〔9〕 参见陈瑞华：《论企业合规的中国化问题》，载《法律科学（西北政法大学学报）》2020 年第 3 期。

《共同实施制裁决议的协议》的缔约银行，湖南建工将受到来自世行与亚洲发展银行等多家银行的联合制裁。[10]

相比于可以量化的直接损失及对企业而言的预期利益损失，合规风险所造成的后果更严重的是影响我国国家安全和海外形象。就前者而言，在中资企业拓展海外业务的过程中，境内母公司和被并购的境外公司之间可能因为业务往来需要而进行大量的数据跨境传输，从而引发数据存储和数据传输的网络安全问题。而我国数据保护立法较欧美国家仍不成熟，数据保护标准存在较大差异，中资企业若不重视投资目的地的个人数据保护法律体系，很有可能成为欧美国家借机打压中国科技公司、实现其政治经济利益的借口。[11]在全球已有 162 个国家确立自己的数据保护立法体系的背景下，[12]数据合规意识淡薄的中资企业在对外投资的过程中很有可能使得我国敏感行业的关键技术、关键基础设施、敏感数据卷入投资目的国的安全审查，反而使得我国的数据安全暴露在风险中。在共建"一带一路"国家中，中资企业的境外并购也不免受到当地政府部门有关网络安全和数据合规方面的审查，但由于并无明确的数据跨境保护水平合作框架，中资企业面临的合规风险可能产生风险外溢，冲击我国的信息安全战略。

就后者而言，以中国有色集团非洲矿业公司为例，该公司在共建"一带一路"国家赞比亚投资谦比希铜矿项目后，因劳资矛盾尖锐、回避安全环保问题，被赞比亚媒体集中曝光并引起当地劳工及政府的反感，给中资企业的诚信和声誉蒙上了一层不光彩的阴影，甚至对中国支援坦赞铁路获得的国家形象造成了不可估量的负面影响。[13]

---

〔10〕 参见陈瑞华：《湖南建工的合规体系》，载《中国律师》2019 年第 11 期；方拯、方歆然：《世界银行合规体系下中国企业合规问题探讨》，载《商学研究》2020 年第 4 期。

〔11〕 参见王锐：《对外投资中的数据法律责任及风险防范——基于我国主要投资目的地的法律分析》，载《政法论丛》2019 年第 4 期。

〔12〕 See DLA PIPER, "Data Protection Laws of the World（full handbook）", available at https://adisa.global/wp-content/uploads/2020/02/Data-Protection-Laws-DLA-Piper-2020.pdf, last visited on Apr. 24, 2024.

〔13〕 参见过宣帆、刘宏松：《中国企业对非投资的政治经济学分析——以中国有色集团在赞比亚投资为例》，载《安徽师范大学学报（自然科学版）》2013 年第 1 期。

（三）合规风险的发生致使中资企业陷入被动局面

大部分中资企业均是在企业自身面临合规风险或全球范围内出现重大合规事件后才建立的合规体系，对外投资过程中的合规风险管控仍处于被动接受阶段：依前文所述《合规指引》涵盖了"硬法"和"软法"，但不少企业一方面认为企业仅需符合"硬法"，另一方面在抱有侥幸心理的同时认为违规后也仅面临监管处罚、财物损失而已，片面看到合规建设的高成本而忽略了合规经营的战略机遇，在可接受的违规成本和企业短期增效之间进行考量后选择了后者，结果只能是承受高昂违规代价和被动建立合规制度。

前述湖南建工在 3 年时间内成功建立并执行了符合世行要求的、有效的诚信合规体系即为此例。世行向湖南建工作出的制裁决定要求被制裁的企业需遵照《世界银行集团诚信合规指引》要求，建立完整的合规工作机制。为避免因此次合规事件带来更大损失、尽早解除制裁并挽回声誉，湖南建工最终在世行的监督和指导下开始了建立有效合规体系的行动。

实际上，上述合规问题的发生实无必要，湖南建工本可以通过投入一定的人力、物力，提前掌握世行合规监管规则，并建立一套行之有效的合规体系，避免严重违规后果。而企业所谓的成本收益分析也并未建立在全面理性的基础之上，在对外投资时仍沿用惯性思维，必然引发合规监管的系列问题。

中资企业在"走出去"的过程中，在众多领域开展海外业务，拥有遍布全球的众多分/子公司，这意味着企业面临的"硬规"监管内容多，"软规"监管范围广，企业面临的合规风险多而繁杂。"交易对方的依法合规意识和能力不断提高，诉讼、监管被俘获的可能越来越低，企业面临的风险越来越多，可能的后果也越来越严重，事前监管应该被考虑。"[14]

---

〔14〕 王甲国：《大型国有企业法律合规监管制度构建与经济性分析》，对外经济贸易大学 2018 年博士学位论文。

三、中资企业对外投资合规风险的成因分析

（一）国际投资环境复杂使得突发性合规风险频生

对外投资主体和目的地的特殊性使得合规风险的发生具有不可预测性，其背后的原因就在于中资企业所处的日益复杂的国际投资环境——除了疫情挥之不去的影响，乌克兰战争正导致世界上许多国家面临粮食、燃料和金融三重危机，由此造成的投资者不确定性和风险规避行为使得近年全球外国直接投资下行压力持续加大，全球的国际商业和跨境投资环境在近年发生了巨大变化。俄乌冲突造成的经济和政治动荡，加剧了频繁发生的合规风险，突发性显著增强。

从投资主体角度看国际投资环境，中资企业开展对外投资不过短短几十年，企业合规管理仍处于起步阶段，在从事海外经营的过程中，不仅要面临与国内不同的经济体制、商业环境、投资偏好等经营方面的差异，还要面对与国内截然不同的政府组织形式、行政管理模式，复杂的营商环境交织成的不同的国家利益，中资企业往往无法有效识别、评估、应对突发的合规风险。

从投资对象角度看国际投资环境，合规风险的政治化、经济问题的主观化则加剧了风险发生的不确定性，使得中资企业在开展对外投资过程中面临的合规风险更加难以预测。然而，发达国家和发展中国家的发展战略不同导致经济政策有别，中资企业在不同国家开展投资所遇到的合规风险和投资困境也不尽相同。

在发达国家，中资企业遭遇的合规风险大多与针对外资的国家安全审查有关，具体而言，与国家经济安全有关。近年来，全球经济复苏脆弱乏力，传统与非传统风险交织，以美国为首的西方国家，盛行单边主义和贸易保护主义。随着中美经贸摩擦不断升级和国际竞争日趋激烈，这些国家"在外商直接投资、人才技术流动及知识产权保护等方面加强对中国的限制"的可能性也不断累积，"而对外国投资国家安全审查就是其重中之重"。[15]事实上，一系列案例表明，美国针

---

〔15〕 参见陈云东、冯纯纯：《美国外国投资国家安全审查制度解析与应对》，载《湖南科技大学学报（社会科学版）》2018年第3期。

对外资的国家安全审查早已有之（部分案例如表3所示）。下述投资案例之所以失败，皆与美国在奉行单边主义经济政策的基础上加强对外商投资安全审查脱不开关系。另外，欧盟各国"在政策上存在'跟从'美国的趋势",〔16〕对中资审查、合规监管的重视程度明显增加。

表3　中资企业遭受美国国家安全审查屡屡受挫

2005 年	中国海洋石油集团有限公司收购美国第九大石油公司尤尼科公司失败
2008 年	华为技术有限公司收购美国 3COM 公司受挫
2012 年	中国三一集团有限公司的关联公司被禁止在美建风力发电厂
	美国众议院情报委员会公开调查华为技术有限公司和中兴通讯，并建议阻止两家企业在美国开展贸易投资活动
2017 年	美国总统以国家安全为由，否决中国私募公司 Canyon Bridge 收购美国 Lattice 半导体公司的并购项目
2018 年	中国阿里巴巴旗下的蚂蚁金服收购美国速汇金失败

申言之，对外资开展国家安全审查已成为各国加强国家经济安全的必要手段，但以美国为首的西方国家近年来滥用国家安全审查制度限制外商投资的趋势不断增强，而2022年拜登政府颁布行政令进一步强化美国外国投资委员会针对国家安全风险的审查。〔17〕"国家安全"的界定标准逐渐泛化、必须接受国家安全审查的范畴几乎涵盖所有产业、免于审查的条件十分苛刻，〔18〕部分国家日益强调通过国内法来对外国直接投资施加更多控制，提高投资壁垒。〔19〕这种

〔16〕　参见赵蓓文：《全球外资安全审查新趋势及其对中国的影响》，载《世界经济研究》2020 年第 6 期。

〔17〕　See The White House, "FACT SHEET: President Biden Signs Executive Order to Ensure Robust Reviews of Evolving National Security Risks by the Committee on Foreign Investment in the U-nited States", available at https://www. whitehouse. gov/briefing-room/statements-releases/2022/09/15/fact-sheet-president-biden-signs-executive-order-to-ensure-robust-reviews-of-envolving-national-security-risks-by-the-committee-on-foreign-investment-in-the-united-states/, last visited on Apr. 24, 2024.

〔18〕　参见樊志刚、王婕：《美国国家安全审查制度对中国企业拓展美国市场的启示——基于华为、中兴通讯被美调查事件》，载《国际经济评论》2013 年第 2 期。

〔19〕　See Julien Chaisse and Georgios Dimitropoulos, "Domestic Investment Laws and International Economic Law in the Liberal International Order", *World Trade Review*, Vol. 22, No. 1, 2023, pp. 1-17.

只顾自身利益的做法使得中资企业难以避免突发的、不合理的国家安全审查，由此带来的中国企业赴相关国家进行投资并购的潜在合规风险大大增加。

在发展中国家，受战乱和政局影响，中资企业遭遇的合规困境相比于在发达国家遇到的有过之而无不及。这些国家曾被中资企业认为具有地缘政治优势而踊跃投资，但目前隐约出现的全球第三轮反政府民主风潮、进一步深化的全球经济危机，在这些地区催生出了更多政治危机，[20]高冲突集权国家隐含的高投资风险也使中资企业在对外投资时备受打击。例如，2011年中缅两国密松电站合作项目被迫叫停；2014年中泰高铁合作项目因泰国政局变化在一定程度上受到波及；中资企业在阿富汗经营的最大铜矿项目多次陷入停滞；长航油运、中海油、中石油在伊朗的开发项目均因美国对伊朗实施金融制裁遭受巨额损失。

共建"一带一路"国家的经济发展和治理水平各异，部分国家存在一定的宗教和种族矛盾，地区冲突不断，无形中增加了政局的不稳定性因素，曾经的地缘政治优势异化成地缘政治风险，给中资企业开展合规业务增加了难度。同时，共建"一带一路"国家横跨亚欧大陆，牵涉多国的国家利益，尤其是大国之间的政治博弈。[21]例如，美国的"印太战略"、俄乌冲突、西方国家发动的代理人战争，以及前述的"全球基础设施和投资伙伴关系"倡议就是在美欧试图恶化"一带一路"倡议的国际舆论环境、刻意制造与"一带一路"倡议的差异和对立并对后者污名化、与中国开展地缘政治博弈的背景下提出的。[22]

对中资企业而言，在共建"一带一路"国家投资显然是一把双刃剑：一方面，由于"一带一路"倡议的成功实践，亚洲、非洲等

---

〔20〕 参见蒋姮：《高冲突地区海外投资风险的盲区与应对》，载《中国经贸》2012年第5期。

〔21〕 参见符大海、黄海瑄、张莹：《中国对"一带一路"沿线国家的出口潜力、风险与对策》，载《长安大学学报（社会科学版）》2022年第6期。

〔22〕 参见邹磊：《美欧全球基建计划协调对"一带一路"倡议的影响与中国应对》，载《国际经济评论》2023年第2期。

国家一度成为中资企业对外投资高地；但另一方面，由于政局不稳、投资保障体系不完善，其营商环境不容乐观。除此之外，在发展中国家开展投资的主体多为国有企业，投资主体敏感，投资项目集中在采矿业，行业分布敏感，[23]中资企业在这些地区开展对外投资的风险的不确定性日益凸显。

（二）法律保障规范阙如使得企业抗风险能力差

中资企业在面对合规风险时处理不当，导致合规风险进一步演变成违规事件，给企业带来巨大损失。究其原因，该损失之所以难以估量，从企业自身来看，与中资企业在对外投资中明显缺乏合规风险防范意识有关；从中资企业身处的法治环境来看，也与我国对外投资法律保障制度不健全，难以为投资者的合法权益提供兜底保护关系重大。

首先，从现有法律内容来看，我国目前仅有《合规指引》与降低中资企业合规经营风险有关，现行相关立法重点关注外汇管理及对外投资审批监管等问题，对于降低投资合规风险、保障对外投资安全则少有规定，至今更是没有一部专门调整对外投资的法律法规。

其次，从现有法律层级来看，由于缺乏统筹规划，现有与保障中资企业对外投资相关的所有法律文件基本上属于部门规章和规范性文件，法律效力等级低，约束力不强，外资保障力度不够。另外，由于缺乏相应的对外投资合规立法，中资企业合规主管机构不明确，企业是否建立合规体系、合规体系建立后是否遵照施行不得而知，若违规能否获得救济、如何救济均无规定，中资企业的合规实践效果可见一斑。

与法律保障供给端形成对照的，是中国与共建"一带一路"国家法律体系的差异。部分共建"一带一路"国家法律体系不完善，政府政策透明度低，法律规范执法弹性大，易产生知识产权保护、信息安全保护风险；部分共建"一带一路"国家由于历史、宗教和

---

[23] 参见李锋：《"一带一路"沿线国家的投资风险与应对策略》，载《中国流通经济》2016 年第 2 期。

地理因素，所采用的法律体系各不相同，且部分国家保留了前殖民国家的法律制度，法律环境复杂多变。[24]中国企业可能由于法律意识不强，不善识别自身合规义务，难以应对。由于我国缺乏统一的对外投资法律保障体系，中资企业的合规实践虽是自上而下推动，但法律保障缺位使得实践中仍有大量待解决的问题，中资企业在对外投资过程中面临的合规风险日趋复杂，所造成的后果已经给中资企业持续发展和我国综合实力带来不良影响，因此迫切需要政府扶持，保护我国企业对外投资、防范化解重大合规风险。

（三）东道国投资规则调整转向使得企业被动应对风险

大部分中资企业被迫应对合规风险，其中的深层次原因在于：我国一直鼓励、支持、保护企业"引进来、走出去"，而 2008 年全球金融危机后，世界经济发生结构性转变，发展中国家在国际经济治理中的参与度逐渐提高，推动国际投资规则进入深化调整期。2021 年国际投资协定改革趋势加快，总数达到 3288 项（包括 2558 项现行有效的国际投资协定），新一代超大型区域经济协定的数量正在增加，这些协定的全面性和地缘政治相关性决定了它们对国际投资政策具有很大影响。国内外对待外国投资的态度和政策开始分化并呈现出显著不同，而中资企业显然还未适应处于深刻复杂变革中的国际投资规则。

首先，从规则制定来看，由推动投资自由化、保护投资方利益阶段，过渡到规范投资行为、平衡东道国和投资方的权利和责任阶段。21 世纪初，东道国为吸引外资，降低投资门槛，主动推进投资便利化，实行开放的市场政策，积极签订双边投资协定，国际投资规模大幅增长。在此背景下，当发生纠纷时，投资者的利益保护在投资者与国家间争端仲裁中往往占据优势。然而，随着发展中国家在世界投资格局中话语权增强，特别是面对新兴经济体对外投资的崛起，传统的国际投资规则制定者——欧美国家逐渐增强对自身利益的关注，"在国际投资规则制定中的立场从如何片面促进对外投资

---

〔24〕 参见符大海、黄海瑄、张莹：《中国对"一带一路"沿线国家的出口潜力、风险与对策》，载《长安大学学报（社会科学版）》2022 年第 6 期。

自由化转向平衡投资者权利与本国政府监管空间的立场"〔25〕。一些国家在规范投资行为、保障投资安全等方面的举措日益增多，对对外投资对本国经济发展、国际地位的影响倾注更多司法注意力。由此反映在规则制定上，即为越来越多的国家以国家安全为由对外资加强审查，加快制定外资准入、运作、监管等系列单边政策。

其次，从规则内容来看，为更好协调投资者与东道国的社会利益，社会责任在东道国投资规则中的比重大大增加，除传统的服务规则、贸易规则、竞争规则外，环境保护和劳动者权益保护问题成为国际投资规则的新内容。而为了维护本国在核心领域的竞争地位，加强知识产权和数据保护，东道国的投资规则中关于规范新兴技术和新兴行业的内容也逐渐增多，例如对标半导体产业的美国《芯片与科学法案》（CHIPS and Science Act）、对标新能源领域的美国《2022年通胀削减法案》（Inflation Reduction Act）、对标个人信息保护的欧盟《通用数据保护条例》（General Data Protection Regulation）。

尽管中国已成为世界重要资本输出大国，但中资企业对上述国际投资规则的发展变化的感知似乎仍较为迟缓，在了解和运用东道国投资规则方面还存在不少问题，因对东道国投资经营规则缺乏必要调研而违规的事件屡见不鲜。尤其是 2017 年以来，西方国家纷纷加强对来自新兴经济体的外资审查力度，扩大审查范围，提高审查标准。共建"一带一路"国家基于自身发展水平的提高和分享红利的诉求，也逐渐收紧外资审查，对"一带一路"互联互通的质量和效率提出更高要求。〔26〕同时，七国集团提出的"全球基础设施和投资伙伴关系"也对中资企业在共建"一带一路"国家进行海外投资形成强大竞争压力。在东道国合规监管日趋收紧的环境下，中资企业在蒙受不必要的直接利益和预期利益损失后开始注重合规管理既是被迫之举，也是明智之举。

---

〔25〕 参见李玉梅、桑百川：《国际投资规则比较、趋势与中国对策》，载《经济社会体制比较》2014 年第 1 期。

〔26〕 参见郑雪平、林跃勤：《"一带一路"建设进展、挑战与推进高质量发展对策》，载《东北亚论坛》2020 年第 6 期。

四、中资企业对外投资合规风险的法律应对

由于受国际国内两个市场双重影响，对外投资合规风险具有区别于国内投资的特殊性。除了将给企业自身带来诸如承担法律责任、经济损失等损害外，中资企业违规还可能造成更为严重的社会危害后果，如因违反环境管理规范，造成生态环境污染风险；又如因违反劳动管理规范，造成劳工维权等社会动荡风险；再如因违反反垄断管理规范，造成破坏市场公平竞争秩序风险。

面对企业违规带来的多重风险和多种危害，中资企业应建立合规风险管理体系，提升合规经营能力。与此同时，为防范因企业违规造成的系统性风险，坚决守住不发生重大风险的底线，相关部门应积极履行监管职能，对中资企业对外投资行为实施干预。在干预过程中，需要注意的是，若仅停留在政策指导层面而放任中资企业避开监管的实质性要求，必然使合规管理流于形式，同样无法有效防范来自东道国的合规风险。因此，相关部门应通过事前预警、事中监督、事后兜底进行适当干预，督促中资企业合规投资，提升其应对合规风险的能力。

（一）加强合规风险预警以提高风险预防能力

合规风险发生的不确定性加剧了企业合规的困难程度，为帮助企业应对频生的突发性合规风险，相关部门应建立合规风险预警信息服务平台以提供常态化的风险预警服务，为企业及时识别、认定合规风险，调整对外投资战略提供便利。

第一，在预警信息来源方面，建设该平台时应依托中国驻外国使领馆、境外金融机构、商会、研究机构和高校等各方资源，全面收集预警信息，评估对外投资存在的各种潜在风险，发挥其在东道国合规风险研判方面的作用，为中资企业开展海外经营提供前瞻性风险指引。

第二，在预警信息内容方面，应重点关注东道国监管规范及要求的变化、监管部门监管行为及监管理念的变化、合规监管案例及舆情变化、经济政策和政治架构重大调整。对中资企业对外投资主

要东道国、合规监管力度较大、违规风险发生率较高的国家和地区应重点收集分析，为企业分析合规风险源头、制定风险应对策略提供权威指引。

针对东道国政治、经济、社会的重大变化可能带来的合规风险，预警信息平台的建立可便利企业对对外投资环境进行分析评估，掌握企业合规风险发生根源，引导企业制定专项合规计划，构建企业内部合规风险预警机制。同时，利用大数据并依托政府资源，该预警信息平台能有效降低企业合规管理成本，提高合规管理的科学化、有效化，尤其是中小企业，为其打破信息壁垒，及时规避、应对合规风险提供了有力保障。

（二）完善对外投资法律保障以提高风险抵御能力

为保障中资企业对外投资可持续发展，在合规风险发生后及时获得兜底救济并将损失控制在合理范围内，相关部门应完善对外投资保障法律规范建设，出台与我国对外投资发展现状相适应的保障性法律法规。

首先，从机构建设上，为更好地服务企业开展对外投资和境外经营业务，推动企业持续加强合规管理，应明确指引企业合规管理的主管部门，将其权责具体化、规范化、透明化，这是为对外投资提供法律保障的前提，也是进一步完善中资企业合规管理指引的必然要求。

其次，从合规监管上，为避免中资企业合规体系的构建流于形式，合规文化的建设停留纸面，主管部门在引导中资企业建立合规体系后应加强对企业合规管理效果的评估与监督，倒逼企业开展切实有效的合规建设。

最后，从违规救济上，为避免中资企业遭遇重大投资损失并直接影响企业正常经营，主管部门应在中资企业发生合规风险前，加强对外投资投保与理赔指引；在发生合规风险后，健全对企业违规后的救济流程，提供维权指引，以期降低企业违规损失。

值得注意的是，为对外投资合规提供保障的法律规范隶属于对外投资法，但我国尚未出台对外投资法。在此种情况下，应从实际出发，先行明确对外投资法的体系框架，待到时机成熟，再将对外投资合规保障制度纳入其中，确保对外投资各个环节的立法相互衔接，实现整体与局部的统一。

（三）强化投资行为监管以提高主动应对合规风险的能力

我国的对外开放政策一直是"引进来"和"走出去"并举，但在具体实践中却偏重外资的引入，对外投资管理水平仍停留于初期，与投资东道国对中资企业的审查水平严重不匹配。随着中美双边投资协定（BIT）谈判和中国引领东盟建立的《区域全面经济伙伴关系协定》（RCEP）的达成、"走出去"和"一带一路"的实施，中国成为全球化的主要参与者和推动者，作为重要资本输出国和主要资本输入国，必须把握国际投资局势的变化趋势，加强对投资行为的自我监督，细化对外投资的规范管理。

一方面，为避免中资企业在东道国遭遇合规风险，相关部门在提升企业合规意识、编制合规指引、指导企业合规的过程中，要注重监管导向：其一，发挥合规监管的防火墙作用，在东道国政府发现企业的合规问题之前即弥补其合规管理漏洞，不仅能有效降低合规风险发生的可能性，还有利于中资企业可持续发展和中国海外形象的建设。其二，细化合规管理标准，并将该标准运用到合规效果评估、检查中，通过一系列动态监管措施将合规监管常态化、持续化，避免选择性执法、机械化执法。其三，对中资企业的合规监管应与国际共识性底线标准接轨，在商业腐败、有序竞争、出口管制、网络安全与数据保护、环境保护、劳工保护等方面加强审查。其四，在引导中资企业积极接受投资东道国的合规审查，不断接近东道国的合规标准的同时，不能仅满足于"被动"应对合规监管，还应"主动"成长为国际合规体系建设的引领者，"构建起有影响力的既不断对接国际高标准，又结合中国实际情况的'中国话语体系'"[27]。

另一方面，由于中资企业对外投资的合规管理仍处于起步阶段，

---

[27] 杨力：《中国企业合规的风险点、变化曲线与挑战应对》，载《政法论丛》2017年第2期。

具有风险应对的被动性，合规管理局限于自上而下的行政主导推进，在开展前述合规监管的过程中，为避免行政监管有余而企业合规管理内驱力激发不足的问题，应合理运用激励机制，激发中资企业合规内生动力：其一，为提高合规管理有效性，相关部门应提供专门指导，根据不同投资目的地的投资现状提供有针对性的风险说明，引导企业结合自身情况合理安排合规资源配置。其二，为降低企业合规管理成本，强化企业合规管理意愿及能力，对合规管理建设效果明显的企业给予金融、财政、税收优惠，还可通过对企业合规管理进行公开评级，综合运用奖励、宣传等多种激励方式，引导中资企业自主合规、有效合规。

（本文责编：冯硕）

Compliance Risk and Legal Response of Chinese Funded Enterprises' Outward Investment

Xiao Bei, Zhang Sihui

Abstract：A large number of cases show that, due to the complex international investment environment, the lack of legal protection regulations in my country, and the adjustment and shift of the host country's investment rules, different from domestic investment, when Chinese-funded enterprises face unpredictable compliance risks, always respond passively until compliance risks lead to serious losses. To achieve sustainable development, Chinese enterprises cannot do without effective legal measures: strengthening compliance risk early warnings which guide enterprises to effectively identify and prevent compliance risks before violations occur; improving legal protection for outward investment which provide bottom-line guarantees and improve the ability of Chinese-funded enterprises to resist risks when companies face serious losses; strengthening the review and supervision of outward investment behavior which guide enterprises to actively adapt to and lead the new rules of international investment, constantly adjust investment strategies, and improve compliance management systems.

Keywords: Chinese Funded Enterprises; Compliance Risk; Outward Investment; Legal Response

域外法治

塔吉克斯坦"链币分离"背景下加密货币的法律规制[*]

李 晶[**]

摘 要：塔吉克斯坦对区块链和加密货币实现了"链币分离"，希冀通过区块链等新技术来发展本国数字经济，但对加密货币本身则持相对保守的态度。《塔吉克斯坦共和国银行法》明确规定了国家货币即法定货币的性质与形式，对加密货币的定性也参照该法的相关规定，其认为加密货币并不是交换储蓄工具、记账单位，且可能被用于洗钱与资助恐怖主义等可疑操作。在以发展本国数字经济为目标的基础上，塔吉克斯坦规制加密货币可从确定塔吉克斯坦国家银行金融监管部门为规制主体，以加密货币平台为规制对象，并以风险防范、借鉴加密货币支付经验、发展本国央行数字货币、在反恐平台上进行加密货币规制合作等作为具体规制措施。由此得出对中国监管加密货币的启示，如确定一监管机构作为主要监管部门，牵头其他相关监管机构共同监管加密货币行业；以加密货币平台为规制对象，以便利监管机构进行监管；与塔吉克斯坦加强在反恐平台的加密货币规制合作。

关键词：区块链；加密货币；法律规制；法定货币；《塔吉克斯坦共和国银行法》

在全球区块链技术和加密货币不断发展的背景下，中亚国家在

---

* 基金项目：2022年教育部人文社会科学研究青年项目"法定数字货币法律监管制度研究"（项目编号：22YJC820016）；2023年上海政法学院青年科研基金项目"数据安全合规研究"（项目编号：2023XQN06）。

** 上海政法学院法律学院讲师，华东政法大学法学博士后流动站在站博士后，硕士生导师。研究方向：数字法学。

其中扮演的角色日益凸显。世界银行曾在 2018 年 5 月发布了一份名为《加密货币和区块链：欧洲和中亚经济更新》的报告，该报告指出欧洲和中亚地区的很多国家都是发展加密货币和区块链技术的沃土，这些技术的出现是促进点对点商务、产品个性化和生产方法灵活性的更广泛技术浪潮的一部分。其中，塔吉克斯坦地处中亚，因为丰富的自然资源而吸引加密货币"挖矿"产业。塔吉克斯坦注重区块链技术的应用，与联合国开发计划署（UNDP）合作进行利用区块链技术提高汇款效率的实验。[1]区块链和加密货币在塔吉克斯坦的发展与我国区块链和加密货币的发展大体相同，即从区块链和加密货币产业的逐渐发展到注重区块链技术的应用、警惕乃至于限制加密货币及其相关产业的发展。本文以塔吉克斯坦对区块链技术和加密货币的不同态度为研究起点，在分析塔吉克斯坦对法定货币规定的基础上，结合塔吉克斯坦反恐与数字经济建设的需求，提出加密货币法律规制措施以及对我国监管加密货币的启示。

一、塔吉克斯坦"链币分离"实施背景

加密货币，通常也被称为"虚拟货币""数字货币"等。本文之所以将其称为"加密货币"，是因为塔吉克斯坦相关官方文件中使用的是"加密货币"（cryotocurrency）的文字表述。有鉴于此，本文认为加密货币是指基于区块链技术产生的具有加密传输等功能的虚拟财产。塔吉克斯坦加密货币的发展并非一成不变，而是与该国的法律与政策密切相关。

"链币分离"指的是一国政府对区块链技术和数字货币的不同态度直接导致数字货币与区块链技术分别发展。通常而言，区块链技术作为"数据存储、点对点传输、加密算法等计算机技术的新型应用模式"，[2]自诞生之初除了被应用在数字货币领域外，在政府治

---

〔1〕 See World Bank Group, "Cryptocurrencies and Blockchain: Europe and Central Asia Economic Update", available at https://openknowledge. worldbank. org/bitstream/handle/10986/29763/9781464812996. pdf, last visited on Mar. 20, 2023.

〔2〕 参见汤啸天：《运用区块链技术创新社会治理的思考》，载《上海政法学院学报（法治论丛）》2018 年第 3 期。

理、司法治理等领域正在发挥愈加重要的作用，这与区块链作为难以篡改的、分布式的、可验证的公共数据库的属性直接相关，因为这个账本可以被用来记录任何数据结构，在一定程度上可以替代某些法律形式。〔3〕区块链技术在提高过程透明度、结果可信任、公众可参与等方面具有先天技术优势，能够有效解决信任问题，被一国政府关注和广泛应用探索也就不足为奇了。塔吉克斯坦总统拉赫蒙（Emomali Rahmon）曾在会见王毅时指出："拓展数字经济、电子政务、人工智能等新兴领域合作，将为中国企业赴塔投资提供便利。"〔4〕从中不难看出，塔吉克斯坦重视新技术应用及发展，也重视与我国开展技术等新兴领域的合作，以提高本国经济、政府管理的发展水平。我国已有较为丰富的利用区块链技术提高金融机构运行效率的经验，有学者建议可以借此深化与包括塔吉克斯坦在内的中亚五国开展跨境贸易和支付清算等方面的合作。〔5〕

而数字货币是为维护区块链生态而设计的发行和激励机制的结果，〔6〕也是区块链技术最为成功应用的领域之一。数字货币因发展方向的不同，或者说由于发行主体的不同，可以分为法定数字货币（或者可称为央行数字货币）和私人数字货币。其中，"链币分离"政策中的"币"通常指的是私人数字货币。私人数字货币可以认为是私人发行数字货币的简称，是基于区块链技术产生的虚拟货币，具有与法定数字货币不同的法律地位。数字货币发行主体法律地位的差异性，决定了私人数字货币的铸造发行不能替代法定货币的流通地位。更为重要的是，虽然私人数字货币根据发展要求而出现了不同类型，但无论是同质化通证还是非同质化通证，都有发展成为具有金融属性的潜质。〔7〕而不同国家对于金融监管的范围和严格程

〔3〕 参见郑戈：《区块链与未来法治》，载《东方法学》2018 年第 3 期。

〔4〕《塔吉克斯坦总统拉赫蒙会见王毅》，载《人民日报》2022 年 8 月 2 日，第 3 版。

〔5〕 参见黄海涛、罗纯：《区块链支持下跨境贸易信任机制构建——基于中国与中亚五国贸易的场景分析》，载《南开学报（哲学社会科学版）》2021 年第 2 期。

〔6〕 参见李晶：《运用"监管沙盒"促进区块链权力与权利的平衡——以数字货币为研究的逻辑起点》，载《上海政法学院学报（法治论丛）》2020 年第 1 期。

〔7〕 参见李晶：《元宇宙非同质化通证治理模式：自生治理、合作治理与功能监管》，载《电子政务》2023 年第 10 期。

度不同，对于私人数字货币是否具有金融属性的监管态度也不甚相同。我国政府对于具有金融属性的私人数字货币采取严格监管的态度，我国是最早实行"链币分离"政策的国家之一，从 2013 年开始〔8〕出台系列关于私人数字货币监管的规范性文件。之后，随着对私人数字货币了解的逐渐加深，由于"挖矿"耗费电力巨大而对私人数字货币的"挖矿"行为进行了规范。与国家监管部门对私人数字货币的态度截然相反，我国对区块链技术的应用持鼓励态度，除了在政府治理、司法治理等领域进行应用外，金融机构、企业等也对使用区块链技术进行了有益探索。

塔吉克斯坦应对区块链技术与加密货币发展的态度其实与多数国家相同：在加密货币诞生初期，因对加密货币及其基础技术——区块链的不甚了解而对其持观望态度，并未采取较为严格的监管措施，所以加密货币在塔吉克斯坦得到了一定程度的发展。从一定意义上说，加密货币铸造发行主体考虑到塔吉克斯坦的能源优势而将其作为"挖矿"地点，降低"挖矿"成本，然而实际上却是"塔吉克斯坦境内矿产资源比较丰富却无力开采，所需石油、天然气等能源大部分依赖进口"。〔9〕节能减排其实是塔吉克斯坦长期关注的问题，根据塔吉克斯坦对《世界贸易组织/技术性贸易壁垒协定》的通报情况来看，保护环境是其通报的主要目的之一。〔10〕但是，随着对区块链技术和加密货币的了解，塔吉克斯坦逐渐开始了"链币分离"。这一政策的实行可能与"受季节性缺水和新冠肺炎疫情影响，塔吉克斯坦水力发电设施产能不足，国家面临大范围缺电问题"〔11〕有关，在国家通过采取限电措施来保障用电需求后，需要消耗巨大电力的加密货币"挖

---

〔8〕 从 2013 年开始，以《关于防范比特币风险的通知》拉开了我国相关部门制定关于私人数字货币规范性文件的序幕。

〔9〕 参见曾向红、万天南：《塔吉克斯坦为何不加入欧亚经济联盟？——基于与吉尔吉斯斯坦的比较》，载《区域与全球发展》2021 年第 6 期。

〔10〕 参见孙琪、吴莹：《哈萨克斯坦、吉尔吉斯斯坦、塔吉克斯坦 WTO/TBT 通报分析及应对建议》，载《第十八届中国标准化论坛论文集》，中国标准化协会 2021 年主办，第 645~649 页。

〔11〕 赵东旭：《2021 年塔吉克斯坦政治、安全与外交形势评述》，载《西伯利亚研究》2022 年第 2 期。

矿"行为亦成为限制的对象。导致的直接后果就是塔吉克斯坦关注区块链技术的应用,尤其在金融领域如何为公民提供无现金化的便捷金融服务,而对加密货币的态度则是从警告风险转变为打击相关产业。

二、塔吉克斯坦"链币分离"背景下加密货币的发展现状

（一）塔吉克斯坦积极探索区块链技术的应用

在全球普遍关注区块链技术并积极布局区块链产业发展的同时,塔吉克斯坦政府同样看到了区块链技术在新一轮信息技术革命中的可能优势,期望利用区块链等新技术来促进本国金融科技的不断发展,提高本国公民的生活质量。

第一,关注区块链技术的国际发展,加强国际合作。例如,我国海南省工信厅于 2018 年 10 月 8 日授牌海南生态软件园设立海南自贸区（港）区块链试验区以后,塔吉克斯坦曾派出考察团考察交流、探讨合作。[12]

第二,将区块链技术应用于具体领域,确保过程的公平性与透明性,保证结果的自动执行。例如,塔吉克斯坦于 2020 年向某区块链公司颁发了彩票的发行牌照,彩票的实名认证、开奖兑奖等业务通过智能合约进行,通过区块链存储数据。[13]

第三,基于区块链技术来搭建电子政务基础设施,提高政府服务效率与效果。例如,塔吉克斯坦政府工业和新技术部在 2021 年与某智能合约平台合作,既能利用区块链技术以数字化方式优化公共服务,使得公共服务更加安全、高效和透明,也能满足本国的经济需求。塔吉克斯坦政府工业和新技术部想要改变本国互联网速度慢且费用十分昂贵的现象,[14] 其总统拉赫蒙在 2022 年度国情咨文中同

---

〔12〕 参见许尔生:《建"政府智慧大脑",推进"区块链+",海南全岛构建大数据》,载 https://www.jiemian.com/article/3545263_qq.html,最后访问日期:2023 年 3 月 20 日。

〔13〕 参见《混沌池获塔吉克斯坦彩票发行牌照》,载 https://www.ibitcoin86.com/live/81358.html,最后访问日期:2023 年 3 月 20 日。

〔14〕 See "В Таджикистане намерены внедрить технологии блокчейн при медленном и дорогом интернете?", available at https://rus.ozodi.org/a/31247127.html, last visited on Mar. 20, 2023.

样表达了对互联网速度和费用的关注，要求国家通信局、移动运营商和互联网服务提供商能够共同采取提高移动通信治理效率和提速互联网并降低价格的有效措施，并通过制定《塔吉克斯坦共和国通信法》来保障并推动本国互联网发展。[15]而高速且高质量的互联网决定了区块链技术的应用基础。

塔吉克斯坦政府之所以注重区块链技术的应用，是因为塔吉克斯坦仍处于金融服务欠发达阶段。这与塔吉克斯坦国内经济发展情况直接相关，"塔吉克斯坦过度依赖外资发展经济的程度不断加深。面对不断增加的外债规模和到期需要偿还的外债本息，塔吉克斯坦因无法依靠国内力量偿还到期的外债，不得已继续通过借入新的外债来偿还旧的外债，进而陷入债务不断累积的恶劣境地。"[16]或许在这样的背景下，塔吉克斯坦对使用包括区块链在内的科学技术改善或提升国内经济和金融状况有着强烈需求。

（二）塔吉克斯坦监管加密货币及其相关活动

与区块链技术受到政府积极关注相比，加密货币在塔吉克斯坦的发展政策则逐渐收紧。塔吉克斯坦国家银行于 2018 年 1 月 15 日首次明确表明了对待加密货币的态度，即警告本国公民使用加密货币的风险：①操作的匿名性，包括比特币在内的加密货币可能被用于可疑操作；②加密货币可能受到网络攻击；③可能被用于洗钱和资助恐怖主义；④缺少金融机构参与，加密货币所有者之间可能会进行犯罪交易，如使用加密货币销售麻醉药品和精神药物。[17]从这个角度看，即便塔吉克斯坦政府以加密货币可能被用于违法犯罪行为而警告公民使用加密货币交易的风险，但并未直接禁止加密货币。甚至，塔吉克斯坦国家银行明确提出了塔吉克斯坦公民使用加密货币进行交易时遵循风险自担原则，即塔吉克斯坦国家银行不对公民

---

〔15〕 参见《塔总统拉赫蒙发表 2022 年度国情咨文》，载 http://tj. mofcom. gov. cn/article/jmxw/202212/20221203375752. shtml，最后访问日期：2023 年 3 月 20 日。

〔16〕 周丽华：《塔吉克斯坦外债：结构优化与风险隐患并存》，载《新疆财经大学学报》2019 年第 3 期。

〔17〕 See "Нацбанк Таджикистана разъяснил свою позицию по криптовалютам", available at https://rus. ozodi. org/a/28976882. html，last visited on Mar. 20, 2023.

在结算业务中使用加密货币可能存在的风险与损失负责。[18]

不过，塔吉克斯坦相关部门虽对加密货币"挖矿"相关活动进行监管，但并未直接对加密货币进行监管。具体而言，塔吉克斯坦执法部门通过如下几种手段达到监管加密货币的效果：一是根据加密货币"挖矿"需要耗费巨大电力资源作为线索，塔吉克斯坦执法机构以相关人员盗窃电力为由对其提起刑事诉讼，将这些"矿工"使用的加密货币"挖矿"设备以及与互联网、电力配合使用产生的加密货币作为证据。二是塔吉克斯坦税务部门以"矿工""挖矿"期间获得的收入未纳税为由对其进行行政处罚。具体而言，"矿工"利用"挖矿"设备通过窃取巨大电力资源的方式产生加密货币，而"矿工"并未对此支付税款。[19]三是塔吉克斯坦有关部门以"加密矿场"存在违法行为而取缔之。2021年有两公司签署了在塔吉克斯坦联合"挖矿"的合作意向协议，[20]但不到一年，"挖矿"活动就被有关部门要求暂停，并以其从事的"挖矿"活动是非法为由提起诉讼，要求关闭该公司。[21]

三、基于《塔吉克斯坦共和国银行法》对加密货币的审视

对于主权国家而言，加密货币的匿名性、流通性、高效性都可能对国家的法定货币带来挑战，塔吉克斯坦对加密货币和区块链技术的不同态度也表明其对加密货币的谨慎。《塔吉克斯坦共和国银行法》规定了国家的法定货币及其法律性质，也就是国家的法定货币已由国家法律明确规定，只有法定货币才是能够在市场上流通使用的货币。对照法定货币在塔吉克斯坦的地位以及其法定的属性，能

〔18〕 See "Нацбанк Таджикистана разъяснил свою позицию по криптовалютам", available at https://rus. ozodi. org/a/28976882. html, last visited on Mar. 20, 2023.

〔19〕 See "В Таджикистане выявили и закрыли три майнинг-фермы, задержаны четыре человека", available at https://rus. ozodi. org/a/31102534. html, last visited on Mar. 20, 2023.

〔20〕 See "Компании из Гонконга запустят совместный майнинг-проект в Таджикистане", available at https://rus. ozodi. org/a/31568977. html, last visited on Mar. 20, 2023.

〔21〕 See "Что такое биткоин и почему власти не разрешили Ganj Technology создать крипто-ферму в Таджикистане?", available at https://rus. ozodi. org/a/31963304. html, last visited on Mar. 20, 2023.

够判断出加密货币在塔吉克斯坦的地位与性质。

（一）塔吉克斯坦对加密货币的定性

塔吉克斯坦国家银行对加密货币的定性是从两个方面展开的：一是加密货币是什么，二是加密货币不是什么。

1. 塔吉克斯坦国家银行认为加密货币可能被用于可疑操作

此处的可疑操作主要是指加密货币的匿名性让其可能会被用于违法犯罪行为。使用加密货币进行交易可能会存在风险，其中，将加密货币用于洗钱和资助恐怖主义是塔吉克斯坦长期关注的风险。在2017年7月4日，塔吉克斯坦国家银行金融监管部门与联合国毒品和犯罪问题办公室（The United Nations Office on Drugs and Crime）举行了关于反洗钱和反恐融资领域的会议。该会议将分析加密货币问题及其非法使用作为双方讨论发展和改进反洗钱以及打击资助恐怖主义系统中优先互动的方向之一。[22]2018年11月14日，独立国家联合体成员国金融情报机构负责人理事会讨论了制定监管电子支付系统的共同办法，以防止将其用于洗钱和资助恐怖主义（这是塔吉克斯坦国家银行金融监管部门的一项职责），并对加密货币的流通进行了分析研究。[23]

不难看出，塔吉克斯坦对加密货币的关注多集中在其可能被用于洗钱和资助恐怖主义等领域，这是塔吉克斯坦国家银行予以防范并探索如何建立相关监管措施的领域。有学者指出，塔吉克斯坦认为加密货币非法，禁止使用加密货币，是因为加密货币因其高度匿名性而可能被用于非法活动；且加密货币独立于中央当局，因交易平台不受监管，价格高度波动，易受到黑客攻击，对消费者保护构成威胁。[24]

---

〔22〕 See "Meeting of NBT and UNODC Representatives in AML/CFT Sphere", available at https://nbt. tj/en/news/452304/? sphrase_id=71093, last visited on Mar. 20, 2023.

〔23〕 See "The 29th EAG Plenary Meeting and 12th Meeting of Council of Heads of Financial Intelligence Units of Member States of the Commonwealth of Independent States EAG", available at https://nbt. tj/en/news/476650/? sphrase_id=71094, last visited on Mar. 20, 2023.

〔24〕 See Samina Naz, Naila Nazir, "Exploring Acceptability and Legitimacy of Bitcoin in Islamic Financial System", *Journal of Islamic Civilization and Culture*, Vol. 1, Issue 1, 2018, pp. 36–39.

2. 塔吉克斯坦国家银行认为加密货币不是交换储蓄工具、记账单位

塔吉克斯坦国家银行对加密货币进行定性的第二个途径是通过反向法进行的，即塔吉克斯坦国家银行在 2018 年 1 月的官方说明中指出，在塔吉克斯坦加密货币不是正式的交换和储蓄工具，也不是记账单位，所有的金融交易只能以国家的法定货币"索莫尼"（somoni）进行。[25]也就是说，塔吉克斯坦国家银行之所以强调"在本国"，是因为根据相关资料和人员的介绍，加密货币是交换和储蓄的手段，也是一种记账单位，而塔吉克斯坦政府对此并不表示认可，这是从国家的货币主权角度出发得出的结论。加密货币不是正式的交换和储蓄工具，也不是记账单位，似乎可以从另一面得出一个结论，即加密货币可以在非正式情形下充当交换和储蓄工具、记账单位，只不过这种情形并不受塔吉克斯坦国家银行的保护，需要当事人自担风险。这里强调所有的金融交易只能以国家法定货币进行，似乎又在说明金融交易不能以非国家法定货币进行，如果以加密货币进行金融交易产生的风险与损失要由当事人自担，是否还可以理解为以非法定货币进行的金融交易非法？以上关于加密货币的具体定性并未有明确的法定依据，只是一份语义不够清晰的官方说明，但这恰恰反映了塔吉克斯坦国家银行的态度：维护法定货币的法偿地位，加密货币不具有法定货币所具有的基本功能。

（二）《塔吉克斯坦共和国银行法》对货币的规定

《塔吉克斯坦共和国银行法》由拉赫蒙总统于 2011 年签署通过，共有 14 章，对塔吉克斯坦国家银行、货币政策、与政府的关系、支付系统、对外经济关系、监管、货币制度等进行了明确的规定，是研究塔吉克斯坦货币制度和银行体系的基本法律。尤其是该法律规定了塔吉克斯坦的法定货币，确定了法定货币的发行机关，从国家法律的角度排除了加密货币是塔吉克斯坦的一种法定货币。

1. 法定货币的发行主体是塔吉克斯坦国家银行

《塔吉克斯坦共和国银行法》第 8 章第 64 条规定了有权发行法

〔25〕　See "Нацбанк Таджикистана разъяснил свою позицию по криптовалютам", available at https://rus. ozodi. org/a/28976882. html, last visited on Mar. 20, 2023.

定货币（或国家货币）的主体是塔吉克斯坦国家银行。根据《塔吉克斯坦共和国银行法》第 2 条对文本中一些基本概念的解释可知，国家货币是索莫尼，是为了纪念塔吉克斯坦古代第一个中央集权式国家创始人伊斯摩尔·索莫尼（Ismoil Somoni）而命名的，一单位索莫尼等于 100 迪拉姆（diram）。索莫尼为主币单位，迪拉姆为辅币单位。索莫尼是根据 2000 年 10 月 26 日塔吉克斯坦总统令，为了取代之前在塔吉克斯坦境内流通的塔吉克斯坦卢布，于 2000 年 10 月 30 日投入流通使用的国家货币。1993 年，塔吉克斯坦规定将俄罗斯的法定货币卢布作为本国的法定货币；1995 年，塔吉克斯坦发行本国货币。[26] 为了改善塔吉克斯坦货币体系结构，塔吉克斯坦总统通过颁布总统法令的方式，于 2001 年 9 月 3 日起将硬币投入流通使用。塔吉克斯坦于 2004 年 11 月发行了第一批纪念币，分别用于纪念《塔吉克斯坦共和国宪法》通过 10 周年的 5 索莫尼的硬币和纪念塔吉克斯坦首都杜尚别 80 周年的 3 索莫尼的硬币。[27]

塔吉克斯坦国家银行的法律地位由《塔吉克斯坦共和国银行法》明确规定。根据《塔吉克斯坦共和国银行法》第 1 条第 1 款的规定，塔吉克斯坦国家银行是塔吉克斯坦共和国的中央银行、储备银行，为塔吉克斯坦共和国所有，并对塔吉克斯坦共和国议会的代表会议负责。该条确定了塔吉克斯坦国家银行的中央银行地位，对代表会议负责。不过，塔吉克斯坦总统在中央银行相关事务上有决定权，如第 63 条规定了总统应决定塔吉克斯坦共和国的货币制度。塔吉克斯坦总统该项权力来源于《塔吉克斯坦共和国宪法》第 69 条的规定，总统的权力包括"应确定货币体系，并将相关信息提交给国民议会和代表大会"。塔吉克斯坦国家银行的主要目标是维持国内价格的长期稳定，补充目标是维持国家银行体系的稳定与协助支付系统高效、不间断地运行（第 5 条第 1、2 款）。

---

〔26〕 参见刘典、张婷婷：《地缘政治博弈与货币实力的衰变：货币地理学视域下的"卢布区"解体》，载《东方学刊》2020 年第 1 期。

〔27〕《塔吉克斯坦共和国宪法》于 1994 年 11 月 6 日通过；塔吉克斯坦首都杜尚别于 1925 年起称市，在此之前被称为村。

在法定货币的印刷（铸造）、发行、流通、回笼和销毁的全生命周期中，塔吉克斯坦国家银行是责任主体，即由塔吉克斯坦国家银行组织印刷纸币和铸造硬币，并采取措施确保未进入流通环节的货币能够安全储存，并回笼和销毁已退出流通环节的纸币和硬币。具体而言，对于法定货币退出流通，需要遵循一定的程序：一是塔吉克斯坦国家银行根据董事会的决定，将流通中的纸币和硬币进行回笼；二是通过发行等值的其他纸币和硬币来替换回笼的纸币和硬币。当然，由于将流通环节的纸币和硬币回笼，并用等值货币进行替代，被回笼的纸币和硬币就不再作为法定货币了。

2. 塔吉克斯坦的国家货币与法定货币

在《塔吉克斯坦共和国银行法》第8章"货币体系与货币流通组织"中，有两个概念值得关注：一是国家货币（national currency），另一个是法定货币（legal tender）。在规定国家货币时，是从其法偿性出发的，即塔吉克斯坦国家银行发行并流通的货币应为任何货币债务和结算的唯一的、专有的法定货币，且在本国领土上的所有货币支付都必须接受其面值（第64条第1款）。例如，《塔吉克斯坦共和国投资法》中规定了外国投资者可以在塔吉克斯坦境内开立本币和外币账户，并可在完税后将塔吉克斯坦本国货币自由兑换为其他货币汇出境外；塔吉克斯坦于2011年通过并实施的新《塔吉克斯坦共和国经济开发区法》也作出了类似规定，即在经济开发区内，塔吉克斯坦本国货币可以自由兑换和流通。外国投资者对于所获得的利润和外币收入、外国工人获得的工资，都可以自由地兑换并汇出。[28]此时的本国货币强调的就是国家货币的含义。《塔吉克斯坦共和国银行法》第65条规定了国家货币的特点，即塔吉克斯坦国家银行应通过制定具体规定的方式确定塔吉克斯坦共和国法定货币纸币和硬币的面值、大小、重量、图案和其他特征。具体而言，塔吉克斯坦国家银行董事会能够行使确定纸币和硬币面值和图案、投入流通程序以及退出流通条件的权力。

---

〔28〕 参见胡塞尼：《塔吉克斯坦经济开发区立法研究》，载《法学（Hans）》2023年第1期。

而在规定法定货币时，是从发行货币的形式出发的，即塔吉克斯坦国家银行有权在塔吉克斯坦共和国境内发行纸币和硬币作为法定货币（《塔吉克斯坦共和国银行法》第64条第2款）。其实，国家货币与法定货币在本法中是同一概念的不同表达，但二者在具体表达时的侧重点有所差异，国家货币更强调从国家主权的角度出发，即强调在本国领土范围内的货币；而法定货币则强调是从法律规定的角度出发，即强调中央银行有发行货币的权力。

　　（三）加密货币不是《塔吉克斯坦共和国银行法》规定的货币

　　1. 塔吉克斯坦法定货币的形式

　　根据《塔吉克斯坦共和国银行法》的规定，塔吉克斯坦法定货币的形式为纸币（paper currency）和硬币（coin）。即便是将流通中的纸币和硬币回笼，仍由塔吉克斯坦国家银行发行等值的其他纸币和硬币作为交换，且已经回笼的纸币和硬币不得继续作为法定货币。对于法定货币的表现特点，其面值、尺寸、重量、设计等特征都需要国家银行进行专门规定。为了确保法定货币的安全，《塔吉克斯坦共和国银行法》规定了法定货币印刷的安全保障措施，通过制定并公布确定货币适应性和兑换磨损纸币及硬币的程序，由中央银行负责兑换或回笼、销毁磨损的纸币和硬币。这意味着塔吉克斯坦国家银行作为中央银行有发行法定货币、投入流通法定货币、兑换法定货币、回笼法定货币、销毁法定货币等权力。

　　2. 加密货币不是塔吉克斯坦的货币

　　（1）塔吉克斯坦货币的发行主体是塔吉克斯坦国家银行，而加密货币的发行主体通常为私人主体。从国家发行货币主体的角度来看，加密货币不是本国的货币。具体而言，根据《塔吉克斯坦共和国银行法》第64条第1款的规定，法定货币具有法偿性，充当本国的结算工具和记账单位。该条规定赋予了法定货币在本国作为交换和结算工具、作为记账单位的唯一性和专有性。即便加密货币被一些人认为可作为交换和结算工具、记账单位，但一旦在本国将加密货币用于交换、结算、记账，将直接违反《塔吉克斯坦共和国银行法》的规定，侵犯国家的货币发行权力。同时，《塔吉克斯坦共和国银行法》第 30 条第 2 款明确规定了塔吉克斯坦国家银行应确保塔吉克斯坦共和国支付、清算和结算系统的有效和可靠运行，应引入结算和证券转让的新方法和技术。加密货币虽然因区块链技术和智能合约技术而在支付、清算和结算中具有一定优势，但这并不能成为其能够替代法定货币流通的理由。当然，塔吉克斯坦国家银行可以通过引入区块链等智能化技术提高法定货币支付、清算和结算系统的高效运行。

为了确保支付系统的可靠性，《塔吉克斯坦共和国银行法》赋予了塔吉克斯坦国家银行可以确定无现金结算的类型，以及批准用于塔吉克斯坦共和国境内无现金结算的付款凭证样式的权力。根据加密货币的功能，虽然其可以用于无现金结算，但在塔吉克斯坦国家银行未明确确定的情况下，用加密货币作为无现金结算类型的合法性存疑。再者，虽加密货币所具有的全天候高效流转性决定了其在跨境结算中具有优势，但《塔吉克斯坦共和国银行法》将确定本国货币与外汇结算程序的权力也授予塔吉克斯坦国家银行，由塔吉克斯坦国家银行通过监管立法的方式确定行使跨境资金转移的程序。

（2）塔吉克斯坦货币的发行量由法律确定，而加密货币的发行量通常由加密货币技术团队设计的程序予以控制和确定。《塔吉克斯坦共和国银行法》第 67 条明确了货币发行量的确定原则，即货币供给经济，如果国家经济发展对货币的需求提升，塔吉克斯坦国家银行必须在国家规定的货币量范围内为国家经济提供货币。而加密货币在发行时，通常会预留一定比例给研发团队，而后会按照一定的规则进行发行。发行数量虽然可以被设计成一定期间内的定量发行，但加密货币中除了比特币设置了数量上限外，其他几乎并无发行总量的限制。

（3）塔吉克斯坦国家银行有权监管加密货币。因为加密货币可能被用于洗钱和资助恐怖主义等违法犯罪行为，成为塔吉克斯坦政府关注的对象之一，而这也是塔吉克斯坦国家银行需要予以防范和打击的对象。根据《塔吉克斯坦共和国银行法》第 6 条第 3 款的规定，塔吉克斯坦国家银行的目标之一是反对将犯罪所得合法化和资助恐怖主义，塔吉克斯坦国家银行可依法采取必要行动，从而对信贷金融机构的活动进行监管。

四、塔吉克斯坦加密货币的法律规制及其对中国的启示

（一）塔吉克斯坦对加密货币进行法律规制的原因分析

虽然塔吉克斯坦国家银行对加密货币的风险进行了提示，并明确表示其不对基于加密货币交易的风险和损失承担责任，但是也并未明确禁止加密货币在塔吉克斯坦的发展。从塔吉克斯坦对区块链技术和加密货币的两种截然相反的态度也可看出，塔吉克斯坦对加密货币的监管并未停止。

1. 加密货币可被用于资助的恐怖主义领域是塔吉克斯坦政府严厉打击的对象

塔吉克斯坦注重本国的法治建设，通过独立之初颁布《塔吉克斯坦共和国宪法》以稳定国内秩序到陆续颁行国家基本法律，塔吉克斯坦的法治建设取得长足进步，这也是塔吉克斯坦能够保持政权稳定的重要原因。其中，《塔吉克斯坦共和国宪法》确定的意识形态多元化原则与国家的世俗性原则为国家保持稳定、抵御恐怖主义活动提供了来自国家最高法律的指引。《塔吉克斯坦共和国宪法》规定的意识形态多元化原则要求包括宗教在内的任何意识形态都不能上升为国家的意识形态，社会团体要在《塔吉克斯坦共和国宪法》和法律的范围内建立并活动；国家的世俗性原则则禁止以挑起种族、民族、社会和宗教冲突为目的的政治活动，禁止煽动暴力推翻宪法制度，禁止组织武装集团，禁止一切社会团体进行推翻宪法的活动。[29]可见，《塔吉克斯坦共和国宪法》对与恐怖主义相关的活动明令禁止。

塔吉克斯坦为了反恐而通过了允许执法机关监控居民网络的法案，并拟通过修改《塔吉克斯坦共和国侦查法》来将截获的信息用

---

〔29〕 参见倪正茂、李晶编著：《走向法治的塔吉克斯坦》，法律出版社2017年版，第75～90页。

作法庭证据以打击恐怖主义和极端主义活动。[30]近年来,塔吉克斯坦国内反恐形势较为严峻,而加密货币的出现和发展为塔吉克斯坦的反恐行动增添了难度。加密货币所具有的匿名性让资助恐怖主义活动变得更为隐蔽,加密的网络信息让塔吉克斯坦执法机关难以查获关于恐怖主义活动的信息。塔吉克斯坦总统拉赫蒙曾指出,要在独联体国家内部制定统一的恐怖主义和极端主义组织清单,因为恐怖主义、极端主义、各种形式的激进主义以及包括贩毒、网络犯罪在内的跨境有组织犯罪活动的规模正呈现出扩张趋势。[31]从这个角度看,塔吉克斯坦有禁止加密货币的动机,但是加密货币所带来的金融创新与所代表的技术发展同样具有吸引力。这可能是塔吉克斯坦采取"链币分离"策略背后的考量原因之一。

塔吉克斯坦与多国构建了反恐合作平台,在维护国家安全和区域安全上,反恐合作的国家之间可以就规制加密货币进行合作,避免恐怖分子和极端分子利用加密货币从事恐怖主义活动。尤其是加密货币的跨境流动属性使其在流出本国后难以被追踪,反恐国家之间已经就反恐进行合作,可以根据加密货币钱包地址进行定位,从而有助于追查跨境的恐怖主义活动。

2. 塔吉克斯坦政府对数字经济发展的积极追求

与塔吉克斯坦加密货币的发展相比,塔吉克斯坦政府为本国公民提供的电子支付服务相对落后,与实现数字经济社会仍有相当差距。塔吉克斯坦政府对数字支付保持长期的关注并与世界银行就数字经济领域进行合作。塔吉克斯坦数字经济的发展是循序渐进的。

2017年12月8日,塔吉克斯坦国家银行与国际支付系统、信贷机构合作举办了名为"迈向无现金经济"论坛,论坛上讨论了发展清算结算的重要议题和方式、使用电子和数字支付服务的安全问题

---

〔30〕 参见岳强:《塔吉克斯坦法治建设新进展(2016—2018)》,载《西伯利亚研究》2019年第4期。

〔31〕 参见周翰博:《塔吉克斯坦总统呼吁独联体国家共同制定统一的恐怖主义组织清单》,载 http://m.people.cn/n4/2020/1220/c23-14636743.html,最后访问日期:2023年3月20日。"Нацбанк Таджикистана разъяснил свою позицию по криптовалютам", available at https://rus.ozodi.org/a/28976882.html, last visited on Mar. 20, 2023.

及其监管。[32]

2018 年 12 月 6—7 日，塔吉克斯坦国家银行与世界银行集团/国际金融公司合作举办了名为"迈向无现金经济：创新－基础设施－包容"的国际合作论坛，塔吉克斯坦国家银行提出将发展整个支付系统视为优先事项，并以各种可能的方式促进清算结算的发展，包括使用电子支付手段支付货物和服务、无现金支付的增长、支付领域新技术的发展，提高公众对现代支付服务的认识和信任。[33]

2019 年 12 月 6 日，塔吉克斯坦国家银行主办了"现代支付技术及其在金融部门的使用"国际论坛。在该论坛上，塔吉克斯坦国家银行展示了信用机构在发展无现金支付方面的成就，而金融和银行部门首先对现代数字技术的创新作出反应并在日常活动中有效利用。[34]至此，塔吉克斯坦在数字经济建设上已经卓有成效，塔吉克斯坦总统拉赫蒙在 2019 年年底的议会会议上也强调了政府的任务之一就是扩展数字经济，为了尽可能早地将数字技术引入社会经济部门，政府还需要发展和实施数字经济的概念，并在此基础上制定数字经济发展中期计划。[35]

2020 年 2 月 5 日，塔吉克斯坦国家银行与世界银行举行的会议针对"塔吉克斯坦共和国数字家园"（Digital CASA in the Republic of Tajikistan）项目进行了探讨。塔吉克斯坦国家银行代表人指出要实现该项目来促进本国经济发展，创造数字基础设施，并为区域一体化创造有利条件，扩大互联网接入，提供健康竞争和创造新的就业

---

〔32〕 See Declaration Forum, "Towards a Cashless Economy", available at https://nbt. tj/en/news/459226/? sphrase_ id=71099, last visited on Mar. 20, 2023.

〔33〕 See "Heading Towards a Cashless Economy: Innovations－Infrastructure－Inclusion", available at https://nbt. tj/en/news/476750/? sphrase_ id=71099, last visited on Mar. 20, 2023.

〔34〕 See "International Forum Modern Payment Technologies and Their Use in the Financial Sector", available at https://nbt. tj/en/news/492073/? sphrase_ id=71099, last visited on Mar. 20, 2023.

〔35〕 See "Address by the President of the Republic of Tajikistan to the Parliament of the Republic of Tajikistan", available at http://ncl. tj/content/address－president－republic－tajikistan－parliament-republic-tajikistan, last visited on Mar. 20, 2023.

机会。[36]除了与世界银行合作外，塔吉克斯坦国家银行也注重与其他国家公司合作以吸引境外投资来促进本国数字经济的发展。[37]

塔吉克斯坦"为维护经济稳定，货币政策的重点是维护汇率和价格稳定、维护货币流动性和适度规模、完善支付体系，主要措施是降准、发行国债等"。[38]塔吉克斯坦关注区块链等新技术的发展，源于其对本国数字经济发展的高度关注，尤其是利用新技术来实现本国的数字支付，提高公民的无现金支付体验感。而促进公民无现金支付的实现并非依靠充满风险和不确定性的加密货币，而是利用包括加密货币底层技术在内的新技术来实现。从这个角度可以看出，塔吉克斯坦采取"链币分离"是有着深刻的国内经济发展需求的，因此在提出加密货币法律规制的对策时要考虑到塔吉克斯坦的国情背景。

根据《塔吉克斯坦共和国银行法》第30条的规定，塔吉克斯坦国家银行负责组织支付系统并要对此进行监督以确保塔吉克斯坦的支付、清算和结算系统有效和可靠运行。那么，直接利用新技术来发展本国的央行数字货币不失为走向数字经济的一条途径。此外，因为央行数字货币的数字性特点，其在调节货币发行量上相对纸币而言更有优势，而这可以成为塔吉克斯坦因本币的贬值而遭受通货膨胀压力[39]的一种解决思路。由中央银行负责发行的央行数字货币可以保护金融消费者权益，且由中央银行管控的央行数字货币能够成为追踪持币人使用情况的载体，有助于国家反恐行动的展开。同时，也可为了促进经济贸易低成本、高效率开展，"一带一路"共建

〔36〕 See "Meeting of Mr. Jamoliddin Nuraliev with the World Bank Mission", available at https://nbt. tj/en/news/494908/? sphrase_ id=71099, last visited on Mar. 20, 2023.

〔37〕 See "Visit of Serba Dinamik Holding Berhad Company Representatives to the National Bank of Tajikistan", available at https://nbt. tj/en/news/513386/? sphrase_ id=71099, last visited on Mar. 20, 2023.

〔38〕 参见张宁：《塔吉克斯坦主权债务可持续性及其对"一带一路"的影响分析》，载《北方论丛》2021年第1期。

〔39〕 See World Bank Group, "Cryptocurrencies and Blockchain: Europe and Central Asia Economic Update", available at https://openknowledge. worldbank. org/bitstream/handle/10986/29763/97814 64812996. pdf, last visited on Mar. 20, 2023.

国家可以利用亚投行平台构建"央行数字货币圈"，[40]满足跨境贸易对便捷、安全货币的需求。我国数字人民币已在试点运行，也在积极开展与其他国家、地区的"货币桥"项目，这有助于实现"央行数字货币圈"，共同进行反洗钱与反恐工作的合作。

（二）对中国的启示

不同国家对加密货币的监管态度各有不同，且会随着本国政策的变化而变化。塔吉克斯坦亦是如此，本文无法窥探加密货币在塔吉克斯坦发展的最终命运，但仍可从法律规制主体、法律规制对象和法律规制措施三个方面来探讨如何对加密货币进行法律规制。同时结合加密货币在我国的发展特点，分析塔吉克斯坦对加密货币的监管制度对我国的启示。

1. 加密货币监管机构的确定

塔吉克斯坦国家银行金融监管部门为加密货币法律规制主体。塔吉克斯坦国家银行对加密货币的担忧，主要是因为加密货币有被用于洗钱和资助恐怖主义等领域的风险，这不利于塔吉克斯坦反恐工作的顺利开展。隶属于塔吉克斯坦国家银行的金融监管部门的两项重要职责就是反洗钱与反恐，其将对加密货币的法律规制置于塔吉克斯坦国家银行金融监管部门的职责范围内。

塔吉克斯坦国家银行的金融监管部门会定期更新关于恐怖分子和极端分子的国家名单、国际名单和联合国名单，对恐怖主义活动进行长期监控，将加密货币的法律监管纳入其职责范围，可对使用加密货币资助恐怖主义活动进行监控。具体而言，塔吉克斯坦国家银行金融监管部门可在如下几个方面履行规制加密货币职责：其一，通过立法授予塔吉克斯坦国家银行金融监管部门一定的监控权。加密货币的匿名性与点对点支付特点使得在追踪加密货币的交易主体和交易事项上存在技术障碍，但通过监控居民网络信息和追踪加密货币的地址等方式仍有监控某些组织或个人利用加密货币从事恐怖主义等非法活动的可能。其二，塔吉克斯坦国家银行金融监管部门

---

〔40〕 参见李晶：《"一带一路"背景下数字人民币应用的特点、风险及法律应对》，载刘晓红主编：《"一带一路"法律研究》（第4卷），中国政法大学出版社2021年版，第364页。

要保持与世界银行等国际组织的合作，世界银行对加密货币的发展有着更为全面的了解，可为塔吉克斯坦国家银行金融监管部门提供相关规制建议，也能为塔吉克斯坦国家银行及时调整关于加密货币的政策提供经验。其三，塔吉克斯坦国家银行金融监管部门在监管加密货币的同时，可以对具有跨境支付天然属性的加密货币是如何进行支付以及如何跨境转移资金进行分析，以让塔吉克斯坦国家银行更好地履行《塔吉克斯坦共和国银行法》第 32 条规定的监管支付系统、跨境资金转账程序等职责。亦即，塔吉克斯坦国家银行金融监管部门作为规制加密货币的主体，监管加密货币是其履行职责的应有之义，同时，塔吉克斯坦国家银行在加密货币监管的过程中不断提高自身提供数字支付的能力。

从我国发布的监管文件及相关官方文件的内容和发布主体来看，其对加密货币的监管主要从两方面进行：一是加密货币不是法定货币，不能替代法定货币在市场上流通使用；二是加密货币有一定投资炒作风险，要规范其发行、交易等行为。这一点与塔吉克斯坦监管加密货币的目的存在一定交叉，但侧重点各不相同。对于加密货币的监管，中国人民银行是主要的监管主体，但除此之外，不同监管机构的职责范围导致对加密货币的监管呈现出多部门共同行使职权的现象。对于加密货币的监管，主要是为了实现"保护社会公众的财产权益，保障人民币的法定货币地位，防范洗钱风险，维护金融稳定"的监管目的。不同监管部门行使监管职权依据的是《中华人民共和国中国人民银行法》《中华人民共和国反洗钱法》《中华人民共和国商业银行法》《中华人民共和国电信条例》等法律规范，在法律明确授权的前提下，监管机构可以行使法定的职权。

在我国，有权监管加密货币的监管机构不止于此。除了上述监管机构外，还有中央网信办、市场监管总局等，依据的法律规范增加了《中华人民共和国证券法》《中华人民共和国网络安全法》《防范和处置非法集资条例》。从中不难看出，我国监管机构进行监管的目的是防范加密货币所带来的金融风险，维护金融秩序。在强监管态势下，加密货币行业在我国几乎已经"销声匿迹"，但这并不是在多监管部门分工合作监管下对加密货币的规范监管，而是加密货币行业不具备规范发展的法律条件。不过，多部门监管存在一定弊端。塔吉克斯坦国家银行金融监管部门作为监管加密货币的主要部门，可以较为集中地行使监管职权，如遇到涉及其他监管部门职权的，可以由塔吉克斯坦国家银行金融监管部门牵头，共同对加密货币进行监管。

2. 加密货币监管对象的确定

虽然加密货币具有匿名性，但是其交易往往通过特定的加密货币平台进行，塔吉克斯坦加密货币规制主体可以以加密货币平台为抓手。具体而言，可以分别从加密货币平台和加密货币平台用户两个角度进行规制。对于加密货币平台来说，因其涉及金融消费者权益，金融监管部门可以对加密货币平台的资质等进行限制，要求加密货币平台履行反洗钱与监测平台加密货币流向的义务，即要求加密货币平台承担更多注意义务。与金融监管部门相比，加密货币平台对平台上的用户和交易有着更直接的了解，可以对其中可能发生的异常交易情况进行监测，这也是加密货币平台保护消费者权益、遵守国家反洗钱与反恐等法律规范的具体体现。而对于加密货币平台用户来说，加密货币平台在提供服务时要求注册的用户进行实名认证，还可对提供特定服务的用户进行额外的授权要求，如提供地理位置、电话、银行账户等信息。

对此，我国也有将加密货币平台作为主要监管对象的相似规定。例如，《关于防范比特币风险的通知》将监管对象主要集中在金融机构、支付机构和比特币互联网站。对比特币互联网站采取的监管措施是要求其到国家电信管理机构备案，对金融机构和支付机构则是要求其不能从事与比特币相关的金融活动等。从事与加密货币业务相关的平台都可以认为是加密货币平台。《关于防范代币发行融资风险的公告》中也有类似规定，即代币融资交易平台、金融机构和非银行支付机构都要接受监管，都可认为是加密货币平台。故而，从事加密货币行业相关行为的平台都可以直接作为加密货币监管的对象，便于监管部门行使职权，从而保障公民财产安全和维护金融秩序稳定。

3. 加密货币监管措施的确定

对加密货币风险防范的一条有效途径是直接禁止加密货币用于非法领域。上文已提及，加密货币的持有者并非无迹可寻，其使用加密货币进行交易通常都要通过一定的加密货币平台，除了要求加密货币平台履行平台监管义务外，金融监管部门也可将区块链技术作为加密货币平台网络中的节点之一，以常态化监管加密货币相关活动。对加密货币可能会被用于非法领域的异常行为要及时进行预警并持续监测，以防止危害公共安全的事件发生。

金融监管部门在常态化监管加密货币过程中，对加密货币有更为直接的了解，并积累关于加密货币相关活动的监管经验，为本国非现金支付应用提供经验借鉴。具体而言，加密货币在支付过程中最突出的两大特点就是交易过程全网公开以及交易双方之间的匿名性。不过，因为加密货币依托的区块链技术通常需要记录每一笔交易，这使得交易速度相对缓慢，不能满足公众日常的支付需求。故而，在借鉴加密货币相关经验时，仍要确保中央银行的中心化地位，并利用区块链技术的可溯源、可追踪特点来确保交易的安全。

（本文责编：张继红）

The Legal Regulation of Cryptocurrency under the Background of Tajikistan's "Blockchain Currency Separation"

Li Jing

Abstract：Tajikistan began the "Blockchain and Cryptocurrency Separation", hoping to develop its digital economy through new technologies such as Blockchain, while holding a relatively conservative attitude towards cryptocurrency. Law of the Republic of Tajikistan on the National Bank Law of Tajikistan clearly stipulates the nature and form of national currency (legal tender). In terms of the characterization of cryptocurrency, it also refers to the relevant provisions of the law of the State Bank of Tajikistan, pointing out that cryptocurrency is not an exchange savings instrument and bookkeeping unit, and may be used for suspicious operations such as anti-money laundering and terrorist financing. Based on the goal of developing domestic digital economy, it is proposed that the regulation of Cryptocurrency in National Bank of Tajikistan can take the financial supervision department as the regulation subject, the Cryptocurrency platform as the regulation object, risk prevention, learning from Cryptocurrency payment experience, developing the digital currency of the central bank of the country, and Cryptocurrency regulation cooperation on the anti-terrorism platform as specific regulatory measures. At the same time, in view of the above regulatory measures, we propose enlightenment for China's regulation of Cryptocurrency, such as determining a regulator as the main regulatory authority, leading other relevant regulators to jointly supervise the Cryptocurrency industry; The Cryptocurrency platform is taken as the regulatory object to facilitate the supervision of regulatory agencies; Strengthening Cryptocurrency regulation cooperation with Tajikistan on counter-terrorism platforms.

Keywords: Blockchain; Cryptocurrency; Legal Regulation; Legal Tender; Law of the Republic of Tajikistan on the National Bank Law of Tajikistan

行政检察的法国模式

窦　凯[*]　韩冠宇[**]

摘　要：在法国的行政诉讼程序中，行政检察职能由从法院遴选出的政府特派员（Commissaire du gouvernement）履行，主要职责是协助法官查明真相的同时实现对行政诉讼的全过程监督。为回应在"凯尔斯诉法国案"（Kress v. France）中欧洲人权法院指出法国的行政检察制度可能违反"对席辩论原则"，法国修改了行政检察专员的职务名称，并细化了职能范围、程序适用等内容。从"政府特派员"到"公共报告员"，法国强化了行政检察的独立性和公共利益的价值追求。借鉴法国模式，我国行政检察工作应赋予检察机关参与行政诉讼的权力，提高行政检察工作质量，以正确发挥检察机关法律监督职能，驱动检察机关深度参与行政诉讼案件。

关键词：法国模式；政府特派员；行政检察；公共报告员

法国拿破仑时期，为在行政纠纷中提供参考性意见，特在检察处中创设特派员一职。法国通过具体的个案判决以及法律的修订对政府特派员在行政检察中的性质进行了准确界定，并结合不同阶段的司法环境和法律改革不断对特派员的性质定位进行适时调整，最终形成了由对国王负责向对公益负责的职能性质转型，通过赋予政府特派员独立地位和相应的职权义务，可以有效发挥对行政案件进行诉讼监督的职能。自此，政府特派员的选任、职能、程序权利和保障等都在行政检察制度中予以专门规定，从而确保行政检察兼具中立性及公益性。

---

　*　中国政法大学 2020 级博士研究生。研究方向：刑事诉讼法学、证据法学、司法文明。
　**　中国政法大学 2022 级博士研究生。研究方向：刑事诉讼法学、监察法学、证据法学。

法国行政检察制度的历次改革不仅关注到本国法学家对于权力理论的最新理解和制衡逻辑的阐述，更以司法实务当中产生的问题和质效作为考评标准，从而推动制度的变革，使政府特派员能够从预审阶段直至审判结束全过程参与行政案件的审理，以此达到对案件审理过程和审理结果的双重监督。政府特派员对申诉人诉求的关注和公众对于特派员意见的监督，可以最大限度地避免不同主体的权力滥用，保护公共法益不被侵犯，维护行政相对人的合法权利。

一、法国政府特派员制度的历史沿革

（一）起源：拿破仑的"检察处"

政府特派员制度最早可以追溯到法兰西第一帝国时期。拿破仑通过 1831 年 2 月 2 日与 3 月 12 日的两项皇家法令[1]于国家参事院（即日后的"最高行政法院"）内设立了"检察处"，对有争议的政府行政行为行使监督职能。此时法令中并未出现"政府特派员"一词，法律文本中只提及设立三名国家参事院审查官（requête du Conseil d'Etat），负责履行检察官职能。皇家法令第 2 条规定："国家参事院审查官在每季度伊始由内阁大臣、参事院主席进行任命，在每个案件中都应当听取其中一人之意见，并应为此目的向其披露案卷。"此时的法律尚未明确这些审查官的组织形式与职能性质，而对于法律尚未明确的事项，则是适用驻普通法院检察院的相关法律规定。事实上，设立检察处的目的就是在国家参事院内设立一个类似于司法法院的机构。这一立法目的在法令的序言中得以体现："在诉讼当事人受益于公开对席辩论的制度时，行政与公益诉讼中也应当设立与普通法院中相类似的辩护措施。"

1831 年法令中使用的"检察处"一词，在之后的法律文本中再未提及。在 1839 年 9 月 18 日的法令中，最高行政法院中行使检察官职能的审查官被称为"被指定履行国外特派员职能的审查官"，之后又通过 1845 年 7 月 19 日的法令更名为"向国王提供意见的国王

〔1〕 See François Burdeau, *Histoire du droit Administratif*, PUF, 1995, p. 93; Nicolas Rainaud, *Le Commissaire du Gouvernement près le Conseil d'Etat*, LGDJ, 1996, p. 87.

特派员",其负责在行政纠纷中向国王提供意见,国王根据其意见作出最终决定。

(二)设立与发展:"政府特派员"的正式确立

"政府特派员"一词首次使用是在法兰西第二共和国 1849 年 6 月 1 日的一项决议[2]之中。拿破仑三世复辟后,这一称谓在第二帝国时期继续沿用。至法兰西第三共和国时期,伴随着行政司法管辖权的独立,政府特派员制度通过 1872 年 5 月 24 日的法令正式确立于行政法律之中,其完成了从协助国家元首作出最终决定到行政诉讼重要参与者的转变。

然而,法国学界对于"政府特派员"这一术语的选择持否定态度,原因是这一名称与其所履行的职能完全不符。"政府特派员"并不代表政府,其与其他政府特派员,即那些存在于各行政部门之间的政府特派员存在本质上的区别。有学者建议称其为"法律特派员""合法性特派员"等。尽管这一称谓存在一定的误导性,但是最高行政法院并未进行更改,并于 1963 年的改革中拒绝了用"法律特派员"代替"政府特派员"的建议。因此,"政府特派员"一词沿用了百年,其间也造成了诸多混淆。

在政府特派员制度最初设立的近一百年时间里,政府特派员的权力职能基本上源于习惯,法律条文并未对其特征与运作机制作出明文规定。最初对于政府特派员权力职能的界定来自判例,在 1957 年 7 月 10 日关于"Gervaise 案"的判决中,法国最高行政法院对于政府特派员的职能进行了界定,包括"列出每个案件中需要判断的问题,并完全独立地公布其意见,其对案件的事实情况和适用的法律规则的评估(必须是公正的),以及根据其内心确信提出对提交给法院的诉讼争端解决方案的意见",在庭审后政府特派员还须参与法庭审议,并回答法官提出的问题。而在 1998 年 7 月 29 日关于"艾斯克拉丁案"(Affaire de Esclatine)的判决中,为了应对欧洲人权法院的质疑,法国最高行政法院对政府特派员的相关概念重新进行界

---

〔2〕 See Bruno Genevois, "L'arrêt Kress de la Cour européenne des droits de l'homme", *RF-DA*, Vol. 9, No. 10, 2001, p. 997.

定，明确指出"政府特派员在以对席辩论的方式进行的预审结束后公布其提出的意见，这一职能系其所在法院所赋予的司法职能，这一职能的行使不受适用于预审程序的对席原则之限制"。

由此可见，改革之前的法国政府特派员具有较强的独立性，其性质被界定为当事方之外的人（类似于法律顾问），不受对席辩论原则的制约，并被赋予参与法庭审议的权利，对判决的作出有一定的影响。法国政府特派员在身份上独立于诉讼当事人且直接影响法官判决的特点引发了欧洲人权法院的抨击，这也直接推动了之后的改革。

二、"双轨制"下法国行政检察制度运行的特色背景

（一）"双轨制"下法国行政法院的建构逻辑

法国法院司法体系实行特殊的"双轨制"，即普通法院与行政法院两大司法系统相互独立、并向运转。普通法院系统负责审理民事、刑事及其他专门领域的法律纠纷，行政法院则专门负责审理行政机关行使公共权力时与被治理的公民之间发生的诉讼纠纷。在法国大革命期间进行的司法体系改革中，司法机构不仅被禁止拥有宣布立法机关的法令无效的权力，而且被禁止拥有宣布行政法规无效的权力，甚至被禁止拥有对行政机关的错误行为予以纠正和救济的权力。[3]1790 年 8 月 16—24 日的法令规定："司法的职能是独立的，其必须永远与行政职能分离。法官不得以任何形式干涉行政机关的运作，否则便构成渎职。法官亦不得以行政人员的职务行为存在问题为由传唤其出庭。"

随着对行政行为进行司法监督的现实需求不断加大，法国设立了专门法官审理行政案件。最初的行政司法管辖体系是由行政机关内部的等级监督制度产生的，而后经过不断的发展，行政司法管辖体系逐渐独立于行政管理系统。在行政司法管辖体系中，最终判决由国家元首作出。在获得最高行政法院的意见之后，国家元首须作

---

〔3〕 参见［英］W·Ivor·詹宁斯：《法与宪法》，龚祥瑞、侯健译，生活·读书·新知三联书店 1997 年版，第 67 页。

出相应的决定。在最高行政法院内部很快便出现了一个诉讼部门，专门负责处理与行政机关有关的争议案件，而后该部门于 1848 年获得了真正的司法独立性，可以独自作出判决。随后，面对日益增长的行政案件数量，法国行政司法管辖体系逐渐完善：1953 年创设 35 个行政法院，1987 年创设 8 个行政上诉法院，除此之外还设有若干专门处理特定行政纠纷的法院。在法国最高行政法院内部，行政诉讼程序也逐步完善，并出现与普通法院相对应的行政司法级别，于 2000 年 3 月 4 日被编入《法国行政司法法典》之中。

法国行政法院体系建构的理论逻辑源于孟德斯鸠分权学说。孟德斯鸠认为，一切国家均存在三种权力，分别是制定法律的立法权、执行国家公益事项的行政权以及有关民刑法规事项裁决的司法权。他主张三项权力应当分开，如果司法权与行政权合二为一，则法官将握有压迫公民的力量，因此一个保持自由的政体必然是实行三权分立的政体。[4]正是在三权分立学说的影响下，从法国大革命时期开始，行政司法管辖体系便从普通司法管辖体系中抽离。

法国行政法院体系建构的实践逻辑则出于司法技术上的考量：首先，法国存在公法与私法两种不同的法律体系，其所调整的社会关系、所追求的目的各不相同，审理行政案件的法官往往是在私法之外的另一类公法专家。其次，行政法院的诉讼程序与民事、刑事诉讼程序有所不同，行政诉讼讲求一定效率，法官推进诉讼进行的主动权力较大。最后，行政法院对于法国法律具有突出贡献，行政法院的司法官由于具有行政与法律两方面的法学知识，在行政诉讼的判决中，通过判例形成了一些争议解决的专业规则，不仅适应行政上的需要，还能保障公民权益。法国行政法的主要原则很大程度上都来源于行政法院的判例，法国行政法院体系对于法国法律制度的发展意义重大。[5]

（二）行政检察视野下监督职能的运行

在行政司法管辖体系中，检察官同样发挥着重要作用，但由于

---

〔4〕 参见张翔：《国家权力配置的功能适当原则——以德国法为中心》，载《比较法研究》2018 年第 3 期。

〔5〕 参见王名扬：《法国行政法》，北京大学出版社 2007 年版，第 435 页。

法国行政诉讼制度的特殊性，检察官在行政诉讼中的地位也较为特殊。在普通司法管辖体系中，共和国检察官发挥着双重作用：在刑事司法体系内，检察官通过提起公诉代表社会利益；在民事司法体系中，检察官原则上是在裁判个人之间诉讼争端的法庭上为公共利益而发声。而在行政诉讼中情况有所不同，从结构上来看，行政诉讼争端针对的是行政机关的行政行为，而行政机关作出行政行为的目的便是谋求公共利益。公民自发地针对行政机关的公共服务提出异议，那么社会利益便已经由行政诉讼的公民一方代表，原则上不再需要由特定的检察官代表。而在法国，行政诉讼中的检察官是以"政府特派员"这一形式出现，其被赋予了一项极为特殊的职能，即为法律的利益而发声。

"政府特派员"〔现已更名为"公共报告员"（rapporteur public）〕，并非字面意义上的政府所派专员，而是在行政诉讼中履行检察职能的法院成员。政府特派员在法律地位上是独立的，其既不隶属于上级行政法院的政府特派员或司法部长，也不受行政机关的约束。被委托履行政府特派员职能的法院成员，其职责是就审判的问题及提出的判决方案公开且独立地表达自己的意见。不同于检察官在庭审一开始时便发言的模式，政府特派员是在庭审结束时在辩护律师发言之后才阐述自己的意见，并参与之后的判决审议环节。〔6〕而在行政法院行使刑事职能时，如在交通肇事的违警罪案件中，不同于检察官可以提起公诉，政府特派员不承担此项职能，而是由省长或其他负责保护相关公共领域的行政机关提起诉讼。

政府特派员的作用在法国的行政司法管辖体系中至关重要，并对欧盟法院产生了深远的影响。在欧盟法院中，政府特派员在一定程度上以总检察长的形式介入行政诉讼程序，并参与法院合议工作。然而，法国政府特派员的特殊性引起了欧洲人权法院的质疑。欧洲人权法院认为法国政府特派员介入诉讼的模式违反了对席辩论原则，

〔6〕 See Mme Nathalie Tiger-Winterhalter et M. Frédéric Cheylan, "Lors de l'audience Solennelle de Rentrée du Tribunal", available at http://www.conseil-etat.fr/ta/caen/index_ta_ac.shtml, last visited on Jan. 23, 2006.

背离了"诉讼表见理论"（théorie de l'apparence），违反了《欧洲人权公约》所规定的公平审判原则。随后，欧洲人权法院通过"莱因哈特案"（Affaire de Reinhardt）、"凯尔斯诉法国案"（Kress v. France）等案件，抨击了法国政府特派员制度。面对欧洲人权法院的质疑，《法国行政司法法典》进行了一定程度的修改，并将政府特派员更名为"公共报告员"，削弱了其参与法庭审议的职能，法国政府特派员制度遂得以完善。

三、政府特派员的选任及职责

（一）政府特派员的选任与构成

法国政府特派员在行政法院、行政上诉法院、最高行政法院以及权限裁定法院（le Tribunal des conflits）中皆有设立。

在最高行政法院中，政府特派员由最高行政法院副院长根据行政诉讼管辖部（section du contentieux）部长的建议进行任命，其总任职期间不得超过7年，但在有必须完成的公共服务时，最高行政法院的政府特派员可以通过最高行政法院副院长下令延长其任期，延长期限不得超过6个月。[7]在行政法院和行政上诉法院中，根据各法院的需要，由最高行政法院副院长根据各法院院长的建议并经由行政法院和行政上诉法院高级委员会批准后发布命令，责成一名或多名首席法官或法官履行政府特派员职责。如果行政法院存在运作需要，担任政府特派员的首席法官或法官可以在其没有被要求提出意见的案件中担任政府特派员。[8]

在权限裁定法院中，由最高行政法院全体会议在政府特派员中选出两名最高行政法院成员，以及由总检察长高级检察官全体会议从他们当中选出两名最高法院总检察长的成员，责成其承担政府特派员的职能。权限裁定法院的政府特派员的任期为3年，并可连任两次，其职责是公开且独立地就与权限裁定法院待决案件有关的问题发表意见。

---

〔7〕《法国行政司法法典》第 R. 122-5 条。
〔8〕《法国行政司法法典》第 R. 222-23 条。

除此之外，在 2008 年改革之前，地方财务部门也设有"政府特派员"，负责履行检察院的监督职能。2008 年改革之前的《法国金融法院法典》第 L. 212-10 条规定："每个地方财务部门应包括一名或多名从地方财务部门中选出的政府特派员，他们负责履行检察院的职能，是驻审计法院总检察长的通讯员。"如今，这些检察官被称为"金融检察官"。驻金融法院检察官与驻法院检察官的地位相同，且可以要求执行法律所规定的罚金，对于其判决亦可提出上诉。

（二）政府特派员在行政诉讼程序中的职责

若要正确理解政府特派员所履行职能的性质与重要意义，需从法国行政诉讼的制度框架入手。法国行政诉讼程序从起诉开始，经过预审进入公开庭审，最终由合议庭作出判决，行政诉讼程序结束。其中预审阶段是指在正式开庭审理前，由预审法官认真阅读案卷，进行调查研究，查明案件事实情况和法律问题的重要环节。而政府特派员便从预审阶段开始介入行政诉讼程序履行其职责，就案件的事实问题和法律问题进行全面审查，提出自己的解决方案。法国政府特派员的职责主要体现在两个方面：一是技术与程序上的职责，二是学术与理论上的职责。

1. 政府特派员在技术与程序上的职责

首先是政府特派员的内部行政职责。政府特派员须根据行政法院与行政上诉法院院长的决定，为每次开庭准备人员名单，并要起草一份清单，清单上列明就合议庭审理的案件要向法庭及行政纠纷管辖部提出的问题。这些文件须在庭审会议前一周内发送至参与庭审的成员处。

其次是更为重要的参与预审会议职责。政府特派员应根据法官报告员（juge rapporteur）已经审查的案卷发表自己的意见。在最高行政法院的行政诉讼程序中，送达法院诉讼档案保管室的案卷会首先分配给各下属部门进行预审。在每个下属部门中，这些案卷会由部门主任委派给一名法官报告员进行审查。在法官报告员对该案卷审查完毕并拟备一份说明及一项判决草案后，该案卷交由一名复审员（通常是该下属部门主任）或几名陪审员进行审查。之后将举行一次预审会议，针对法官报告员起草的判决草案内容进行讨论。此时政府特派员须介入发言。政府特派员应在此时出席预审会议并取得案卷，以便进行平行审查。在对案卷进行平行审查之后，政府特派员须提出一个完全独立的解决方案。依照惯例，如果政府特派员计划提出一个与法官报告员设想的不同的解决方案，其须申请举行新的预审会议，在会上讨论其提出的新解决方案。在预审会议结束时，法官报告员的记录将被固定下来，政府特派员则可以按照其认为合适的方式起草其解决方案。

再次是参与公开庭审的职责。在公开庭审中，政府特派员发挥了重要的作用。在行政案件的公开庭审中，法官报告员一般只负责宣读预审报告中的事项、双方论点摘要（visas）以及预审的调查和分析。而在公开庭审中，律师一般很少出席庭审，合议庭只能依靠其提供的书面材料进行审判。在当事人双方交换材料后，对席辩论程序结束，此时由政府特派员对自己作出的意见（conclusions）进行公开陈述。由此可见，政府特派员在行政案件的公开庭审中，主要扮演了意见陈述者的角色。在行政案件的庭审中，无论是判决合议庭、行政纠纷管辖部还是最高行政法院全体会议，都是由没有参与案件预审、对案件事实不了解的成员组成。政府特派员陈述的意见，起到告知审判案件的案件事实与情况、追溯最高行政法院之前的相似判例、指出适用于该案件的法律文本以及任何适合的法律规则的重要作用。正如著名法学家古里安教授（Guillien）所言，政府特派员的基本任务是将案件置于现有已决案件的框架体系之中，即"将该案件置于既定的司法框架内进行归类研究"。政府特派员向法院提出在其看来最符合法律规定的解决方案。[9]

最后是参与法庭合议的职责。在没有其他内容需要补充的情况下，公开庭审结束，法庭进入合议阶段。在传统意义上，政府特派员会出席这次合议，其很少主动发言，但有时会被合议庭庭长要求释明其提出意见中的一个或多个问题，政府特派员须对其进行回答。

---

〔9〕 See Eric Desmons, "La Rhétorique des Commissaires du Gouvernement près le Conseil d'État", *Droit*, Vol. 2, No. 36, 2002, pp. 39-56.

在任何情况下，政府特派员仅具有在合议阶段应法院院长要求发表意见的职能，但不具备表决权。随后，法官报告员根据合议结论起草最终判决方案。政府特派员不参加投票表决并不意味着其不履行司法职能，这是对于法院独立性的一种保障。由于政府特派员已经公开表达过自己的意见，其不能参与投票表决，这也是对法国司法传统中的秘密合议制度的一种保护。

2. 政府特派员在学术理论层面的职责

政府特派员的意见在学术理论层面具有很高的价值，这也是政府特派员这一特殊职务经久不衰且行政机关与学术界都对其极为重视的重要原因。

一方面，政府特派员对案件的审查在行政法院内部引入了实质意义上的辩论。除了由法官报告员、复审员以及预审部门的成员进行的常规审查，进而在公开庭审结束时由合议庭成员进行的审查之外，政府特派员的职能是在预审程序中提出一个平行的论点，与行政法庭法官报告员、复审员的观点形成对立关系。检察官的公诉状（conclusions）的缺失是行政诉讼程序的一大缺憾，这一对立论点的提出起到替代检察官起诉状的作用。[10] 政府特派员的审查具有独立性，独立介入诉讼程序是政府特派员的根本职能。虽然政府特派员并不会系统地反对法官报告员提出的解决方案（政府特派员与法官报告员之间存在合作关系，一名政府特派员通常会与三名法官报告员共同处理原始案卷），但是一名渴望在机关内部展现其价值或能力的政府特派员，必然会致力于提出具有独创性的意见。此外，政府特派员必须公开介入庭审程序，既要在作为其同事的法院其他成员面前，也要在当事人面前进行公开介入。政府特派员的这一职能在行政法庭上更为重要，因为在行政法庭上复审员无权介入公开庭审程序，政府特派员的出庭在形式上可以与法官报告员形成辩论关系。

另一方面，政府特派员提出的意见在行政法院判例的发展之中

---

[10] See Ami Barav, "Le Commissaire du Gouvernement près le Conseil d'Etat Français et L'avocat Général Près la Cour de Justice des Communautés Européennes", *Internationale de Droit Comparé*, Vol. 26, No. 4, 1974, pp. 809-826.

具有相当的分量。政府特派员一般都是资深的法学家，他们在研究了案卷、检查了现有的案例和所有适用的法律文本和规则之后，所发表的意见都较为权威。由于政府特派员在每个案件中的工作都是科学严谨的，因此政府特派员的分析、论点以及其所建议的解决方案在法庭合议中都具有很大的分量。此外，政府特派员提出的意见还将被公开宣读，其中最重要的意见在实践中还往往会被公布。这一额外要求往往会使政府特派员在提出意见时采取最为谨慎的做法。更重要的是，法国法院起草判决尤其是行政法院的判决，是以司法三段论的形式为基础的，而并不强调法官的解释作用。行政法官往往会提出有法律依据的解决方案，但没有说明其在解释时适用的法律条文或确定案件事实所使用的方法。有鉴于此，政府特派员作出的意见采取了对判决进行真实评论的形式，无论政府特派员作出的意见是否与法官判决相一致，这些意见都使人们有可能了解法官在作出判决时向政府特派员提出了哪些问题。因此，政府特派员的意见为当事人提供了重要的信息，为理论学界提供了研讨的素材，并为判例的发展做出了贡献。

四、政府特派员的核心职能

在法国的行政诉讼程序中，行政检察职能由政府特派员履行。政府特派员独立履行其职能，不受任何行政机关的干涉。在行政诉讼制度中，政府特派员仅代表法律的利益而发声，因此其权力极为有限，仅能通过行使向法院提出个人意见的权力履行其检察职能。然而，政府特派员这一权力对于法国行政诉讼制度至关重要。政府特派员的意见包含对行政案件的说理性分析、对判例的归纳总结以及全面具体的建议性结论，可以帮助行政法官更好地审理领域繁多、法律规范庞杂的行政案件。在 2009 年法国政府特派员制度改革后，为了保障行政诉讼中当事人获得公平审判权利，法律为政府特派员规定了一项专门义务，即政府特派员有义务在公开庭审前告知各方当事人向法院提出意见的内容，若违反该项义务，则会导致程序出现错误，行政判决可能面临被撤销的风险。

（一）政府特派员制度的适用范围

政府特派员的主要职能是在完全独立的情况下，向其所属的判决合议庭（formation de jugement）提出解决方案，以解决后者需要裁决的有争议的案件。对此，《法国行政司法法典》第 L.7 条有明确规定："被委托履行政府特派员职能的法院成员，应就诉讼中要审判的问题及其所要求的解决方案公开且独立地表达自己的意见。"因此，原则上政府特派员在所有行政诉讼程序中都应当介入，为法官提供自己的意见。然而，《法国行政司法法典》明确规定了在没有政府特派员陈述意见的情况下，由行政法院独立进行审判。

首先，出于速度与效率的考量，在行政诉讼的快速简易程序（juger en référé）中政府特派员不得陈述其意见。《法国行政司法法典》第 L.522-1 条规定，在快速简易程序中，法官应在书面或口头对席辩论程序后独立作出判决，除非案件被退回集体合议庭进行审议，庭审应当在没有政府特派员陈述意见的情况下进行。

其次，关于驱逐令的诉讼等重要的行政纠纷也不适用政府特派员制度。《法国行政司法法典》第 L.776-1 条规定，行政法院在审查针对强制离开法国领土、禁止在法国居留、禁止返回法国领土以及限制在法国领土上行动的禁令的撤销审上诉案件时，政府特派员不得介入行政诉讼程序。

最后，在司法实践中，由行政法院院长亲自审理判决的案件一般也不适用政府特派员制度。鉴于目前行政案件数量越发增多，政府特派员的压力越来越大，最高行政法院倾向于将政府特派员必须介入的案件限于案情疑难复杂的案件，以节约诉讼资源。

（二）政府特派员的权利

在行政检察职能上，政府特派员的权力极为受限。政府特派员无权在行政法院内启动诉讼程序，也不享有对案件的预审权，甚至不得对行政法院的判决提起上诉。[11]法国政府特派员主要是通过行使向行政法院提出自己的意见的权力来履行行政检察职能。行政案

---

〔11〕 参见施鹏鹏：《法国检察官的职权》，载《人民检察》2007 年第 17 期。

件涉及的领域繁多，而政府特派员一般由各领域的法学专家组成，他们对于相关领域的法律规范更为了解，可以提供更加专业的意见。政府特派员的意见一般包括三个部分：案件的说理性分析、以往判例的归纳总结以及最后得出的建议性结论。通过这三部分内容，行政法官可以更为全面地对案件进行了解与分析，最终作出更为合理的判决。

1. 案情的说理性分析

政府特派员的意见书不能仅提供最终结论，还应当具备一定的说理性，根据申诉人提出的诉求一一进行分析阐述。行政法院审理的案件涉及公共卫生、环境、城乡规划、公共设施、能源、选举等诸多与公共利益相关的领域，因此行政案件往往不仅涉及《法国行政司法法典》的内容，还涉及《法国环境法典》《法国公共卫生法典》等其他法律，而负责审理行政案件的法官不可能完全掌握所有法律法规，这时政府特派员的意见就尤为重要。

例如在"博比耶公司诉普伊-多姆省省长案"中，博比耶公司请求行政法院撤销关于在该公司所拥有的垃圾填埋场的场地上设立公共设施地役权的省长命令，并为支持这一请求提出了省长命令的作出存在程序性错误以及设立地役权的合法性存在问题两点抗辩理由。对此，政府特派员的意见书中对于申诉人提出的诉求进行详细分析，认为"省长命令存在程序上的漏洞，违背《法国宪法》第5条规定，未在发布命令前进行公示；同时违反《法国环境法典》第515-31-2条的规定，未与相关地块业主和博比耶公司的清算人进行协商，因此应当以程序非法为由撤销省长命令"。[12]

由此可见，政府特派员的意见书需要满足一定的说理性条件，须对申请人的诉求进行详细分析，其所提意见的内容应与最终判决所需的要素相对应，并将相关法律的规定进行列举，以协助各方当事人能够了解案情中的决定性要素，为合议庭作出判决提供参考。

---

〔12〕 CE, Sect. 2 Septembre 2015, SA ETABLISSEMENT BOURBIE et M. et Mme Claude BOURBIE, No. 1400041.

2. 对过往判例的归纳总结

法国行政诉讼适用特殊的判例制度。判例在法国行政法中起到重要作用，主要原因在于行政案件差别很大，行政事项极为繁多复杂，行政法官经常会遇到无法可依的情况，不得不在判决中决定案件所依据的原则，从而使行政法的一些重要原则如比例原则、合理行政原则等通过行政判例产生。判例中的原则有的已被成文法接受，有的至今仍然处于判例状态。法国最高行政法院的判决，逐月逐年公开发表，供学术界讨论和研究。最高行政法院作出的判决，不会轻易改变，下级法院以后遇到同类情况时，也会采用最高行政法院的观点。对此，政府特派员对于行政判例起到重要作用。政府特派员在其意见书内会将以往的判例进行梳理归类，结合判例向合议庭提出意见，为行政法官作出判决提供良好的参照，也为理论学界的研究提供重要依据。[13]

因此，政府特派员在行使向法院提出自己意见的权力时，除了须对目前的案件进行说理性分析之外，还会对过去的判例进行归纳总结，提炼出各行政法院在处理类似案件时所依据的观点，并援引最高行政法院的权威论述，这对于法国判例的发展具有重要意义。目前我国最高人民检察院也在进行行政检察指导性案例的相关实践，旨在加强类案监督工作，归纳提炼行政检察类案监督的类型、方式以及办案规则。法国政府特派员向行政法院合议庭提供意见，并在意见书中归纳、提炼、总结过往判例和权威观点的工作，对我国加强行政检察类案监督工作具有很大的借鉴价值。

3. 得出建议性结论

在对案件进行说理性分析并归纳提炼过往判例之后，政府特派员应当向合议庭提供具体的建议性结论。政府特派员提供的建议性结论应当满足具体性与全面性两大条件。

---

〔13〕 在 2016 年 11 月 22 日的"E 先生诉法国预算部长案"中，E 先生对于预算部长拨发给他的经济援助数额不满，遂请求行政法院撤销预算部长的这一决定。在本案中，政府特派员归纳提炼了过去行政法院审理的诸多案例，包括 2012 年 6 月 5 日里昂行政法院以及 2014 年 1 月 30 日南特行政法院审理的两个类似案例，并阐述了最高行政法院之前提出的观点，最终提出相关意见。CE, 22 Novembre 2016, Mme Jaffré, No. 1500438.

首先，政府特派员有责任具体详细地提供针对申诉人主要诉求的意见。例如，在申诉人申请行政赔偿的案件中，最高行政法院便要求政府特派员准确地指出他是否打算全部或部分地批准申诉人的请求，并具体说明他建议的赔偿金额，而不能仅仅表示为"全部或部分满足"申诉人的请求。[14]同样，最高行政法院确认，政府特派员不能简单地得出结论，认为一项行政决定应被部分撤销，而不准确界定拟议撤销决定的界限。[15]如果政府特派员得出结论，一项行政决定应被部分撤销，他必须具体说明该决定应被撤销的程度，如指出撤销所涉及的决定主文部分的条款。[16]一般而言，意见书的内容必须和最终判决的主文部分一样精确，而且必须在各方面与判决主文部分的要素相对应。

其次，政府特派员应当针对申诉人的所有诉求提供全面的意见，既包括针对申诉人的主要诉求提出的意见，也包括针对申诉人的附加性诉求提出的意见，还包括提请行政法官行使自身权力的意见。最高行政法院认为，政府特派员的意见书的内容应包括"对申诉人附带性诉求的拟议回应，如要求第三人参加诉讼、作出强制性禁令或支付逾期罚款的意见，以及在建议审判合议庭应行使其自身权力上，为是否命令提供专家意见、将案件移交另一法院甚至对诉讼程序错误作出处罚向法官提供意见"。[17]

行政诉讼与其他诉讼相同，在细节中藏有魔鬼。政府特派员意见书暗藏诸多微妙之处，要求政府特派员提供全面且具体的意见书，有利于法官对于拟议案件作出全面公正的判决，也有利于在政府特派员向各方当事人告知意见书的内容后，各当事方及其律师从中可以找出新的诉讼论点。

（三）政府特派员的义务

政府特派员的主要义务便是向当事人告知其向法院提交的意见

---

〔14〕 CE, 5 Octobre 2016, Société Carilis, n°389197；confirmé par：CE, 28 mars 2019, No. 415103；v. déjà：CAA Marseille, 16 Octobre 2014, La Poste, No. 13MA01075.

〔15〕 CE, Sect. 5 Décembre 2014, Commune de Scionzier, No. 359769.

〔16〕 CAA Marseille, 14 Avril 2014, Société Stratis, No. 11MA03534.

〔17〕 CE, 20 Octobre 2014, Commune de Rueil-Malmaison, No. 371493.

书的内容。2009 年 1 月 7 日，第 2009-14 号法令正式规定了政府特派员（现为"公共报告员"）有义务将其意见书的"内容"（sens）告知当事人，这在很大程度上重新定义了政府特派员在行政法院的作用。这一义务源于《法国行政司法法典》第 R.711-3 条的新规定，该条规定"如果案件的判决是在政府特派员的意见发表后作出的，在举行公开庭审之前，应当让当事人或其法定代表人有机会了解这些意见中涉及他们的案件的内容"。政府特派员向当事人告知其意见的内容从起初的仅是实践中的一种"良好做法"，最终演变成为一项正式的具有法律约束力的程序性义务，若违反这一义务可能会导致判决被撤销。近年来，法国行政法院作出的数十项判决均以此为由被撤销。

而有关政府特派员告知其意见内容的范围，一直以来存在不同的观点。直至 2013 年 6 月 21 日的"诉马提格斯省的社区团体案"，最高行政法院在该案件的判决中明确界定了政府特派员应告知当事方其意见书内容的具体范围。

1. 让当事人各方在公开庭审前有效知悉所提意见的义务

让当事人各方在公开庭审前有效知悉所提意见的义务，意味着政府特派员不仅有让当事人各方知悉意见内容的义务，还需要履行告知当事人各方的义务，如果发现各方当事人在庭审开始前没有被告知政府特派员意见的内容，有关判决将被撤销。

随着法国司法数字化改革的不断发展，目前政府特派员在作出意见后会将其公布于行政法院开发的"萨格斯"（Sagace）计算机系统中，当事人各方可以进入系统内查看该意见书。然而，在司法实践中，告知当事人查看政府特派员意见的义务往往会被忽视。例如在 2011 年的"让·马塞尔中心医院案"中，政府特派员未履行告知义务，案件的当事人之一未能收到查看"萨格斯"上政府特派员意见的密码，造成其"无法通过电子手段了解政府特派员意见内容"的事实。[18] 最高行政法院认为，在一个案件中，若申诉人及其法定

---

〔18〕 CE, 2 Février 2011, Centre hospitalier Jean Marcel, No. 330642.

代表人没有得到保密代码，也无法进入"萨格斯"计算机系统，那么尽管政府特派员已经公布了意见书的具体内容，且庭审通知中也提到可以咨询这些意见书的内容，但依然应当视为政府特派员并未履行《法国行政司法法典》第 R. 711-3 条规定的义务。[19]此外，最高行政法院还认为，在一个案件中，由于申诉人实质上无法查阅"萨格斯"网站，其以书面形式要求了解意见书的具体内容，但没有收到任何答复，这一义务依然未被履行。尽管政府特派员的意见书已在网上公布，但最高行政法院依然认为，在这些特定情况下，申诉人无法了解意见书的内容，行政法院所作的判决应当被撤销。[20]因此，政府特派员仅在"萨格斯"上公布意见书是不够的，还必须保证申诉人能够有效知晓这些意见书的内容，实践中一般通过在"萨格斯"上提交申请书、电子邮件或邮寄予以告知。

2. 在庭审前的"合理时间"内告知所提意见内容的义务

为了使对政府特派员所提意见的具体内容有效告知当事人，最高行政法院不仅要求在"庭审之前"进行告知，而且要在庭审之前的合理时间内告知。[21]换言之，政府特派员只在庭审之前公布其在"萨格斯"系统上发布的意见书内容，并不足以被认为已经履行了告知义务。政府特派员有责任在一定的时间框架内这样做，以便各方能够有效地评估在参与公开庭审时所能获得的胜诉机会，并在适当时提出口头意见。

对判例的研究表明，政府特派员所提意见必须在不晚于公开庭审前 24 小时传达至当事人。在 2014 年 9 月 29 日的"诉法国国家铁路公司案"中，最高行政法院明确表示，政府特派员在公开庭审前"近 24 小时"向各方当事人表明其意见书的具体内容，属于在合理时间内履行告知义务。[22]而与之相反，在"诉奥内市市政府案"

---

〔19〕 CE, 8 Avril 2013, Ministre de l'économie et des finances, No. 351136.

〔20〕 CE, 6 Mai 2011, élection des assesseurs du tribunal paritaire des baux ruraux de Morlaix, No. 339627.

〔21〕 CE, Sect. 21 Juin 2013, Communauté d'agglomération du Pays de Martigues, No. 352427, précité.

〔22〕 CE, 29 Septembre 2014, SNCF, No. 365922.

中，原定于上午 9：30 的庭审的前一日晚 7：15，即开庭前不到 15 个小时，各方当事人才被告知意见书的具体内容，法院认为这一告知义务未被履行。[23]

综合各判例的内容，司法实践中普遍认为庭审前告知所提意见具体内容的义务的合理时间应当为不晚于开庭前 24 小时。

3. 告知计划向法院提出的解决方案主文部分的全部内容的义务

政府特派员向当事方告知其所提意见的内容及明确程度无疑是最为棘手的问题。这一点也引发了法国学界激烈争论。这一问题的核心在于，"意见书的内容"这一概念是否只包括意见书的主文部分，还是可以延伸至说理部分。在 2009 年 1 月 7 日的一份备忘录中，最高行政法院副院长认为："意见书的内容这一概念应理解为不仅是指政府特派员将建议法院通过的解决方案的主文部分，而且还包括政府特派员所认为的应成为这一解决方案的基础的主要说理性内容的相关说明。"[24]

然而，最高行政法院在"诉马提格斯省的社区团体案"的判决中所采取的最终解决方案里并未采纳这种观点。最高行政法院认为，当事方只应被告知"政府特派员计划建议法院的解决方案主文部分的所有内容"。[25]最高行政法院补充道，"只有当政府特派员提议法院拒绝申诉人的请求时，政府特派员才应当向其说明理由，并具体说明是基于申诉的可受理性理由还是实质性理由作出的意见书。"换言之，政府特派员没有义务在其认同申诉人诉求的情况下具体说明他计划向法院提出的解决方案所依据的理由。

五、法国政府特派员制度的新近发展

（一）欧洲人权法院对政府特派员制度的总体看法

法国被誉为行政法的"母国"，包括政府特派员等行政诉讼制度

---

〔23〕 CE, 9 Avril 2014, Commune d'Auxonne, No. 364326.

〔24〕 CAA Nantes, 14 Décembre 2012, Association EPAL, No. 11NT02797.

〔25〕 CE, Sect. 21 Juin 2013, Communauté d'agglomération du Pays de Martigues, No. 352427, précité.

被欧洲各国纷纷效仿，其中便有其邻国比利时，欧洲人权法院对政府特派员制度的质疑与抨击也始于比利时的一个案件。欧洲人权法院1991年10月30日对"博埃尔诉比利时案"（Borgers v. Belgium）[26]作出了判决。其中的争议点是比利时检察官的介入方式，该检察官作为比利时最高法院的司法官独立行事，其介入模式与政府特派员的介入模式非常相似：其在庭审中最后发言，各方当事人不能对他进行提问，其最终参加合议。欧洲人权法院认为这违反了《欧洲人权公约》第6-1条规定的在公平获得审判权方面所保护的权利平等原则，并认为检察官介入案件合议环节违背了"诉讼表见理论"。[27]欧洲人权法院并不质疑检察院的独立性，但其认为检察官在客观上参与公开庭审并在庭审结束前公开发表自己的意见，便会自然而然地支持诉讼当事人一方的主张，而未获得检察官主张的另一方当事人面对检察官发表意见后与法官共同进行合议的情况，便自然会认为检察官对最终合议产生于己不利的影响，造成庭审存在不公正的感觉。因此，欧洲人权法院根据"诉讼表见理论"认为比利时检察官介入行政诉讼程序的模式违反了《欧洲人权公约》规定的公平审判原则。面对欧洲人权法院的这一判例，与比利时这一制度高度相似的法国政府特派员制度亦可以同样理由遭受批判，这也引发了法国对政府特派员的作用和介入模式的思考。

面对欧洲人权法院的质疑，法国于1998年7月29日的"艾斯克拉丁案"中重申了自己的观点，再次对政府特派员的职权进行界定，意图对政府特派员制度的合理性进行辩解。法国最高行政法院认为："根据确保各方当事人在法院面前平等进行对席辩论的诉讼原则，必须向每一方当事人披露案件案卷中的所有文件，在必要时可

---

〔26〕 cf. notamment, CEDH, plénière, 30 Octobre 1991, Borgers c/Belgique, préc.

〔27〕 参见《欧洲人权公约》第6-1条规定，在决定某人的公民权利和义务或者在决定对某人确定任何刑事罪名时，任何人有理由在合理的时间内受到依法设立的独立而公正的法院的公平且公开的审讯。判决应当公开宣布。但是，基于对民主社会中的道德、公共秩序或者国家安全的利益，以及对民主社会中的少年的利益或者是保护当事人的私生活权利的考虑，或者是法院认为，在特殊情况下，如果公开审讯将损害公平利益的话，可以拒绝记者和公众参与旁听全部或者部分审讯。

以依职权进行披露；这些规则适用于在法院指导下进行的整个审判程序。然而，政府特派员的使命是陈述每一项争议诉讼所提出的问题，并以完全独立的方式提出其意见，对案件的事实情况和适用的法律规则作出公正的评价，并就提交给他所属法院的诉讼争议所需的解决方案发表意见，在对席辩论结束后提出自己意见；其参与了其所在的法院的审判合议，这一职能的行使并不受到适用于审判程序的对席原则的制约。因此，政府特派员作出的意见不需要事先传达给各方当事人，也不需要向当事人作出答复。"〔28〕欧盟法院对于法国最高行政法院的观点表示赞同，其认为政府特派员并非单纯的法学专家，专家意见必须经过当事人各方的对席辩论，但政府特派员是法院的成员，仅站在法院一方，履行其协助法院解决案件纠纷的职能。

（二）欧洲人权法院对法国的谴责及法国的反馈

面对法国对于自身观点的坚持及欧盟法院的态度，欧洲人权法院在 2001 年 6 月 7 日的判决中对法国进行了有效谴责，即"凯尔斯诉法国案"〔29〕：一方面，欧洲人权法院认为，政府特派员提出的意见必须经过对席辩论，且应当提前告知各方当事人政府特派员作出的意见；另一方面，政府特派员参与审判合议，违反了"诉讼表见理论"，侵犯当事人获得公平审判的权利。

面对欧洲人权法院的第一点质疑，法国迅速作出了回应。在 2002 年 7 月 12 日的"勒利留案"（Affaire de Leniau）中，最高行政法院指出，当事人可以在听取政府特派员作出的意见后，向法院提交"合议说明"（note en délibéré），法院应当予以回应。然而，这一要求赋予在政府特派员意见提出后向法院提交合议说明的当事人开放性权利，在很长一段时间都未形成任何法律规定，仅在判例中有所涉及。对此，欧洲人权法院于 2002 年在判例中明确要求法国必须重视当事方这一权利。

---

〔28〕 CE, 29 Juillet 1998, Laure Esclatine, req. nos 179635 et 180208; D. 1999, Jurisprudence, pp. 85-89.

〔29〕 CEDH, Grande Ch., 7 Juin 2001, Kress c/ France, préc., § 81.

而对于第二点质疑，法国采取防守型观点，认为所谓的"诉讼表见理论"并不能使人信服，而是应当"核实诉讼当事人所假定的审判不公正的担忧是否客观合理"。关于政府特派员参加审议的问题，法国用尽各种方法保留了这一点：首先，最高行政法院行政诉讼管辖部部长起草了一份备忘录（2001 年 11 月 23 日），在备忘录中其以欧洲人权法院判决的主文部分为依据，认为欧洲人权法院的判例并未禁止政府特派员出席审议，而是禁止其参与审议。诉讼争议司司长得出的结论是，政府特派员可以继续以沉默证人的身份参加审议。而负责监督法院判决执行情况的欧洲法院专门委员会在其答复中认为，"凯尔斯诉法国案"判决不仅禁止政府特派员参与审议，而且禁止政府特派员在审议期间在场 ［2003 年 3 月 31 日 CM/Inf（2003）15 号文件］。[30]欧洲法院在欧洲人权法院 2005 年 7 月 5 日的"里昂案"（Affaire de Loyen）中明确了这一观点。然而，根据 2005 年 12 月 19 日的第 2005-1586 号法令，法国政府对《法国行政司法法典》第 R.731-7 条的措辞作了如下修改："政府特派员出席审议，但其不得参加审议。"欧洲人权法院在 2006 年 4 月 12 日"马蒂尼诉法国案"（Martinie v. France）的判决中重申了其谴责。

（三）法国政府特派员制度的改革

在欧洲人权法院的不断谴责之下，法国最终选择对政府特派员制度进行修改，在政府特派员名称更换、参与公开庭审与出席法庭合议三个方面进行重点改革。

1. 名称更换

长期以来，政府特派员与政府专员的名称在法语中都是"Commissaire du gouvernement"，这极易造成混淆，大大影响行政诉讼程序的进行。而将"政府特派员"更换为何种名称亦是一大难题。为此，法国最高行政法院与行政法学者提出过多种名称，经过权衡，最高行政法院最终采用"公共报告员"这一称谓，并于 2009 年 1 月 7 日的第 2009-14 号法令中正式确立。

---

〔30〕 See Robert Le Goff, "Le Commissaire du Gouvernement est Mort, Vive le Commissaire!", *AJDA*, Vol. 4, No. 22, 2006, pp. 1210-1212.

"公共报告员"这一称谓相较于"政府特派员"，可以更好地诠释行政检察官在行政诉讼程序中所履行的职能，真正做到了"名实相符"，也使得公众不会再将其与政府专员相混淆，对于行政诉讼的顺利进行起到了积极作用。

2. 政府特派员参与公开庭审的改革

按照《法国行政司法法典》之规定，政府特派员应当在法院对席辩论结束后，对案件发表意见。而按照欧洲人权法院对公正审判原则的理解，政府特派员虽然不是诉讼当事人，但同样需要受到对席辩论原则之约束。欧洲人权法院认为："公平审判原则要求诉讼当事人原则上享有平等获知一切提交至法官的、旨在影响判决结果的证据和意见的权利。"政府特派员提出的意见作为行政法官作出最终判决的重要参考，自然也应受此限。

因此，《法国行政司法法典》就政府特派员参与公开庭审的规定进行改革：首先，法国于2005年12月19日的第2005-1586号法令第1条中正式确立了关于合议说明的法律规定。《法国行政司法法典》第R.731-5条规定："在政府特派员提出意见后，诉讼的任何一方当事人都可以向法院院长发出合议说明。"此外，《法国行政司法法典》第R.741-2条还引入了一项新的规定，根据该规定，必须在诉讼状中告知当事人出示合议说明的权利。出示合议说明的告知义务的遗漏将构成程序性缺陷，如有必要，可通过上诉予以制裁。其次，关于当事人能否提前获知政府特派员作出的意见，法国也进行了相关改革。最开始当事方获知政府特派员作出意见的明确内容的权利仍然是基于一个简单的实践性权利：最高行政法院秘书长2005年6月9日的一份说明中提出，如果当事方提出要求，政府特派员必须在开庭审理前说明其作出意见的内容。而后，法国于2011年12月23日的法令中规定："如果案件判决必须在政府特派员（即公共报告员）的意见陈述后作出，则应在公开庭审之前，让当事方或其代表有机会了解政府特派员对本案作出意见的明确内容。若在该案件中政府特派员可能免于作出意见，则在公开庭审之前，应让当事人及其代表有机会了解政府特派员是否会作出意见，若仍需作出意见，则须提前告知当事人及其代表。"

由此可以肯定，因合议说明的正式化和当事方提前获知政府特派员作出意见明确内容权利的保障，政府特派员的意见独立于对席辩论之外的特殊性被削弱。若政府特派员可以因当事人出示合议说明而对当事人的问题进行答复，便意味着其在一定程度上受制于对席辩论原则，当事人的公平审判权利得到充分保障。

3. 政府特派员出席法庭合议的改革

相较于参与公开庭审的改革，法国对于政府特派员出席法庭合议的改革一直相对保守。2006 年 8 月 1 日的第 2006-964 号法令对于政府特派员出席合议的规定进行了修改，该法令采取了更多的中立性观点，规定在行政法院和行政上诉法院中"必须在当事人和政府特派员不在场的情况下进行合议"[31]，而在最高行政法院"除非一方当事人要求，否则政府特派员将出席合议，但不参加合议"。[32]

然而，实践中最高行政法院政府特派员一般应当出席合议，因为这对法院的年轻成员来说是一个重要的学习机会，他可以看到其所提出的解决方案正在被讨论。此外，政府特派员与法官报告员一起对有关案件的充分了解，构成了对司法质量的特别保障。

结语：法国模式对我国行政监察监督的启示

在过去的 10 年中，我国行政检察监督制度经过了多种形式的探索，不断提高其对社会关系的修复能力，助力社会和谐。这种最具中国特色的监督实践已成为检察机关法律监督功能的重要支脉，兼具保护公共利益与维护社会关系和谐稳定目标实现的功能。[33]在实际运行过程中由于行政检察监督的理论界定上存在困境导致当前的行政检察监督立法存在完整性和体系性不足等问题，核心价值、规

---

〔31〕《法国行政司法法典》第 R.732-2 条。

〔32〕《法国行政司法法典》第 R.733-3 条。

〔33〕参见姜明安：《论新时代中国特色行政检察》，载《国家检察官学院学报》2020 年第 4 期。

范内涵、分类范畴等方面的不确定性影响了行政检察监督的公权性、外部性、受控性和执行性这四个关键要素的发挥。[34]目前，行政检察监督主要关注公权的行使，而对涉及个人和公共法益的问题控制力度有限。同时，行政检察监督也需要对行政执法、行政司法、一般行政规范性文件和反腐败执法进行监督。然而，现行法律并未全面覆盖行政检察监督的所有领域，诸如"对诉讼外违法行政行为进行法律监督"等重要职责亦未加以明确。这不仅与行政检察监督的实际工作范围不符，也与其宪法功能不匹配。[35]此外，行政检察制度的范围界定过于泛化，性质地位尚不明晰，程序存在缺失，检察机关无相关行政检察案件可办理，因此其制度优势难以充分发挥。

为正确发挥行政检察监督的公权性、外部性、受控性和执行性等关键要素，可以从检察机关参与方式单一和质量把控难这两个表象切入，法国行政检察模式为我国提供了较为合理的解决方案。

第一，赋予检察机关参与行政诉讼的权力。《中华人民共和国行政诉讼法》确立了检察监督原则，理论上检察机关可以介入行政诉讼的所有阶段进行检察监督。然而，我国法律并未对检察机关如何对行政诉讼各阶段行使监督权进行细化规定，对此，我国可以参考法国行政检察的相关规定，赋予检察机关介入行政诉讼各阶段的权力，准许检察机关对案件受理、行政诉讼公开庭审、合议庭评议等诉讼程序履行检察监督职能，并提出检察建议供法官参考。

第二，提高行政检察工作质量。检察机关履行行政检察职能时，不应仅就行政诉讼中的程序性事实是否违法进行审查监督，更应就判决实体内容的合法性进行监督。对此，我国检察机关可以借鉴法国政府特派员的工作模式，行政检察官在提出抗诉或检察建议之前，应当对现有案例及所有相关的行政法规、地方性法规、政府政策、规范性文件进行梳理，在此基础上拟定抗诉书或检察建议，归纳、

---

〔34〕 参见秦前红：《两种"法律监督"的概念分野与行政检察监督之归位》，载《东方法学》2018年第1期。

〔35〕 参见谭宗泽、王宏英：《新时代行政检察监督的宪法功能及立法回应》，载《江海学刊》2023年第3期。

提炼、总结过往案例以及权威观点，为法官作出判决提供更为具体
的解决方案。

（责任编辑：张继红　刘昊）

The French Model of Administrative Prosecution

Dou Kai, Han Guanyu

Abstract: In French administrative proceedings, the function of the administrative prosecutor is carried out by a government commissioner selected from the courts, whose main duty is to assist the judge in ascertaining the truth and to supervise the whole process of administrative proceedings. In response to the observation by the European Court of Human Rights in the case of Kress v. France that the procedures of the French administrative prosecution system might violate the principle of adversarial proceedings, France amended the title of the Commissioner for Administrative Prosecutions and refined the scope of his functions and the application of the procedures. From "government commissioner" to "public rapporteur", France strengthened the independence of administrative prosecution and the pursuit of public interest values. Drawing on the French model, China's administrative procuratorial work should give procuratorial organs the power to participate in administrative litigation and improve the quality of administrative procuratorial work, so as to correctly play the legal supervision function of procuratorial organs and drive the in-depth participation of procuratorial organs in administrative litigation cases.

Keywords: French Medel; Government Commissioner; Administrative Prosecution; Public Reporter

国际仲裁与国家法律秩序的关系

[日] 中野俊一郎 * 著　　柴裕红 **　　肖璐梦 *** 译

摘　要：与国际民事诉讼严格遵循法院地国法律秩序不同，国际仲裁与国家法律秩序的关系在理论和实务上尚不明确。有观点认为国际仲裁应全面服从国家法律秩序的控制，也有观点认为国际仲裁因其独立性从而并非从属于国家法律秩序。国际仲裁由于其独立性和自律性而获得广泛认可，仲裁案件的数量不断增加，在此背景下出现了在仲裁地国被撤销的仲裁裁决在其他国家请求承认和执行的案例，这使得要求国际仲裁的自律性成为一种必然趋势。但是，将国际仲裁和国家法律秩序完全分离也难以保证仲裁有效发挥作用。在这样的情况下，构建一个允许国家适当介入仲裁程序，并且在最大限度内考虑国际仲裁独立性和当事人意思自治的法律框架尤为重要。

关键词：国际仲裁；国家法律秩序；撤销判决；承认和执行

前　言

由于国际民事诉讼程序在国家司法机关的法院中进行，因此其以法院地国的诉讼法为依据，实体裁判根据法院地国国际私法指定为准据法的国家法进行判决，判决效力的产生与消灭、判决效力范围等被确立在法院地国的司法制度中，全面遵守法院地国法律秩

---

　* 国立日本神户大学大学院法学研究科教授。研究方向：国际私法。
　** 兰州大学-甘肃省侨联涉外法治研究中心执行主任，法学博士。研究方向：国际私法和争议解决。
　*** 兰州大学-甘肃省侨联涉外法治研究中心研究人员。研究方向：国际私法。

序。[1] 与此相对，在当事人根据合意将国际民商事纠纷的解决委托给私人的国际仲裁的情况下，是否应遵守国家法律秩序？如果遵守的话，受哪个国家管辖，以怎样的程度和形式遵守等问题在理论和实务上都还留有不明确的部分。有观点认为国际仲裁和法院地国法律秩序的关系与民事诉讼和法院地法律秩序的关系大致并行，应服从仲裁地国法律秩序；同时，另有观点认为，由于仲裁并非从属于特定国家的司法制度及其国家法律秩序，更强调国际仲裁的自律性和独立性，这种基本理解上的差异给围绕国际仲裁法律的各种问题蒙上了微妙的阴影。[2]特别是近年来，由于受到《联合国国际贸易法委员会国际商事仲裁示范法》（以下简称《示范法》）的影响，在仲裁庭决定实体裁决标准时，除与诉讼不同的高度自由的规则得到广泛认可外，还出现了一些新的动向，例如出现了在仲裁地国被撤销的仲裁裁决在其他国家获得承认和执行的案例。因此，本文将以这些现象为素材，对国际仲裁与国家法律秩序的关系方式进行思考。

一、国际仲裁中实体裁决标准的确定

（一）非国家法作为准据法的适格性

根据日本国际私法的通说，只有国家法才能够成为国际私法指定的准据法，对非国家法，只能在国际私法指定准据法允许的范围内发生效力。[3]

对此，根据《示范法》第 28 条的规定，仲裁庭遵循当事人选择

---

〔1〕 关于程序问题，虽然也有观点承认法院地国以外国家的程序法具有适用的可能性（程序性冲突法），但是其必要性和具体内容尚未进行充分讨论。关于这一点参见［日］澤木敬郎：《国際私法と国際民事訴訟法》，载澤木敬郎、青山善充編：《国際民事訴訟法の理論》，有斐閣 1987 年版，第 20 頁；［日］山本和彦：《"手続は法廷地法による"の原則の相対化》，载《判例タイムズ》第 841 号（1994 年）15 頁以下など。

〔2〕 参见［日］道垣内正人：《国際商事仲裁——国家法秩序との関係》，载《日本と国際法の100 年》（第 9 巻），三省堂 2001 年版，第 79 頁以下。

〔3〕 参见［日］澤木敬郎：《国際私法と統一法》，载《国際取引と法（山田鐐一教授退官記念）》，名古屋大学出版会 1988 年版，第 143 頁；法例研究会：《法例の見直しに関する諸問題（1）別冊 NBL 第 80 号》，商事法務 2003 年版，第 35 頁など。

的"法律规则"（第 1 款），但在当事人没有选择的情况下，必须适用冲突规范指定的"法律"（第 2 款）。也就是说，第 1 款中的"法律规则"（rules of law）和第 2 款中的"法律"（law）有意识地使用了不同的用语，后者只表示国家法，而前者则被理解为包含国家法以外的规范。[4]《示范法》适用国一般遵循上述规则，《日本仲裁法》第 36 条第 1 款规定，仲裁庭首先应该以当事人合意确定的"法律"作为裁决依据，在没有当事人合意的情况下，应该依据与纠纷具有最密切联系的"国家法律"。综上所述，在仲裁的情况下，如《示范法》第 28 条第 3 款和《日本仲裁法》第 36 条第 3 款所述，仲裁庭可以应当事人的请求根据公平善意原则作出实体裁决。从这样的角度看，承认非国家法作为准据法的适格性也有其合理性。

（二）当事人未选择法律时的准据法

国际民事诉讼中，在当事人未选择准据法的情况下，法院必须根据法院地的国际私法，从客观因素出发确定准据法。如果将此套用在国际仲裁上，仲裁庭在当事人没有选择准据法的情况下，应根据仲裁地的国际私法确定准据法。这种观点也被认为是学界的主流观点。[5]

但是，《示范法》第 28 条第 2 款规定，在当事人没有选择准据法的情况下，仲裁庭应适用"它认为可以适用的法律冲突规范"（the conflict of laws rules which it considers applicable）所确定的法律，很多日本立法和学说都遵循这一规则。[6]这里所说的法律冲突规范，通常是仲裁地的国际私法，但并不限于此，可以认为，仲裁庭对于应适用的冲突规范的选择具有一定的裁量权。

〔4〕 参见 [日] 中野俊一郎：《非国家法の準拠法適格性——国際私法の側面からみた Lex Mercatoria——》，载《CDAMSディスカッションペイパー》2004 年第 04/6J 卷，第 5 页，载 https：//da. lib. kobe-u. ac. jp/da/kernel/80100028/80100028. pdf.

〔5〕 See F. A. Mann, "Lex Facit Arbitrium", in P. Sanders, ed, *International Arbitration: Liber Amicorum for Martin Domke*, Martinus Nijhoff, 1967, p. 167；[日] 道垣内，前掲論文（注 2），第 90 页。

〔6〕 如《仲裁法》实施前的日本学说，参见 [日] 高桑昭：《国際商事仲裁法の研究》，信山社 2000 年版，第 140 页；[日] 小岛武司：《仲裁法》，青林書院 2000 年版，第 429 页など。

在《示范法》的基础上，还有一种更进一步的观点认为，仲裁庭无需通过国际私法，直接适用仲裁庭认为适当的实体法规则即可（直接方式）。这种方法在《法国民事诉讼法典》第 1496 条第 1 款及《荷兰仲裁法》第 1054 条第 2 款等立法中得到认可。除此之外，像 1998 年 ICC 仲裁规则第 17 条第 1 款一样，明确规定此方法的仲裁规则也不在少数。

另一方面，有相当多的立法例规定，考虑到不宜在确定适用实体规范上给予仲裁庭过多的自由，在当事人没有选择准据法的情况下，规定仲裁庭应当依据与程序对象具有最密切联系的法律作出裁决。[7]《日本仲裁法》第 36 条第 2 款就是其中之一。

因此，当事人没有选择法律时如何确定准据法，很难从各国立法例和学说上读出一定倾向。当然，实际上无论哪种做法，均会导致其结果与适用仲裁地的国际私法所得的结果相同。但是，如果情况确实如此，就如审判时适用法院地的国际私法一样，为何不直接适用仲裁地的国际私法，而允许仲裁庭自由裁量选择准据法，这无疑会引起很多人的兴趣。

（三）当事人指定国际私法

根据国际私法学科的通说，国际私法是强制性规范，其适用不能任凭当事人的意愿。[8]从这个观点出发，即使在合同上指定了当事人应该适用的国际私法，法院也不能承认这种合同的效力，适用法院地国以外国家的国际私法，可能在适用反致制度上存在问题。

对此，《示范法》第 28 条第 1 款后段规定，当事人指定的作为准据法的国家法"除非另有表明，否则应解释为直接指该国实体法，而非该国的法律冲突规范"，包括《日本仲裁法》第 36 条第 1 款在

---

[7] 关于这些想法的对立状况，参见［日］中野俊一郎、中林启一：《国際仲裁における実体判断基準の決定と国際私法》，载《石川明先生古稀祝賀·現代社会における民事手続法の展開》（下），商事法務 2002 年版，第 312 頁以下。

[8] 参见［日］溜池良夫：《国際私法講義》，有斐閣 2005 年版，第 18 頁ほか。但在学说上，也不是没有承认冲突规范的任意性性质的想法。参见［日］丸岡松雄：《フレッスナーの任意的抵触法（1）～（4·完）》，载《岡山法学》1981 年第 30 巻第 1 号第 1 頁、第 2 号 227 頁、第 3 号第 287 頁、第 4 号第 417 頁；［日］佐野寛：《任意的抵触法の理論について》，载《岡山法学》2000 年第 49 巻第 3·4 号，第 245 頁。

内，适用《示范法》的国家一般倾向于将该规定原封不动地国内法化。如果对这一条款作相反解释，意味着当事人可以通过合意选择包括国际私法在内的某一特定国家的法律，这又该如何理解呢？

对此的一种解释是，当事人同时选择某国实体法和国际私法的情况下，就承认了广义上的反致。但是，合同案件适用反致的想法并不普遍，而且只有当事人达成合意的情况下才承认反致，这在理论上也很难成立。这样一来，该条款就应该理解为，当事人可以指定某一国家的法律，包括应适用的国际私法。但是，如果这样理解的话，就会产生一个问题，即允许指定国际私法本身的冲突规范是什么，这在理论上还没有得到充分的解释。

（四）国际仲裁中灵活确定实体裁决标准的倾向

1. 引起灵活倾向的因素

根据上述内容，在国际仲裁中不仅允许根据公平善意的原则作出实质性裁决，而且广泛认可了民事诉讼中一般不认可的非国家法作为准据法。尽管当事人没有指定准据法情况下如何确定准据法仍未达成共识，但是，有观点认为仲裁庭没有义务像诉讼一样，适用仲裁地的国际私法，仲裁庭在确定准据法的问题上有很大的裁量余地。而且，在国际仲裁中，虽然其理论说明还有待完善，但与诉讼不同，当事人指定的国际私法往往会被赋予效力。一言以蔽之，在国际仲裁中，与民事诉讼相比，关于实体裁决标准的确定，可以说在更广泛的范围内承认当事人的自治，如果当事人不行使被赋予的合意自由，仲裁庭就有充分的裁量空间。那么，国际仲裁中实体裁决标准的决定，与民事诉讼相比更高程度的自由是基于什么而获得承认的呢？

首先，民事诉讼要求法院地国国内争端解决系统整体的一致性和稳定性，要求裁判标准明确且统一。这与将法院地国国际私法的强制性规范性质以及准据法仅限于国家法的观点有关。与此相对，跨国仲裁庭对涉及多个国家的案件进行一裁终局的裁决，比起仲裁地境内纠纷解决机制的统一性和稳定性，每起纠纷的解决对相关当事方具有说服力更为重要。这就导致一种想法，即最好适用以处理国际案件为主要目的而制定的非国家法作为准据法，而非适用为了处理国内案件而制定的国家法。同时，这可能导致一种更灵活的约束方法，这并不意味着强制仲裁庭适用仲裁地的一般国际私法，而是允许当事人指定国际私法，或者在当事人没有指定准据法的情况下，委托仲裁庭选择国际私法或准据法。

其次，国际仲裁机构从解决涉及多个国家的贸易争端中获益，必然会与法院和其他国家的仲裁机构形成竞争关系。因此，对于各国的仲裁机构而言，这意味着他们较少受国家法律秩序的束缚，在决定纠纷解决规范方面拥有更大的自由度。相比之下，对于法院来说，从减轻法院负担、缩短案件处理时间的角度来看，国际民商事纠纷的增加是不受欢迎的，因此力求灵活确定争端解决规范并重视当事人利益的想法很难出现。这似乎也成为诉讼和国际仲裁在确定实体裁判标准方面产生差异的背景。

2. 灵活性的界限

在国际仲裁中需要灵活确定实体裁决标准，即使理论上不存在障碍，其自身也有限制。

首先可以想到的是，即使当事人指定了准据法，而该国法律并不是准据法的情况下，是否也要求仲裁庭适用某国法律中的强制性法律，即所谓强制性法律的特别连接点与国际仲裁的关系也会成为问题。特别是在承认非国家法的适格性时，保留某些国家强制性法律的适用可能性是非常重要的。在民事诉讼中，法院地国的强制性规范有时会与合同准据法分开适用，这一点被广泛认可。[9]但在国际仲裁中，仲裁地与案件不具有关联性的情况也很多，仅承认仲裁地强制性规范的适用可能性是不够的。为此，虽然已经对第三国强制性规范的适用标准和形式开始讨论，[10]但目前仍未看到确定的方向。

其次，在当事人没有达成合意的情况下，非国家法的适用性也

〔9〕 例如，关于合同之债法律适用的第 593/2008 号（欧共体）条例（罗马 I）第 9 条（OJ 2008 L177/6）。

〔10〕 See Schiffer, "Sonderanknüpfung Ausländischer 'öffentlichen' Rechts in der Internationalen Handelsschiedsgerichtsbarkeit", *ZVglRWiss*, Vol. 90, 1991; Blessing, "Introduction to Arbitration", in Berti, et al., *International Arbitration in Switzerland*, Helbing and Lichtenhahn, 2000, No. 764etc.

可能成为问题。如果强调国际统一私法协会国际商事合同原则等非国家法符合国际商事交易的规律的观点，即使当事人没有达成合意，仲裁庭也可以以此为裁决依据，持这种观点的学说和仲裁裁决虽然占少数但也存在。[11] 然而，《示范法》第 28 条以及许多沿用该条款的国内仲裁法通过区分措辞，使非国家法仅在当事人达成合意的基础上才具有准据法的地位，例如当事人指定的"法律规则"以及未指定时适用的"法律"。将来，如果非国家法在国际商事交易实务中得到稳固利用的话，即使当事人没有达成合意，也可以以此为基础进行仲裁裁决。但是目前允许这样的处理方式似乎并不合适，因为很有可能会损害当事人的期望。

最后，在当事人没有指定准据法和国际私法的情况下，准据法确定标准也可能成为问题。也就是说，仲裁和仲裁地国家法律秩序之间的关系不是绝对的，尽管给予当事人广泛的选择自由，但是在当事人没有行使这种自由的情况下，是否应给予仲裁庭广泛的自由裁量权还有待商榷。有人指出，由于在解决法律文化不同的当事人之间的纠纷时，裁决标准必须具有客观性，因此国际仲裁必须以依法仲裁为中心。[12] 这一点也同样适用于裁决标准的确定程序。从这个角度来看，仲裁庭通过自由裁量选择适当的实体法律的做法存在问题，似乎至少需要根据某种客观因素来确定准据法，例如根据仲裁地的国际私法及其特别规则，或者如《示范法》第 28 条所述，根据仲裁庭认为适当的冲突规范。

3. 灵活性对诉讼的影响

如果在国际仲裁中以非国家法作为实体裁决标准具有充分理由的话，那么反过来必须提出的问题是，在诉讼中适用法律又是什么情况呢？许多论者指出，日本的通说在否定这一规则时所依据的论

---

〔11〕 参见 [日] 中野俊一郎：《国際仲裁における実体判断基準の決定と仲裁判断取消》，载《国際商事法務》2002 年第 30 卷第 10 号，第 1348 頁；同前揭論文（注 4），第 6 頁参照。

〔12〕 参见 [日] 三ヶ月章：《国際仲裁》，载 [日] 鈴木忠一、三ヶ月章編：《新実務民事訴訟講座 7》，日本評論社 1982 年版，第 256 頁注 2；同《紛争解決規範の多重構造》，载《民事訴訟法研究》（第 9 卷），有斐閣 1984 年版，第 263 頁。

据在今天已经失去有效性。[13]但不可否认的是，法院是否有足够的能力运用非国家法仍留有疑问。因此，有人提出了对诉讼和仲裁进行区分的想法，在国际仲裁中承认非国家法的准据法适格性，但法院的法律适用仍然和以前一样仅限于国家法。[14]虽然这可以说是一种追求平衡的做法，但实际上能否实现完美的分流，即将受非国家法律管辖的国际贸易纠纷交由仲裁，而使除此之外的纠纷交由法院解决，这一点并非没有疑问。另外，即使法院适用非国家法的能力存在问题，但如果对外国法律的适用存在更大的困难，那么仅对法院适用非国家法的能力进行讨论是不恰当的。实务上认为适用非国家法是必要的，在理论上也不存在障碍，假设诉讼和仲裁在贸易纠纷中并用的状况今后也会继续存在，那么法院或者在更为广泛的法律教育中需要努力培养适用非国家法的能力。这既是对法院的挑战，也是对法律教育的挑战。未来的发展方向是通过这样的尝试让诉讼和仲裁相互竞争，以提高国际贸易纠纷解决体系的整体质量。

4. 灵活性对国际私法的影响

不仅是实体法规范，就冲突规范而言，非国家法这种存在形式也并非不可能。《示范法》第 28 条第 1 款规定，在当事人达成合意的情况下，广泛承认非国家法的准据法适格性。但另一方面，即使当事人达成合意，一般也不会考虑到适用非国家法的国际私法的情况。实体法领域，有关《联合国国际货物销售合同公约》生效前的适用性和商人法（lex mercatoria）的适用可能性的讨论由来已久，近年来非国家法的具体形象也正逐渐以 UNIDROIT 国际商业合同原则和欧洲合同法原则的形式形成，但仲裁庭适用非国家法的国际私法规则这一场景仍难以想象。因此，《示范法》第 28 条作出这样的规

〔13〕 参见［日］高杉直：《国際開発契約と国際私法》，载《阪大法学》2002 年第 52 卷，第 1007 页；［日］中林啓一：《ユニドロワ国際商事契約原則と国際私法》，载《立命館法学》2004 年第 293 号，第 168 页；［日］中野，前揭论文（注 4），第 15 页以下；［日］森下哲朗：《国際商取引における非国家法の機能と適用》，载《国際法外交雑誌》2008 年第 107 卷第 1 号，第 34 页以下。

〔14〕 参见［日］森下，前揭论文（注 13），第 38 页。该观点认为，承认非国家法的准据法适格性的讨论大体上是正当的，但从仲裁比诉讼更适合适用非国家法的观点来看，没有必要承认诉讼中非国家法的准据法适格性。

定非常自然。

但是，关于国际知识产权案件的纠纷解决，近年来，各国的研究者们正在积极讨论如何制定共同原则以解决准据法、国际诉讼管辖、外国判决的承认和执行等问题。[15]虽然国际上还没有确立知识产权纠纷的准据法确定方式，但对于具有仲裁资格的知识产权纠纷而言，在当事人达成合意的前提下，将这些规则作为其法律选择规范具有充分的益处。而且，将来国际仲裁中纠纷解决的一般情况也可以从同样的视角出发，尝试制定国际私法模式。这是因为，目前一般的国际私法规则完全着眼于由法院解决民商事纠纷，严格限制当事人和法院在准据法确定事项上的裁量权，这些规则是否易于当事人理解和仲裁庭使用，尚且都留有疑问。《示范法》第28条广泛认可当事人意思自治，并在当事人没有达成合意的情况下，大幅认可了仲裁庭的裁量空间，虽然参考《示范法》第28条来修订的各国仲裁法的规定缺乏统一性，但从这个意义上来说，可以将其视作专为仲裁设立，并处于萌芽状态的特别国际私法规则。

二、被仲裁地国撤销的仲裁裁决的承认和执行

（一）以仲裁裁决的"国际性"为由予以执行的观点

1. 法国判例、学说的思考

近年来在仲裁地国法院被撤销的仲裁裁决能否在本国承认和执行这一问题经常为人们争论。[16]其重要契机是法国最高法院对

---

〔15〕 See American Law Institute, *Intellectual Property: Principles Governing Jurisdiction, Choice of Law, and Judgment in Transnational Disputes*, 2008; European Max Planck Group, *Principles for Conflict of Laws in Intellectual Property*, Second Preliminary Draft, 2009, available at https://www. ip. mpg. de/fileadmin/ipmpg/content/clip/Second_draft–clip–principles–06–06–2009_version_ 2. pdf. 日本的研究如［日］河野俊行編：《知的財産権と渉外民事訴訟》，有斐閣2010年版，第210頁以下；［日］木棚照一ほか：《日本及び韓国からみた知的財産に関する国際私法原則》，載《企業と法創造》2009年第6卷第2号，第109頁以下など。

〔16〕 参见［日］多喜寛：《国際仲裁と国際取引法》，中央大学出版部1999年版，第499頁以下；［日］小川和茂：《仲裁地国裁判所により取消された仲裁判断の我が国における承認及び執行の可否》（上、下），載《JCA ジャーナル》2003年第50卷第6号第16頁、第7号第28頁；［日］中村達也：《外国裁判所で取り消された仲裁判断の内国での効力》（上、下），載《JCAジャーナル》2011年第58卷第1号第11頁、第2号第28頁など。

"Hilmarton 案"（Societe OTV v. Societe Hilmarton）的判决。[17]在该案件中，英国公司和法国公司就阿尔及利亚的工程承包合同产生了纠纷，并以日内瓦为仲裁地进行了仲裁。仲裁庭认为合同无效，并驳回了英国公司的请求，其后日内瓦法院在收到要求撤销仲裁裁决的请求后，作出了允许撤销的判决。但是，法国公司在法国法院请求承认上述仲裁裁决时，法院认为：①根据《承认及执行外国仲裁裁决公约》（以下简称《纽约公约》）第7条，承认国不得拒绝承认国内法上认可的仲裁裁决；②根据法国国内法，将外国根据其国内法撤销的国际仲裁裁决纳入法国法律秩序不违反国际公共秩序，因此可以承认该仲裁裁决，最高法院也支持该结论。[18]

法国最高法院关于"Putrabali 案"（PT Putrabali Adyamulia v. Rena Holding）的判决也支持这一观点。[19]印度尼西亚公司 X 与法国公司 Y 就海上运输中丢失胡椒的货款支付义务发生纠纷，在伦敦进行了仲裁，2001 年，仲裁裁决认定 Y 没有支付义务。但是，X 就法律问题提出上诉，2003 年 5 月，上诉法院撤销了部分裁决，将案件发回仲裁庭，在同年 8 月作出的仲裁裁决中，Y 被命令向 X 支付货款。另一方面，Y 基于 2001 年的仲裁裁决，在法国请求执行，2007 年 6 月 29 日，法国最高法院基于以下理由许可执行，即"与特定国家法律秩序无关的国际仲裁裁决是国际性司法裁决，其有效性必须由被

〔17〕 See Societe OTV v. Societe Hilmarton, Cour de Casassion, 23. 3. 1994, *Yearbook of Commercial Arbitration*, Vol. XX, 1995, p. 663.

〔18〕 上诉法院判决后，英国公司在法国法院要求承认瑞士撤销仲裁裁决的判决，瑞士也作出了认可英国公司请求的新的仲裁裁决，其为获得在法国法院承认和执行的程序错综复杂，但是最终，根据 1997 年 6 月 10 日最高法院的判决（See Societe OTV v. Societe Hilmarton, Cour de Casassion, 10. 6. 1997, *Yearbook of Commercial Arbitration*, Vol. XXII, 1997, p. 696），确定了不承认瑞士撤销判决和不允许执行新仲裁裁决的结论。[日] 中村达也：《外国で取り消された仲裁判断の効力》，载《JCAジャーナル》1998 年第 45 卷第 2 号第 46 页以下；同《取り消された仲裁判断の国際的効力》，载《田岛裕教授記念論集・現代先端法学の展開》，信山社 2001 年版，第 553 页以下を参照。

〔19〕 See PT Putrabali Adyamulia v. Rena Holding, et al., Cour de Cassation, 29. 6. 2007, *Yearbook of Commercial Arbitration*, Vol. XXXII, 2007, p. 299. 关于本案可参见 Haravon, "Enforcement of Annulled Foreign Arbitral Awards", *Mealey's Int. Arb. Rep*, Vol. 22, No. 9., 2007. [日] 小川健：《新・国際商事仲裁関係判例紹介》，载《JCAジャーナル》2008 年第 55 卷第 2 号，第 74 页。

要求承认并执行的国家根据相应规则进行判断。根据《纽约公约》第 7 条，Y 可以在法国请求执行 2001 年 4 月 10 日根据仲裁协议和 IGPA 规则在伦敦作出的仲裁裁决，此时，可以援用法国关于国际仲裁的法律规则，这些规则没有将裁决作出地国撤销仲裁裁决作为拒绝承认和执行外国仲裁裁决的理由"[20]。

　　法国的学者也大体上支持其最高法院的观点。[21]例如，戈德曼（Goldman）在得出裁决作出地国法院撤销仲裁裁决不妨碍国内执行的结论时，指出了以下几点："仲裁裁决（sentence）如果被完全纳入的法律秩序所取消的话，就没有承认和执行的余地，因此可以说其'不存在'……但是，国际仲裁裁决（sentence internationale）并未被纳入地理上所在国家的司法秩序，因此即使在作出国被撤销，也不能认定其不存在。"[22]

　　在否定完全纳入仲裁国法律秩序的问题上，当事人的意愿有时也被作为补充论据。例如，德尔沃韦（Delvolvé）、波顿（Pointon）、鲁切（Rouche）的概论书中说道："当事人选择仲裁而不是诉讼，将仲裁地法院从仲裁裁决宣布过程排除，并将其作用限制在仲裁程序中必要的、确保仲裁程序实效性的协助上。因此，当事人并没有意图让仲裁地的法院……也对其他国家的法院有约束力，拥有宣布仲裁裁决有效无效的权限。"[23]

　　2. 问题点

　　（1）"超国家"的仲裁

　　正如上面介绍的法国最高法院判决和戈德曼的见解所明确指出

---

　　〔20〕　另外，巴黎一审法院许可执行了 2003 年的仲裁裁决，但是该裁决在巴黎上诉法院被撤销，收到上诉申请的最高法院对本案作出裁定，根据允许执行 2001 年仲裁裁决的 2005 年判决的既判事项的权威，不予执行与此相抵触的 2003 年仲裁裁决。

　　〔21〕　关于法国的讨论情况，参见［日］ハンス・スミット（猪股孝史訳）：《非国家仲裁》，载《比較法雑誌》1997 年第 30 卷第 4 号，第 21 页以下；［日］シルヴァン・ボレ（荻村慎一郎訳）：《国際仲裁の自律と"効率性"の考慮》，载［日］吉田克己、ムスタファ・メキ編：《効率性と法損害概念の変容》，有斐閣 2010 年版，第 145 页以下等。

　　〔22〕　Goldman, "Une bataille judiciaire autour de la lex mercatoria", *Revue de l'arbitage*, 1983, p. 391.

　　〔23〕　Delvolvé, Pointon and Rouche, *French Arbitration Law and Practice*, Kluwer Law International, 2009, p. 219.

的那样，在法国，国际仲裁是超越特定国家法律秩序的国际性纠纷解决手段，仲裁地国法院撤销仲裁裁决并不妨碍在本国承认和执行仲裁裁决。这就是所谓的"超国家"仲裁的想法。这基本上否定了将国际仲裁纳入仲裁地国法律秩序的观点，在法律适用层面，承认当事人对国际私法的选择这一观点，以及在当事人没有选择准据法的情况下，委托仲裁庭选择国际私法或者甚至不需要适用国际私法这一观点都与"超国家"仲裁的想法紧密联系。

不过，从《示范法》第 1 条第 2 款以仲裁地为基准规定适用范围可以看出，从全面否定国际仲裁和仲裁地国法律秩序的联系这一点出发，即使从比较法来看也不得不说是相当突出的想法。即使是国际仲裁，也不可能完全独立于国家法律秩序之外，国际仲裁的合意通过得到仲裁地国法律秩序承认而被赋予了排除国家管辖权的效力，所作出的仲裁裁决具有与确定判决相同的效力。也就是说，只有当国际仲裁被纳入仲裁地的国家法律秩序，并接受其监督、补充和协助，其才能成为具有充分实效性的纠纷解决手段，这也是日本的主流观点。[24]

另外，如果仲裁地国撤销仲裁裁决的效力在其他国家不受尊重，那么仲裁地国对撤销仲裁裁决具有的专属管辖并对仲裁裁决的质量控制行使主要监督权限的事实就失去意义了。诚然，在当前的国际社会中，仲裁地国以不正当的方式撤销仲裁裁决的情况是存在的，不可否认对此采取规制措施的必要性，但这毕竟是例外，我们不应该忽视这一事实，即通常情况下仲裁地国适当地行使其监督权限撤销仲裁裁决。

（2）与国际仲裁自律性的关系

超国家仲裁的想法与追求国际仲裁自律性的动向相吻合。也就是说，达成仲裁合意的当事人不喜欢以法院为中心的国家司法制度，而选择了通过仲裁这一审判之外的手段来解决纠纷，因此，这种解决方式尽可能不借助国家司法制度的力量，而是希望能够在仲裁制

---

〔24〕　参见［日］道垣内，前揭論文（注 2），第 79 页以下。

度中自行解决。

确实，国际仲裁正朝着增强自律性和自我完结性的方向进化。但是，如果因此就想完全切断国际仲裁和国家法律秩序的关系，未免有些草率。例如，关于仲裁和保全措施的关系，到20世纪70年代前半期为止的学说和实务观点倾向于仲裁庭只是接受当事人委派从而对本案作出终局判断，在此过程中必要的保全措施应全权委托给法院。但是后来，允许仲裁庭在一定范围内颁布保全命令的观点逐渐变多，〔25〕2006年《示范法》修改条款〔26〕和《奥地利仲裁法》〔27〕中，甚至承认了仲裁庭的保全命令在一定范围内具有国内和国际执行可能性。这一系列的举动，也可以说是为了强化仲裁的自律性，将过去被认为是国家审判权专属事项的保全措施的发布纳入仲裁庭的管辖事项，并承认仲裁庭下达措施的强制力。但是，该做法没有完全排除国家审判权，保留了仲裁庭无法发布及时有效的保全命令时由法院进行保全处分的可能，在仲裁和国家审判权之间形成了适当的补充和合作关系。

（二）在不承认撤销判决的情况下执行仲裁裁决的观点

1. "Yukos案"判决

如上所述，强调仲裁裁决的超国家性和国际仲裁的自律性，无限制地承认和执行被撤销的仲裁裁决，不得不说其中存在很多问题。因此，最近越来越多的学说、判例认为，在审查裁决作出国法院撤销仲裁裁决的判决在本国是否具有效力的基础上，仅在其没有效力时才例外地承认仲裁裁决的执行。2009年，阿姆斯特丹上诉法院对"Yukos案"（Yukos Capital v. Rosneft）作出的判决就是一个明显的例

---

〔25〕 参见［日］中野俊一郎：《国際商事仲裁における実効性の確保——仲裁と保全処分の関係、ならびに仲裁判断の"終局性"の概念について——（1）》，载《神戸法学》1988年第38卷第1号，第29页以下。

〔26〕 参见［日］三木浩一：《UNCITRAL国際商事仲裁モデル法2006年改正の概要》（上、下），载《JCAジャーナル》2007年第54卷第6号第2页、第7号第12页；［日］澤田壽夫：《UNCITRAL仲裁模範法の改定》，载《ジュリスト》2006年第1319号，第145页。

〔27〕 See Zeiler, "Erstmals Einstweilige Malsnahmen im Schiedsverfahren?", *SchiedsVZ*, Vol. 4, 2006, p. 79.

子。[28]

在该案中，原告卢森堡 X 公司与俄罗斯 A 公司之间签订了货币消费借贷合同，但作为对 X 集团征税的一个环节，在俄罗斯进行的强制拍卖中，A 公司的股份被卖给了俄罗斯公司 B，之后俄罗斯政府所有的尤科斯公司（Yukos）取得了 B 的全部股份。X 开始了以 A 为被告的仲裁程序，莫斯科国际商事仲裁法庭承认了 A 对 X 的支付义务。之后，由于尤科斯公司吸收合并了 A 公司，X 在荷兰对尤科斯公司提出了执行仲裁裁决的申请，但是收到尤科斯公司撤销申请的俄罗斯法院作出了撤销该仲裁裁决的判决，以上内容是确定无疑的。[29]

阿姆斯特丹上诉法院基于以下理由承认并执行了仲裁裁决，即在《纽约公约》的适用上，荷兰执行法院没有义务承认俄罗斯法院作出的撤销仲裁裁决的判决，这是由荷兰的一般国际私法判断的。据此，承认外国法院作出的撤销仲裁裁决的判决如果与荷兰的公共秩序相冲突，不满足以法院的公正、独立等正当程序为代表的最低限度的要求则不被认可。各种资料和报告书除了对俄罗斯司法的不公正和独立表示怀疑之外，还可以看出尤科斯公司在俄罗斯的司法程序受到了强烈的政治影响。尤科斯公司与俄罗斯政府有着不可分割的关系，此次纷争与俄罗斯政府解散尤科斯公司以及拘留原代表人等密切相关。因此，荷兰不承认俄罗斯法院作出的撤销仲裁裁决的判决，允许执行该仲裁裁决。

2. 学说

保尔森（Paulsson）认为，如果仲裁地国根据国际上不允许的标准撤销仲裁裁决（他将此称为"Local Standard Annulment"），他国

---

〔28〕 See Yukos Capital v. Rosneft, Amsterdam Court of Appeal Decision, 28. 4. 2009, *Stockholm Int. Arb. Rev.*, Vol. 1, 2009, p. 219. 作为本判决的介绍，可参见 Nacimiento and Drop, "Recognition and Enforcement of Annulled Arbitration Awards", *SchidsVZ*, Vol. 7, 2009, p. 272；[日] 中野俊一郎、阮柏挺：《新·国际商事仲裁关系判例介绍》，载《JCA ジャーナル》2010 年第 57 卷第 9 号，第 66 頁。

〔29〕 仲裁裁决的撤销基于 Y 在仲裁程序中没有受到公平、适当的对待，仲裁庭的构成违反了当事人协议等。

可以不受该判决的约束执行仲裁裁决。[30]这里的论据是1961年《欧洲国际商事仲裁公约》第9条。其第1款规定，缔约国法院撤销仲裁裁决，只有在下列情况下才能成为其他缔约国拒绝承认和执行仲裁裁决的理由：（a）仲裁协议无效；（b）欠缺防御权保障；（c）超越了提交仲裁的范围；（d）仲裁程序违反当事人合意。同条第2款规定，在《纽约公约》的缔约国之间，本条第1款对《纽约公约》第5条第1款e项的适用"在按本条第1款规定撤销裁决的情况下"予以限制。这意味着即使仲裁地国以违反公共秩序为由撤销仲裁裁决，也不能阻止其他国家承认并执行仲裁裁决。[31]因此，2008年5月21日德国联邦普通法院裁决拒绝执行仲裁裁决，理由是仲裁地国撤销仲裁裁决是基于正当的理由。[32]

该观点认为，如果撤销仲裁裁决的判决不符合国际上公认的标准，撤销的效果将不会及于其他国家，可以将其置于与"Yukos案"判决相同的思路中。但是，如果这里的着眼点是如何应对仲裁地国法院滥用撤销仲裁裁决权限的话，那么与其将焦点集中在撤销事由

〔30〕 See Paulsson, "Enforcing Arbitral Awards Notwithstanding a Local Standard Annulment (LSA)", *ICC Court of Arbitration Bulletin*, Vol. 9, No. 1., 1998, p. 14f.

〔31〕 See Klein, "Das Europäische Übereinkommen über die international Handelsschieds-gerichtsbarkeit", *Zeitschrift für Zivilprozeß*, Vol. 76, 1963, pp. 351–352. 根据这项规定，1993年10月20日的奥地利最高法院判决（OGH. U v. 20. 10. 1993, *ÖJZ*, Vol. 49, 1994, s. 513）作为承认和执行被仲裁地撤销的仲裁裁决的案例。本案中，关于X公司（国籍不明）和Y公司（斯洛文尼亚法人）之间的合同纠纷，贝尔格勒南斯拉夫商业会议所对外交易仲裁法庭作出仲裁裁决，判令Y支付400万先令。斯洛文尼亚共和国最高法院收到Y的撤销仲裁裁决申请，认为该合同违反《南斯拉夫宪法》，赋予一方当事人在市场上的优越地位，违反公共秩序，基于1961年的《欧洲国际商事仲裁公约》承认了撤销。另一方面，X在奥地利请求对Y的资产执行仲裁裁决，在一审和二审中出现了分歧，但是奥地利最高法院认为，《欧洲国际商事仲裁公约》第9条有意将基于作出国违反公共秩序的撤销仲裁裁决从拒绝承认和执行的事由中排除，从而认可了该执行。

〔32〕 在这个案件中，三名仲裁员中的一名拒绝协助仲裁裁决，由剩下的两名仲裁员作出仲裁裁决，白俄罗斯法院认为这违反了仲裁规则，撤销了仲裁裁决。收到该仲裁裁决的许可执行申请的德累斯顿上级地方法院认为，仲裁裁决的撤销"结果正当"。德国联邦普通法院也认为"本案违反仲裁规则，由于3名仲裁员中只有2名作出仲裁裁决，因此根据《纽约公约》第5条第1款第d项拒绝承认"，并以此为理由支持了原审判决。See BGH, Besch v. 21. 52008, *SchiedsVZ*, Vol. 6, 2008, p. 195;［日］中野俊一郎、阮柏挺：《新·国际商事仲裁関係判例紹介》，载《JCAジャーナル》，2009年第56卷第5号，第70頁。

的内容上，还不如将撤销判决是否违反公共秩序作为问题，这样可以更加灵活地应对。

最近，日本学界也认为，如果仲裁地国法院作出的撤销仲裁裁决的判决不具备承认条件，那么撤销的效果将不及于日本，而且越来越多的见解认为可以因此承认并执行仲裁裁决。[33] 不过，关于承认要件的具体内容还没有进行充分的讨论。考虑到仲裁裁决的承认和执行不要求相互保证这一事实间的平衡性，可以类推《日本民事诉讼法》第 118 条第 1~3 款，但由于仲裁地国享有撤销仲裁裁决的专属国际诉讼管辖，[34] 因此以程序保障为中心的公共秩序审查被认为是要件审查的核心。[35]"Yukos 案"表明，撤销仲裁裁决的判决违反公共秩序性仅限于极其例外的情况，这在美国联邦上诉法院对"TermoRio 案"（TermoRio S. A. E. S. P. v. Electranta S. P.）[36] 的判决

---

〔33〕 参见［日］中村达也：《仲裁権限をめぐる紛争の解決》，载《権利実効化のための法政策と司法改革（小島武司先生古稀祝賀（続）》，商事法務 2009 年版，第 554 页。

〔34〕 关于仲裁裁决的撤销，也有承认仲裁程序准据法所属国的管辖权的想法，不过，由于《示范法》的影响，最近承认仲裁地国专属的国际裁判管辖的立场逐渐普遍化。［日］小島武司、高桑昭编：《注釈と論点 仲裁法》，青林書院 2007 年版，第 252 页（早川吉尚）；同第 246 页（谷口安平）；［日］中野俊一郎：《国際仲裁における中裁判断の取消し》，载《青山善充先生古稀祝賀・民事手続法学の新たな地平》，有斐閣 2009 年版，第 1141 页等。关于在以日本为仲裁地的美国仲裁协会的仲裁程序中作出的仲裁裁决，作为没有仲裁裁决撤销事由而否定撤销的案例，参见 2009 年 7 月 28 日东京地方法院决定，载《判例时报》，第 1304 号第 292 页。

〔35〕 参见［日］中村，前揭论文（注 16），载《JCA》第 58 卷第 2 号第 33 页。"在国际法上撤销判决违法的情况下"，允许执行外国仲裁裁决。笔者认为这与本文所述的结论并无太大差异，但撤销判决违反国际法的标准过于严格，难以发挥作用。

〔36〕 本案中，原告 X 与哥伦比亚国营公司 Y 合资成立了电力公司，但由于电力收购无法进行，于是以 Y 和哥伦比亚政府为被告开始了仲裁程序。仲裁庭以 Y 根据哥伦比亚政府的指示违反合同为由判令 Y 赔偿损失，但 Y 在巴兰基拉的法院要求撤销仲裁裁决，该法院以仲裁不符合哥伦比亚法律为由撤销仲裁裁决。对此，X 在美国要求执行仲裁裁决，但美国联邦上诉法院以以下理由驳回了 X 的申请，即"根据《纽约公约》第 5 条第 1 款第 e 项，执行国通常不能执行作出国'有权限的机关'合法撤销的仲裁裁决。本案法院是作出国哥伦比亚的'有权限的机关'这一点没有争议，当事法院的程序没有瑕疵，也没有记录显示其判决不真实。""根据《纽约公约》第 5 条第 1 款第 e 项的规定，在判断是否信任第一国法院作出的撤销仲裁裁决的判决时，我们必须极其慎重地解释'公共秩序'的概念。公共秩序审查不应仅仅是第二国法院在本国作出仲裁裁决并要求执行时，询问是否撤销仲裁裁决。""条约以不同的缔约国具有不同的仲裁裁决撤销理由为前提。因此，在外国仲裁裁决的效力被公共秩序否定的情况下，法院作出限制性解释是理所应当的。"TermoRio S. A. E. S. P. v. Electranta S. P.，487 F. 3d 928（D. C. Cir.，2007）.

中也得到了证实。

不过，对于这一解释，有人批评说，撤销仲裁裁决的判决这样的程序性决定，不包括在《日本民事诉讼法》第 118 条所承认的外国法院的"判决"中。[37]确实，像指挥诉讼的命令那样，其不影响当事人的实体权利关系，对于只要在程序中被遵守就足够的命令，没有必要讨论在法院地国以外的效力。但是，仲裁地国法院的撤销判决，通过废止仲裁裁决的效力从而对当事人的权利关系产生重大影响，而且原则上其效果在其他国家也需要受到尊重，将其单纯地视为程序性命令是不适当的。从这样的角度来看，也有承认撤销仲裁裁决的判决效力的余地。

（三）不予执行被撤销仲裁裁决的观点

根据日本和德国国际民事诉讼法通说的理解，所谓外国判决的承认，无非是外国判决在作出国具有的效力向内国的扩张（效力扩张说）。因此，作为承认对象的外国判决必须在作出国具有效力。[38]外国判决的执行被解释为赋予其在本国的执行力（效力赋予说），但前提是该外国判决在作出国具有效力。[39]2005 年《海牙选择法院协议公约》[40]第 8 条第 3 款规定，外国判决只有在"判决作出国有效"的情况下才能成为被承认的对象，只有在"判决作出国能执行"的情况下才能被执行。

---

[37] 参见［日］小川和茂：《取り消された仲裁判断の承認執行》，载《日本国際経済法学会年報》2007 年第 16 号，第 182 页等。［日］中村，前揭论文（注 33），在其第 563 页中也认为撤销判决虽然是程序性裁判，但根据 1969 年 9 月 6 日东京地方法院判决，载《判例时报》第 586 号第 73 页，承认仲裁裁决确认判决的执行，也可以承认程序性裁判的执行合理性。但是，将仲裁裁决确认判决作为准予执行判决的对象并没有充分的理由［后述三（二）3］，这一立论存在疑问。

[38] 参见［日］铃木忠一、三ヶ月章编：《注解民事執行法（1）》，第一法规 1984 年版，第 387 页（青山善充）；［日］竹下守夫：《判例から見た外国判决の承認》，载《中野贞一郎先生古稀祝賀・判例民事訴訟法の理論》（下），有斐閣 1995 年版，第 525 页ほか通说。

[39] 参见［日］中野貞一郎：《民事執行法》（増補新訂第 6 版），青林書院 2010 年版，第 193 页以下；［日］青山，前揚论文（注 38），第 387 页ほか。但是，即使是在国内予以执行裁决作出后才在作出国被撤销的裁决，在国内被赋予的执行力也不会自然消失，仍然需要在国内提出请求异议之诉。参见［日］中野（贞），前揭书，第 198 页。

[40] 参见本条约附［日］道垣内正人：《ハーグ、国際裁判管轄条約》，商事法務 2009 年版，第 306 页以下。

如果把上述想法投射到仲裁上，那么在仲裁地国被撤销、失去效力的仲裁裁决，在其他国家就不能成为被承认和执行的对象。日本学界也有主张这一观点的见解，[41] 这一结果也符合这样的事实，即仲裁裁决撤销程序一般被认为是仲裁地国专属的国际裁判管辖。《纽约公约》第5条第1款第e项规定，仲裁裁决"被作出该裁决的国家或裁决所依据法律的国家的有权机关撤销"时，"可以拒绝"承认和执行仲裁裁决。但是，这也被认为是以仲裁地国法院的撤销效果在其他国家受到尊重为前提的假设。

持这一立场的代表性学者艾伯特·杨·范登伯格（Albert Jan van den Berg）这样认为，在国籍国被撤销的仲裁裁决不能在其他国家执行是被普遍认可的规则。《纽约公约》第5条第1款第e项规定，仲裁裁决在仲裁地国（或仲裁程序准据法所属国）被撤销时，法院可以拒绝执行仲裁裁决，其宗旨是将对仲裁裁决的司法监督集中到仲裁地国。无论案件多么具有国际性，仲裁和仲裁裁决都是支配仲裁的仲裁地法律秩序的产物，在仲裁地国被撤销的仲裁裁决已经不复存在，就如"无中不能生有"与"游戏结束"。确实，仲裁裁决可以基于奇怪的根据被撤销，但这只是例外，应该作为上述规则的简明和可预测性的代价被容许。[42]

但是，如果要贯彻这样的理解，正如"Yukos案"所表现出来的那样，即使在仲裁地国滥用权限，不正当地撤销仲裁裁决的情况下，其他国家也不得不无条件承认其效力。关于撤销仲裁裁决的判决是否应被承认这一问题，越来越多的学说、判例都是基于无条件承认其效力的实际考虑的。

---

〔41〕 参见［日］川上太郎：《仲裁》，载国际法学会编：《国际私法講座》（第3卷），有斐閣1964年版，第869頁；［日］小林秀之：《国際取引紛争》，弘文堂2003年版，第240頁。笔者也曾有过这样的想法（参见［日］本間靖規、中野俊一郎、酒井一：《国際民事手続法》，有斐閣2005年版，第253頁），但如本文所示，改变了看法。

〔42〕 See Albert Jan van den Berg, "Enforcement of Annulled Awards?", *ICC Court of Arbitration Bulletin*, Vol. 9, No. 2., 1998, p. 15.

三、国际仲裁与国家法律秩序的关系的理想状态

（一）问题之所在

如上所述，在国际仲裁中，实体判断标准的确定与一般诉讼相比更为灵活。另外，对于在仲裁地国被撤销的仲裁裁决的承认和执行，有观点认为仲裁地国法院的撤销判决使仲裁裁决的存在消失，其他国家没有承认和执行的余地。也有观点认为国际仲裁裁决是超越特定国家的司法裁决，仲裁地国法院的撤销并不妨碍在其他国家的承认和执行，但在仲裁地国的撤销判决不满足承认条件的情况下，允许其在本国执行的观点更为有力。此类观点的对立对于国际仲裁和国家法律秩序的关系的理想状态有什么启示呢？

（二）国际仲裁"强融入"仲裁地国法律秩序

1. "强融入"的观点

如前所述，超国家仲裁的思路存在难点，我们必须以国际仲裁融入仲裁地国法律秩序，而具有代替诉讼的法律效力为基本出发点。但是，即使在这种情况下，国际仲裁和仲裁地法律秩序应该以何种形式、在何种程度上建立结合关系，也有多种看法。

假如我们以国际民事诉讼中法院地国与诉讼的关系为出发点，那么国际仲裁就被牢牢地纳入仲裁地国法律秩序，并受到其严格的控制。也就是所谓的"强"融入的观点。从这个视角来看，仲裁裁决通过被并入仲裁地国法律秩序而成为仲裁地国国家行为的一部分，具有与确定判决相同的效力。那么在仲裁地国被撤销的仲裁裁决就不可能在其他国家得到承认和执行。但是，到了仲裁地国滥用撤销权限的事态出现时，这一观点就将难以贯彻。在最近的学说和判例中，越来越多观点将仲裁地国法院撤销仲裁裁决的判决能否在国内得到承认作为问题来考虑，从这个角度看也是可以理解的。同时，国际仲裁和仲裁国法律秩序之间具有牢固的约束关系，与确定国际仲裁实体裁决标准不应给予当事人和仲裁庭过于广泛的自由的想法是一致的。但是，国际仲裁中实体裁决标准的灵活化不仅有实务上的要求，在理论上也没有障碍，如前所述，各国法律已广泛认同对

此的处理，且已成为一种普遍的做法。（见第一部分）

2. 关于仲裁裁决质量控制的权限分配

根据国际仲裁法的规则，仲裁地国和执行国在仲裁裁决的质量控制方面分配了不同的作用，只要仲裁地国适当地行使其监督权限，那么执行国就只需尊重仲裁地国法院撤销的效果。在这种情况下，可以认为在仲裁地被撤销的仲裁裁决与在判决国失去效力的判决一样，不能成为外国承认和执行的对象。否定执行被撤销的仲裁裁决的观点正是考虑到这种通常的情况，这也与上述"强"融入的想法是匹配的。

与此相对，如果仲裁地国滥用监督权限，仲裁地国与执行国的合作关系就会崩溃，执行国将不会尊重仲裁地国法院的撤销判决。也就是说，这里的问题不在于仲裁被并入仲裁地国法律秩序本身，而在于仲裁地国滥用了其自我设定的对仲裁裁决的质量控制权限。此时就有必要在执行国从程序保障的角度审查撤销判决是否有可能获得承认。仲裁地国行使监督权在其他国家原则上受到尊重，前提是以促进当事方通过仲裁解决纠纷作为目标。若仲裁地国撤销仲裁裁决是基于国家利益的不当行为，或许可以说在这种情况下仲裁地国的介入就将失去依据，其他国家也就不再承担尊重其介入的义务。从这样的视角来看，仲裁地国法院作出的撤销仲裁裁决的判决，在其不满足承认要件，特别是不满足公共秩序要件的情况下，在其他国家将不能被承认，此时仲裁裁决的承认和执行就成为可能。

3. 仲裁裁决的确认（confirmation）和溶解理论

在美国，执行仲裁裁决的传统形式是获得确认（confirm）仲裁裁决的判决之后再对其执行。这与《美国联邦宪法》保障州际判决的执行有关，但在理论上，有很多观点认为仲裁裁决中的诉讼原因往往通过确认在判决中"溶解"了（溶解理论：merger doctrine）。[43]从这个角度来看，如果仲裁裁决在仲裁地国得到确认，诉讼原因溶解于判决中的话，那么在外国的执行也是基于确认判决而进行的。1969年

---

〔43〕 参见［日］西賢：《判批》，载《昭和45年度重要判例解説》，第213頁。

东京地方法院判决〔44〕允许基于美国仲裁裁决的确认判决认可其在日本执行，也可以从这样的角度来理解，这与将国际仲裁"强"融入进仲裁地国法律秩序的想法是相近的。

不过，对此也有不少反对意见。例如，在仲裁地国与执行国之间没有相互保证的情况下，仲裁地国的溶解将导致仲裁裁决无法执行。根据确认判决的执行，也有可能存在规避仲裁裁决承认要求的风险。甚至有批评认为由于仲裁裁决的确认是以执行为目的的，所以其是对执行许可再授予执行许可（双重执行许可）。过去德国判例在认可基于确认判决的执行的同时也允许基于仲裁裁决本身的执行，但这显然缺乏一贯性。因此，在接受来自学界的批评的情况下，德国联邦最高法院于 2009 年变更了先例，即使在美国已经作出仲裁裁决的确认判决时，在德国的执行也完全取决于仲裁裁决本身。也有越来越多的日本学术理论认为，仲裁裁决的执行取决于仲裁裁决本身，与在仲裁地国的溶解的有无无关。〔45〕这样的处理似乎表明，仲裁地国的"溶解"效果在其他国家未必会受到尊重。换言之，这也表现出仲裁地国对仲裁裁决效力的控制并非绝对。

（三）国际仲裁"弱融入"仲裁地国法律秩序

1. "弱融入"的观点

关于国际仲裁中实体裁决标准的确定，受到广泛认可的是与民事诉讼的情况大不相同的具有较高自由度的规则，在仲裁地国合法撤销的仲裁裁决被其他国家承认和执行的情况也不少见。这表明仲裁地国法律秩序对国际仲裁的控制比法院地国对国际民事诉讼的控制相对宽松。如果是这样的话，我们应该认为国际仲裁通过并入仲裁地国法律秩序而具有代替诉讼的法的效力，但其并入的程度与诉讼和法院地国的关系相比显得"薄弱"。换句话说，国际仲裁在一定程度上保留了仲裁独立性，在有限的范围内服从国家法律秩序的控制。

---

〔44〕 参见 1969 年 9 月 6 日东京地方法院判决，载《判例时报》，第 586 号，第 73 页。

〔45〕 参见［日］中野俊一郎：《仲裁判断を確認する外国判決の執行》，载《JCA ジャーナル》2010 年第 57 卷第 8 号，第 2 页以下。

2. 扩张撤销仲裁裁决事由的合意、排除撤销仲裁裁决诉讼的合意

当事人可以合意在仲裁程序中设置审级，在商品交易所仲裁中可以看到这样的例子，[46]当然这是例外情况。另外，英国法律传统上允许就法律问题向法院提起上诉，但其适用的范围在 1979 年以后受到制定法的限制。[47]另一方面，如果当事人能够合意扩张法院撤销仲裁裁决的法定理由，那么实质上就具有了与仲裁裁决上诉相同的功能。美国的部分审判案例承认了这种处理方式，日本学界对此也持积极评价。[48]扩张撤销事由的合意是为了发挥加强仲裁地国法院对仲裁裁决的质量控制功能，如果按照本文提出的问题进行分类的话，可以说是与将国际仲裁"强融入"国家法律秩序的想法相契合。不过，在 2008 年的"Hall Street 案"（Hall Street Associates v. Mattel）中，美国联邦最高法院认为联邦仲裁法规定的撤销仲裁裁决的事由不能通过合意来变更，[49]因此，今后的探讨很难继续沿着这个方向发展。

此外，在比利时和瑞士等部分国家，当事人可以合意排除在法院提起撤销仲裁裁决诉讼的可能性。这样的合意排除了仲裁地国法院对仲裁裁决的质量控制，否定将仲裁纳入仲裁地国家法律秩序，具有增强国际仲裁自律性的功能。[50]但是，这种制度是否真正符合当事人的需要，是否能够提高仲裁地的吸引力，很多人对此持怀疑

---

〔46〕 例如 GAFTA 仲裁规则（http://www.gafta.com/index.php? page = arbit_ rules）设立了二审制的仲裁程序。

〔47〕 关于 1979 年法，参见 ［日］谷口安平：《連合王国》，载 ［日］小島武司、高桑昭编：《注解仲裁法》，青林書院 1988 年版，第 492 頁以下。关于 1996 年法，See Veeder, *International Handbook on Commercial Arbitration: England*, Kluwer, 1997, p. 60ff.

〔48〕 参见 ［日］谷口安平：《仲裁判断取消事由の任意的拡張》，载《改革期の民事手続法（原井龍一郎先生古稀祝賀）》，法律文化社 2000 年版，第 366 頁以下；［日］中林啓一：《仲裁判断取消事由を拡張する仲裁合意の効力》，载《修道法学》2006 年第 28 巻第 2 号，第 1090 頁以下。

〔49〕 Hall Street Associates v. Mattel, 128s. Ct. 1396; 170L. Ed. 2d 254; 2008 U.S. LEXIS 2911. 关于本案，参见 ［日］中野俊一郎、阮柏挺：《新・国際商事仲裁関係判例紹介》，载《JCAジャーナル》2008 年第 55 巻第 9 号，第 60 頁。

〔50〕 虽然情况不同，但是对于将仲裁权限的最终判定权授予仲裁员的合意也可以说是相同的。关于这个问题，参见 ［日］田邊誠：《仲裁権限に関する仲裁人の判断権（Kompetenz-Kompetenz）について》，载《広島法学》1992 年第 15 巻第 3 号，第 49 頁以下。

态度，[51]在比较法上也没有成为普遍的观点。

以上两种合意，一个是加强国家对仲裁裁决的介入，另一个则致力于将国家干预排除在外，两者形成了鲜明的对比。但是仲裁是以当事人的合意为基础的纠纷解决制度，不存在否定这些合意的理论上的必然性，从立法论上看这些都是可行的选择。但是，即使是在允许这些合意的国家，其在实务中也没有得到有效利用，这是因为当事人不太希望过分强化或者反过来排除国家法院的参与，而是更倾向于现行《示范法》所设想程度的受到抑制的国家参与。换句话说，这是不是表明将国际仲裁"弱"融入国家法律秩序的想法符合大多数当事人的需要呢？

3. 与仲裁地概念的关系

如果说对仲裁程序和仲裁裁决的控制首先取决于仲裁地国，那么"仲裁地"这一连接点在国际仲裁规则方面就起着极其重要的作用。然而，仲裁地仅由当事人合意决定（《示范法》第20条、《日本仲裁法》第28条），一般不寻求其与纠纷和仲裁程序的实质关系。对此并非没有质疑的声音，曾有以除了被选为仲裁地之外与案件缺乏密切关联性为由，否定撤销仲裁裁决的国际诉讼管辖的司法案例。[52]一般在允许合意排除撤销仲裁裁决的立法例中，与仲裁地缺乏关联性被视为是合意的条件。[53]这些都是试图将仲裁地概念"实质化"的动向。但是，根据当事人的意愿来决定仲裁地，其不必与开庭地一致，也不必考虑与案件的关联性的想法在国际仲裁实务中根深蒂固。很难想象在不久的将来这一点会发生很大的变化。

以这样的"仲裁地"概念为前提，与开庭地、法院组织、语言等诸多方面与纠纷解决程序有实质性紧密联系的法院地国相比，仲裁地国与仲裁程序之间的联系可能相对薄弱。但是，仲裁地国与仲裁程序间的薄弱联系给当事人带来了通过自由选择仲裁地，从而灵

---

〔51〕 参见［日］中野，前揭论文，第1144页。

〔52〕 See The Titan Corporation v. Alcatel CIT SA, Svea Court of Appeal, 28. 2. 2005, *Yearbook of Commercial Arbitration*，, Vol. XXX, 2005, p. 139.

〔53〕 参见［日］中野，前揭论文（注34），第1145页。

活地决定仲裁程序准据法、仲裁裁决的国籍、撤销仲裁裁决诉讼的管辖等优点，提高了国际仲裁的魅力。试图将仲裁地概念"实质化"的举动并没有普遍化，从这一角度来看也是可以理解的。同时，这种仲裁地概念的"薄弱"与国际仲裁"弱"融入仲裁地国法律秩序的想法也是匹配的。换句话说，也许正因为是"弱"融入，才没有必要将仲裁地概念实质化。

如果是这样，就必须重新审视当事人完全自由选择的"仲裁地"依据什么将国际仲裁和国家法律秩序联系在一起。一种回答是，仲裁地的选择相当于诉讼时法院地的选择。但是，仲裁地点的选择基本上是基于双方当事人的合意，而法院地点的选择在大多数情况下是由原告单方作出的；在选择的结果是否融入国家法律秩序方面，仲裁和诉讼存在质的区别。另一种回答是，仲裁地的选择包括仲裁程序准据法的选择、仲裁裁决国籍的选择、仲裁裁决的撤销等与仲裁程序有关的诉讼的国际管辖合意，似乎可以假设其不过是一个将国际仲裁和国家法律秩序结合起来的合意。[54]对此还需要进一步研究。

4. 在判决国被撤销的确定判决的处理

对于外国确定判决在判决国被撤销时的处理方法，还没有进行充分的讨论。一种可能性是，判决程序和再审程序在判决国的司法制度中是一体的，通过再审来撤销确定判决无非是判决国通过自己的国家行为消灭作为自己国家行为的确定判决的效力。其他国家当然必须接受作为效力扩张对象的判决效力丧失的结果。这样一来，虽然承认撤销仲裁裁决的判决可能会引起争议，但仲裁裁决并非仲裁地国的国家行为，而只是服从仲裁地国的监督，并保持一定独立性的存在。那么是不是可以这样说，只要仲裁地国适当行使其监督权限则其裁决的效果就会得到其他国家的认可；相反，如果其滥用监督权限，其他国家就不会认可其裁决的效果，从而独立判断仲裁裁决的效力？

另一方面，如果是这样的话，确定判决在判决国被滥用权限撤销时，是否有必要采取同样的处理方式将成为问题。也就是说，法

---

〔54〕　参见［日］中野俊一郎：《仲裁手続の準拠法》，载《仲裁法をめぐる最近の諸問題に関する調査研究》，産業研究所 2001 年版，第 70 頁以下。

院地国法院撤销确定判决的再审判决也要符合《日本民事诉讼法》第118条的承认条件。在仲裁的情况下，因为有仲裁协议，所以无法在承认国进行诉讼。相反，如果确定判决被不当撤销，也可以考虑在承认撤销效果的基础上允许在承认国再次提起诉讼，所以虽然没有必要对两者进行相同处理，但考虑到在判决国以外的国家进行再审程序的情况，要求再审判决具备承认要件是正当的。不过，与仲裁不同的是，在判决国被撤销的确定判决的承认和执行问题并没有具体的出现，这也间接显示出国际仲裁与诉讼之间存在质的差异。

结　语

对于国际仲裁与国家法律秩序之间的关系，无论是从法律政策角度还是从理论角度，都可以给出多种答案。的确，随着《纽约公约》和《示范法》的成功，国际仲裁案件数量不断增加，与之相伴的是仲裁机构和仲裁法律体系也在迅速完善和现代化。在这样的情况下，强烈追求国际仲裁的自律性是一种必然的趋势。但是，这种趋势能否发展到承认国际仲裁和国家法律秩序的完全分离及其独立性仍有疑问。虽然很难预测未来，但以目前围绕国际仲裁的法律发展状况为前提，它似乎并没有提供一个可以在现实中发挥作用的法律框架。这里所要求构筑的是在确保国际仲裁的实效性所必需的范围内，在承认国家介入和控制仲裁程序的同时，根据当事人的需要，最大程度上允许国际仲裁的自律性和当事人自治的法律框架。如果是这样的话，将国际仲裁完全纳入国家法律秩序之中，剥夺国际仲裁的自律性固然并不适当，但反过来完全切断国际仲裁与国家法律秩序的关系，无视国际仲裁实效性的法律制度也不是一种妥当的做法。问题是如何在两者之间划出一条边界呢？

诚然，国际仲裁与国家法律秩序的结合形态和程度因时代和场所的不同而可能会有各种各样的不同情况，[55]因此要划清界限并非易事。从经济角度来看，由于各国的政策目标是将国际仲裁引入本

---

〔55〕　参见［日］道垣内，前揭論文（注2）。其第102页也正当地指出这一点。

国，因此很难进行具有普遍性的讨论。在这个意义上说，本文只是从极其有限的角度对当今国际仲裁的面貌进行了粗略的勾画，今后还需要以更广阔的视野对其进行探讨。

（责任编辑：王盛哲）

The Relationship between
International Arbitration and State Legal Order

Nakano Shunichiro, Trans. by Chai Yuhong, Xiao Lumeng

Abstract：Different from the international civil procedure which strictly follows the legal order of the Forum State, the relationship between international arbitration and the state legal order is not clear in theory and practice. Some insist that international arbitration should be fully subject to the control of national legal order, while some believe that international arbitration is independent and therefore not subordinate to state legal order. International arbitration has been widely accepted for its independence and self-discipline, which helped the number of arbitration cases increase constantly. In this context, cases have arisen in which recognition and enforcement have been requested in other countries for arbitrations that have been set aside in the State of the seat of arbitration, which makes it an inevitable trend to require self-discipline in international arbitration. However, the complete separation of international arbitration and state legal order can hardly guarantee the effective function of arbitration. In such circumstances, it is particularly important to construct a legal framework that allows for the appropriate involvement of States in arbitral proceedings and takes into account the independence of international arbitration and party autonomy to the maximum extent possible.

Keywords：International Arbitration; State Legal Order; Revoking the Judgment; Recognition and Enforcement

研究综述

"一带一路"十周年法律问题研究综述

谢立琪 *

摘　要：自 2013 年首次提出"一带一路"倡议以来，已经过去了 10 个年头。这十年来，"一带一路"倡议在不同领域取得了诸多显著成就，为世界各国的经济发展和区域合作提供了重要机遇。"一带一路"法律问题研究是"一带一路"研究重要组成部分。其中，全球治理、经贸规则、数字法治和涉外法治是"一带一路"法律问题十年间研究热点，值得重点关注。

关键词："一带一路"；全球治理；经贸规则；数字法治；涉外法治

一、"一带一路"十周年法律问题研究概况

自 2013 年习近平主席提出"一带一路"倡议以来，专家学者开始从法律层面开展相应研究。法律研究在"一带一路"倡议的推进中起着重要的指导作用，国际法和相关领域的研究成果为"一带一路"共建国家提供了有价值的参考和借鉴。通过对"一带一路"法律领域研究的深入剖析，可以更好地理解和把握"一带一路"倡议的内涵和目标。

综观"一带一路"倡议十年间法律研究相关成果，其涉及"一带一路"倡议方方面面，主要包括"一带一路"与全球治理、"一带一路"与气候变化、"一带一路"数字法治、"一带一路"涉外法治、"一带一路"经贸规则、"一带一路"与区域合作、"一带一路"与国家安全、"一带一路"国际司法协助、"一带一路"基础法律问

---

*　法学博士，上海政法学院国际法学院讲师。研究方向：国际法。

题和"一带一路"国别研究等不同主题。

本研究综述以中国知网数据库为检索来源，以《中国学术期刊（网络版）》2013年6月—2023年6月收录的期刊文章为研究样本，从"一带一路"法律问题研究的新颖性和前沿性出发，选取"一带一路"全球治理法律问题、"一带一路"经贸规则相关法律问题、"一带一路"数字法治和"一带一路"涉外法治作为研究综述重点，对过去十年间"一带一路"法律研究相关领域研究现状作出简要分析和总结。

二、"一带一路"全球治理法律问题研究综述

随着"一带一路"倡议的不断推进，涌现出了许多与全球治理领域相关的法律问题，集中体现在"一带一路"背景下公共安全治理和"一带一路"合作治理机制两个方面。

（一）"一带一路"背景下公共安全治理

"一带一路"公共安全治理是"一带一路"全球治理的重要组成部分。它涵盖网络安全、对外援助、卫生管理、边境控制和跨境犯罪等在内的多个法律问题。专家学者从不同角度出发探讨"一带一路"背景下公共安全治理问题，并强调国际合作、信息共享和法律框架等对策在有效应对这些挑战方面的重要性。

杨帆提出"一带一路"框架下网络安全合作包括全球性和区域性两种合作机制。全球性合作机制以是否在联合国框架内作二元区分为划分标准。区域性合作机制则包括"东亚网络安全合作机制""东南亚网络安全合作机制""阿拉伯地区网络安全合作机制""非洲网络安全合作机制""中亚-俄罗斯地区网络安全合作机制"，而我国主导构建"一带一路"网络安全合作机制面临四项挑战：一是美国等域外国家的技术打压；二是自主性差；三是碎片化现象；四是治理能力相对薄弱。[1]曹俊金区分了中国对外援助与"一带一路"倡议、"马歇尔计划"之间的明显差异，明确中国对外援助与

〔1〕 参见杨帆：《"一带一路"框架下网络安全国际合作机制研究》，载刘晓红主编：《"一带一路"法律研究》（第4卷），中国政法大学出版社2021年版，第330页。

"一带一路"倡议具有一致的合作导向，中国对外援助是独立于"一带一路"倡议的经济合作形式，"一带一路"倡议推动了对外援助合作。"一带一路"倡议下中国对外援助工作可考虑从以下三个方面展开：一是推动转型升级，促进对话互动；二是加强战略规划，提升发展契合；三是优化机制体制，增进援助实效。[2]敖双红、孙婵指出全球卫生危机呼唤全球卫生治理，全球卫生治理是构建人类命运共同体的伟大实践。"一带一路"倡议在丰富全球卫生法渊源的同时促进了全球卫生安全。中国积极参与全球卫生治理可以考虑从以下四点着手：一是完善对外卫生援助制度；二是与其他治理主体规范合作；三是完善全球卫生法律制度；四是合理分配区域公共卫生资源。[3]秦亚青、魏玲指出，共建"一带一路"的新型全球治理实践主要包括构建多元协商的合作体系，组建包容、开放、普惠的世界经济体系和建立以可持续发展为核心的人类命运共同体。"一带一路"倡议的核心思想与共商共建共享的新型全球治理思想高度契合。[4]

章成、郭子蔚指出，自上合组织成立以来，成员国之间通过信息交流、联合行动和机制建设在反恐、禁毒、能源和环保等领域已达成深度合作。在"一带一路"倡议中的"五通指数"可作为评价上合组织成员国合作治理效果的重要指标。[5]廖凡指出"一带一路"倡议是对人类命运共同体构想的重大实践。"一带一路"国际合作的重要特点是权责共担、义利并举，通过国际合作稳步推进"一带一路"建设集中体现了共商共建共享的全球治理观。[6]刘敬东指出法治中国建设以及改革全球治理体制的核心在于建立"一带

---

〔2〕 参见曹俊金：《"一带一路"倡议背景下的对外援助研究》，载刘晓红主编：《"一带一路"法律研究》（第4卷），中国政法大学出版社2021年版，第277页。

〔3〕 参见敖双红、孙婵：《"一带一路"背景下中国参与全球卫生治理机制研究》，载《法学论坛》2019年第3期。

〔4〕 参见秦亚青、魏玲：《新型全球治理观与"一带一路"合作实践》，载《外交评论（外交学院学报）》2018年第2期。

〔5〕 参见章成、郭子蔚：《"一带一路"倡议背景下的上合组织非传统安全合作研究》，载刘晓红主编：《"一带一路"法律研究》（第4卷），中国政法大学出版社2021年版，第299页。

〔6〕 参见廖凡：《全球治理背景下人类命运共同体的阐释与构建》，载《中国法学》2018年第5期。

一路"法治化体系。构建"一带一路"法治化体系应遵循平等互利原则、规则导向原则和可持续发展原则，"一带一路"法治化体系应囊括国际法和国内法两大内涵。[7]

（二）"一带一路"合作治理机制

"一带一路"合作治理机制在促进"一带一路"共建国家之间的协作与协调方面发挥着重要作用。李雪平指出"一带一路"合作机制存在主体上广泛的交叉性、职责上一定的重叠性和组织上相当的松散性等法律缺陷。"一带一路"合作机制面临共建国家宗教法与合作机制内世俗法冲突，相关国家领土争端带来可变因素和稳定风险。应将"一带一路"合作机制确定为促进国际经济发展的平等新秩序，同时战略上在法理体系和国际法律秩序间做好协调，在决策上以市场导向、政府推动和企业主导为核心，在合作事项上确立包含国际法"红线"约束的制度。[8]

一部分学者从软法的角度，对"一带一路"合作治理机制展开深入研究。韩永红指出"一带一路"国际合作软法保障机制的建立应坚持平等互利、市场开放和正当程序原则。"一带一路"国际软法合作保障机制规范的主要表现形式包括谅解备忘录、倡议、决议和宣言等，在包含有实质性行为规则的同时并不具备法律约束力，因此"一带一路"国际软法合作保障机制的实施可考虑借鉴"管理过程模式"，通过跨政府组织网络、非政府组织和区域性国际组织达成。[9]郭成龙认为治理机制的灵活性可应对"一带一路"法律环境的复杂性；治理机制的包容性可协调"一带一路"倡议内涵的多元性；治理机制达成的便捷性可满足"一带一路"建设的效率要求。国际软法在"一带一路"建设中存在以下独特价值：一是凝聚理念和共识；二是引领规则统一和促进政策对接；三是丰富规则供给。建设"一带一路"国际软法保障机制应做到推动软硬法之间良性互

---

〔7〕 参见刘敬东：《"一带一路"法治化体系构建研究》，载《政法论坛》2017 年第 5 期。

〔8〕 参见李雪平：《"一带一路"的合作机制：法律缺陷、复杂挑战与应对策略》，载《理论月刊》2017 年第 1 期。

〔9〕 参见韩永红：《"一带一路"国际合作软法保障机制论纲》，载《当代法学》2016 年第 4 期。

动、推进"一带一路"倡议多边化、建立灵活多元的国际商事纠纷解决机制和健全涉外商事法律服务体系。[10]

还有一部分学者从文化合作和气候合作等方面展开论述。张丽英等认为"一带一路"建设中,"民心相通"是"五通"建设的社会基础和保障。"民心相通"合作机制的建立主要从以下几个方面入手:一是建立学历互认机制;二是建立文化交流合作机制;三是建立旅游合作机制;四是建立公共卫生合作机制;五是建立科技合作机制;六是建立政党合作机制。[11]李春林认为全球公共产品是相互关联和依存的,"一带一路"共建国家已开始重视气候变化所造成的影响,中国已将气候变化合作确定为"一带一路"可持续发展议程的关键组成部分。"一带一路"倡议下小岛屿气候变化合作框架主要包括信息共享、科技合作、资金支持和能力建设。中国通过长期规划、建立合作机制和调整对外援助推动"一带一路"共建国家海岛适应气候变化合作机制的构建。[12]

三、"一带一路"经贸规则相关法律问题研究综述

在"一带一路"倡议中,经贸规则是核心内容之一。经贸规则旨在为各国开展贸易和投资提供指导和保障,促进贸易自由化和投资便利化。与其他领域的规则相比,经贸规则更加具有操作性和针对性。它涉及贸易关税、投资保护、知识产权保护等问题,为"一带一路"共建国家参与国际贸易提供了重要的法律保障。虽然"一带一路"倡议为参与国家提供了发展机遇,但其中涉及的经贸规则也面临着一系列的挑战,在"一带一路"倡议走过的这十年中,专家学者聚焦争端解决机制与国际投资有关法律问题的同时,也重点关注"一带一路"与 RCEP 等新兴问题。

〔10〕 参见郭成龙:《国际软法与"一带一路"的内在因应及保障机制》,载刘晓红主编:《"一带一路"法律研究》(第 6 卷),中国政法大学出版社 2022 年版,第 30 页。

〔11〕 参见张丽英、朱春香、马琳琳:《"一带一路"民心相通的文化合作机制构建》,载刘晓红主编:《"一带一路"法律研究》(第 6 卷),中国政法大学出版社 2022 年版,第 128 页。

〔12〕 参见李春林:《"一带一路"沿线国家和地区海岛适应气候变化合作机制的构建》,载刘晓红主编:《"一带一路"法律研究》(第 6 卷),中国政法大学出版社 2022 年版,第 157 页。

（一）"一带一路"与 RCEP

RCEP 全称为《区域全面经济伙伴关系协定》（Regional Comprehensive Economic Partnership），它是一个旨在促进亚太地区各国贸易和经济合作的自由贸易协定。RCEP 由东亚国家联盟（ASEAN）的 10 个成员国（文莱、柬埔寨、印度尼西亚、老挝、马来西亚、菲律宾、新加坡、泰国、缅甸、越南）以及中国、日本、韩国、澳大利亚和新西兰组成，共计 15 个成员国。RCEP 的目标是建立一个区域性的经济合作架构，涵盖贸易、服务、投资等多个领域，以促进成员国之间的贸易自由化和便利化。[13]

目前针对 RCEP 的相关研究层出不穷，然而将"一带一路"与 RCEP 相结合的研究则相对有限。与 RCEP 相比，"一带一路"倡议涉及的范围更广，包括基础设施建设、贸易和投资便利化、金融合作、人文交流等多个方面。它强调的是通过互联互通的方式，加强共建国家之间的经济联系，推动经济发展和区域合作。

专家学者从不同角度对"一带一路"与 RCEP 相关问题作出解读。张丽英、段佳葆指出，RCEP 突破了多边贸易体制下自然人的流动制度，以应对各国自然人流动国内法的新发展。RCEP 相关突破一方面体现在更开放自然人流动以促进"一带一路"贸易畅通，另一方面则是对完善我国的签证制度、加强国际合作寻求职业资格互认和完善临时劳动力输出制度提供了思考。[14]朱秋沅从文本结构、实体性规则、直接运输规则、程序性规则入手对 RCEP 原产地规则进行了详细解读，分析中国—东盟自贸协定及其升级和 RCEP 原产地规则之间的关系，指出在各自贸易协定同利好叠加的情况之下，需先期筹划择优享惠。[15]杨健则对"一带一路"倡议下知识产权区域

〔13〕 参见《区域全面经济伙伴关系协定》，载 http://fta. mofcom. gov. cn/rcep/rcep_ new. shtml，最后访问日期：2023 年 5 月 13 日。

〔14〕 参见张丽英、段佳葆：《"一带一路"背景下 RCEP 自然人流动规则的突破及发展》，载刘晓红主编：《"一带一路"法律研究》（第 4 卷），中国政法大学出版社 2021 年版，第 3 页。

〔15〕 参见朱秋沅：《RCEP 原产地规则详解与择优享惠建议——以与中国—东盟 FTA 协定原产地规则比较分析为例》，载刘晓红主编：《"一带一路"法律研究》（第 4 卷），中国政法大学出版社 2021 年版，第 29 页。

合作的可行性进行了分析，认为知识产权区域合作共识深化，"一带一路"倡议等政策支持作用明显，知识产权区域合作基础雄厚。而如何实现 RCEP 与"一带一路"中的知识产权区域合作，可考虑通过开展区域合作、制定区域计划、推进知识产权区域法治进程和发挥"一带一路"与 RCEP 联动效应达成。[16]余锦翘、刘彬则介绍了美国、欧盟等重要经济体的贸易调整援助制度，从中国制度建设情况、《中国（上海）自由贸易试验区贸易调整援助试点办法》《中国（云南）自由贸易试验区德宏片区贸易调整援助试点实施方案》以及农业贸易调整援助试点等多个方面对中国贸易调整援助制度现状作出评价，深度分析 RCEP 对中国制造业、服务业和农业的影响，指出可考虑通过建立审核标准与运作程序、增设农民贸易调整援助制度等手段完善 RCEP 背景下中国贸易调整援助制度。[17]刘媛媛则认为 RCEP 与"一带一路"倡议互动的基础在于二者理念相通、构成相似、对全球经济带来正向预期，同时在制造业领域相互补充，通过重塑经济链条、完善区域规则、坚持多边机制和聚焦重点领域实现 RCEP 与"一带一路"的有效互动。[18]

（二）"一带一路"争端解决机制

"一带一路"争端解决机制研究是"一带一路"经贸规则相关法律问题研究的传统热点。"一带一路"争端解决机制是解决参与国之间经贸争端的关键机制。张悦、匡增军认为应坚持共商、共建、共享、开放、包容等原则，加强政治互信，打造命运共同体均体现了"一带一路"争端解决机制建设过程中的发展导向。而应对贸易壁垒、防范投资风险和消除共建国家疑虑等则体现了"一带一路"争端解决机制建设过程中的规则导向。针对构建"一带一路"争端解决机制具体措施，应做到区分长期与短期目标、整体与区域

---

〔16〕 参见杨健：《"一带一路"与 RCEP 视阈下的知识产权区域合作法治探析》，载刘晓红主编：《"一带一路"法律研究》（第4卷），中国政法大学出版社 2021 年版，第59页。

〔17〕 参见余锦翘、刘彬：《RCEP 背景下中国贸易调整援助制度的建立与完善》，载刘晓红主编：《"一带一路"法律研究》（第4卷），中国政法大学出版社 2021 年版，第80页。

〔18〕 参见刘媛媛：《RCEP 与"一带一路"的互动及中国路径》，载《东北亚学刊》2022 年第2期。

规划。[19]龙飞、孙雅婷分析了"一带一路"建设中法治保障的重要性和构建中国特色"一带一路"国际商事争端解决机制的必要性，将英国伦敦商事法庭、新加坡国际商事法庭和中国国际商事法庭等世界主要的国际商事法庭进行对比，指出"一带一路"国际商事法庭制度构建的发展方向主要是激发中国国际商事法庭活力、提升纠纷解决机制的国际公信力和竞争力，并建立和完善相关数据库、案例库和域外法查明平台，加强与其他国家国际商事法庭之间的交流和合作。[20]郭慧志、冯硕以"一带一路"商事仲裁机制发展为出发点，深度分析"一裁终局"的变革因应与价值回归，提出一事再诉是追求"公正"的私力救济，过度审查是公正价值取向之下的隐忧，而选择上诉则是基于意思自治的制度变化。"一裁终局"对"一带一路"多元争端解决机制有三项启示：一是"一带一路"国际商事仲裁机制的应然价值取向；二是建立"一带一路"国际商事仲裁中心；三是"一带一路"仲裁司法审查的必要性限度。[21]朱怡则从上合组织成员国商贸争端解决现状出发，指出部分成员国并非WTO成员方，部分成员国仲裁制度不成熟和有缺陷，构建上合命运共同体争端解决机制具备充分的必要性和可行性。上合命运共同体争端解决机制可考虑以建构混合软硬法模式的准司法争端解决机制为方向，整合现有争端解决机制，创设上合组织一站式商事争端解决中心，在引入替代性争端解决机制的同时发挥商事仲裁机构在投资争端解决中的作用。[22]

另一部分专家学者则聚焦"一带一路"倡议与ISDS机制。张建从案例入手，分析"阿赫玛案"（Achmea）和"康斯特罗伊案"

---

〔19〕参见张悦、匡增军：《"一带一路"争端解决机制构建研究——以发展导向与规则导向为视角》，载《青海社会科学》2019年第6期。

〔20〕参见龙飞、孙雅婷：《"一带一路"建设中国际商事法庭的制度构建与创新》，载刘晓红主编：《"一带一路"法律研究》（第4卷），中国政法大学出版社2021年版，第158页。

〔21〕参见郭慧志、冯硕：《"一裁终局"的变革因应与价值回归——以"一带一路"商事仲裁机制发展为视角》，载刘晓红主编：《"一带一路"法律研究》（第4卷），中国政法大学出版社2021年版，第180页。

〔22〕参见朱怡：《上合组织命运共同体经贸争端解决机制的构建》，载刘晓红主编：《"一带一路"法律研究》（第6卷），中国政法大学出版社2022年版，第227页。

（Komstroy）的法律程序、裁判结论和法律影响。从实践角度分析《能源宪章条约》（ECT）第 26 条与欧盟法的兼容性，指出欧盟有关 ISDS 机制的改革面临欧盟法的挑战。[23]黄钰、彭辉从透明度、并行程序/多重程序、上诉机构/国际投资法院、替代性争端解决办法和缔约方的联合条约解释出发分析 ISDS 体系改革的进程，总结"一带一路"共建国家投资争端的特点和解决机制的问题与需求。"一带一路"投资争端解决机制可从 ISDS 体系改革中获得以下启示：一是以多边规则为基础构建"一带一路"投资争端解决机制；二是建立上诉机制；三是重视投资者与东道国之间的利益平衡；四是综合运用多元争端解决方式。[24]石静霞、董暖提出国际法治和国内法治的良性互动是"一带一路"倡议顺利实施的前提。在"一带一路"ISDS 机制构建过程中应考虑完善仲裁立法，发挥我国仲裁机构在投资争端解决中的作用，同时以 BITs 的更新为契机促进共建国家 ISDS 机制的优化，确保仲裁裁决与和解协议的有效执行。[25]沈伟、刘洁长期关注拉丁美洲国家在国际投资仲裁领域的动向，指出拉美地区是中国"走出去"的重要目标市场，而受卡尔沃主义影响，拉美地区对 ISDS 机制的态度来回摇摆。从国内法角度出发，分析玻利维亚、厄瓜多尔、委内瑞拉、阿根廷、古巴、巴西等国对 ISDS 机制的态度，指出中国应以开放的态度对待 ISDS 机制并区分相对身份以设计 ISDS 机制，完善细化国际投资仲裁的程序规则。[26]

（三）"一带一路"国际投资法律问题

"一带一路"国际投资法律问题是"一带一路"经贸规则研究

〔23〕 参见张建：《欧盟法视野下〈能源宪章条约〉争端解决机制的兼容性分析——以阿赫玛（Achmea）案及康斯特罗伊（Komstroy）案判决为中心》，载刘晓红主编：《"一带一路"法律研究》（第 5 卷），中国政法大学出版社 2022 年版，第 244 页。

〔24〕 参见黄钰、彭辉：《ISDS 体系改革进程对"一带一路"投资争端解决机制构建的启示》，载刘晓红主编：《"一带一路"法律研究》（第 6 卷），中国政法大学出版社 2022 年版，第 75 页。

〔25〕 参见石静霞、董暖：《"一带一路"倡议下投资争端解决机制的构建》，载《武大国际法评论》2018 年第 2 期。

〔26〕 参见沈伟、刘洁：《拉美国家对 ISDS 机制的立场变迁以及中国的借鉴和回应》，载刘晓红主编：《"一带一路"法律研究》（第 4 卷），中国政法大学出版社 2021 年版，第 113 页。

的重要议题。"一带一路"倡议在促进国际经济合作和基础设施建设方面发挥了重要作用。然而，随着投资规模的不断扩大和参与国的增加，涉及的国际投资法律问题也逐渐凸显。这些问题涵盖了投资者适格、争议预防、准据法适用等多个方面。

王晓峰、张晓敏总结了多边投资协定和区域投资规则中投资的定义。以"KT亚洲投资集团诉哈萨克斯坦案"（KT Asia v. Kazakhstan）为基础，分析内国投资者是否为适格"投资者"和东道国对适格投资者的认定。以"加兰蒂·科扎有限责任公司诉土库曼斯坦案"（Garanti Koza LLP v. Turkmenistan）为基础，探讨投资是否对东道国发展带来贡献以及东道国对发展贡献如何认定。以"金诉乌兹别克斯坦案"（Kim v. The Republic of Uzbekistan）为基础，讨论投资是否符合东道国法律和投资合法性要求的要件。[27]漆彤则分析了争议预防与争议解决的关系，指出针对目前投资仲裁机制存在公私利益保护失衡、仲裁庭权力过大、仲裁员缺乏独立性和公正性、透明度低和程序滥用等质疑。投资争议预防有其独特优势，符合各方共同利益需求，且与"一带一路"合作理念和中国现实需要高度契合。构建"一带一路"投资争议预防机制可考虑通过以下路径：首先，设立或指定专门的国内投资争议预防部门；其次，建立实质性的国际合作机制；最后，深化投资便利化议题的多边合作。[28]宋阳、邹彦蒙指出"一带一路"投资准据法适用存在位阶之争、政治"极化现象"以及适用准据法不统一等问题。在"一带一路"实践下追求东道国法律与国际法的协调适用可考虑在投资仲裁中以东道国法律作为裁判基准的理由，同时在国际投资中"有限"适用国际法，并积极追求东道国法律和国际法协调适用的效果。[29]

---

〔27〕 参见王晓峰、张晓敏：《"一带一路"国家对"投资"的认定研究——以中亚国家仲裁实践为例》，载刘晓红主编：《"一带一路"法律研究》（第5卷），中国政法大学出版社2022年版，第217页。

〔28〕 参见漆彤：《论"一带一路"国际投资争议的预防机制》，载《法学评论》2018年第3期。

〔29〕 参见宋阳、邹彦蒙：《论国际投资仲裁准据法的适用模式——以"一带一路"投资协定为切入点》，载刘晓红主编：《"一带一路"法律研究》（第5卷），中国政法大学出版社2022年版，第60页。

与此同时，"一带一路"国际投资中涉及的劳工、能源、知识产权和腐败等问题也引起专家学者的广泛关注。何志鹏、耿斯文认为"一带一路"国际投资协定中劳工权利保护存在内容总体缺失和争端解决机制不够完善这两大缺陷。具体改革路径包括：在总体态度上应做到渐进接受、有限接纳；在缔约途径上可考虑因地制宜、区别缔约；而实现争端解决更多需要依靠磋商对话、凝聚共识。[30]岳树梅、严思聪指出"冰上丝绸之路"是中国北极政策的重要倡议。中国对北极地区能源投资面临能源投资准入、环境保护和能源投资争端的法律风险，应做到明确中国对北极地区能源投资的基本法律原则、健全海外能源投资国内法保障体系、加强对北极地区能源投资的国际法保障和设立常设性的能源投资协商机构以防范中国对北极地区能源投资的法律风险。[31]邵辉介绍了吉尔吉斯斯坦知识产权法律制度环境，以及该国著作权、邻接权、商标权、商业名称权和专利权的法律保护现状。从行政执法环境、知识产权法院司法环境、海关执法环境入手分析吉尔吉斯斯坦知识产权法律运行环境。中国企业可通过事前布局、事中管控和事后救济应对在吉尔吉斯斯坦投资的知识产权法律风险。[32]宋俊荣指出通过对"一带一路"共建国家涉腐投资仲裁案件整理，总结现有仲裁实践存在腐败认定上重事实轻法律、认定的证明标准不统一、影响投资合法性认定不一致、重投资者责任轻东道国责任认定四个问题。在"一带一路"建设中，应考虑从投资者和国家层面积极应对，纠正仲裁实践中腐败归责的失衡。[33]

---

〔30〕 参见何志鹏、耿斯文：《"一带一路"国际投资协定下的劳工保护条款：现状、动因与前路》，载刘晓红主编：《"一带一路"法律研究》（第5卷），中国政法大学出版社2022年版，第3页。

〔31〕 参见岳树梅、严思聪：《"冰上丝绸之路"背景下中国对北极能源投资法律风险防控研究》，载刘晓红主编：《"一带一路"法律研究》（第5卷），中国政法大学出版社2022年版，第30页。

〔32〕 参见邵辉：《中国企业海外投资知识产权法律实施风险及其治理研究——以吉尔吉斯斯坦知识产权法为中心》，载刘晓红主编：《"一带一路"法律研究》（第5卷），中国政法大学出版社2022年版，第141页。

〔33〕 参见宋俊荣：《论腐败指控对国际投资仲裁的影响——基于"一带一路"沿线国家案例研究》，载《国际法研究》2022年第3期。

"一带一路"倡议中的经贸规则问题关系到参与国的经济繁荣和共同发展。面对涉及的法律问题，各国应加强合作，推动相关领域的发展和完善，为经贸规则的制定和执行提供更为稳定、公正和透明的法律保障。只有通过合作与磋商，各国才能共同促进经济的繁荣和稳定，实现"一带一路"倡议的共同发展目标。

四、"一带一路"数字法治研究综述

"一带一路"倡议旨在加强全球互联互通，促进共建国家的经济合作与发展。在数字浪潮背景下，数字经济已成为全球经济发展的重要驱动力，而数字法治则为促进数字经济发展提供了重要保障。

（一）"一带一路"与跨境数据流动

在信息技术的快速发展下，跨境数据流动成为全球经济合作与发展的重要组成部分。同时，跨境数据流动也面临着数据安全、隐私保护、信息监管等诸多问题。目前，国际社会尚未形成统一的跨境数据流动法律框架，各国在数据安全和隐私保护方面存在差异，跨境数据流动常常受到限制，"一带一路"与跨境数据流动研究方兴未艾。

齐鹏指出"一带一路"数字经济背景下跨境数据传输法律规制应区分跨境数据传输实施前、准备阶段、实施中、中后端和末端。跨境数据实施前应该选择适合"一带一路"保护准则的模式；跨境数据传输准备阶段可考虑以柔性软法治理合作为基础；跨境数据传输过程中可嵌入统一多元的跨境数据传输执法机制；跨境数据传输中后端应逐步优化目的评估制度和监督问责机制；跨境数据传输活动末端可建立第三方数据行业保护认证机构。[34]齐湘泉、文媛怡分析了个人数据跨境传输立法的调整范围和个人数据跨境传输的一般要件。个人数据跨境传输法律规制存在多元的价值取向，从多边条约、双边条约、"软法"中可借鉴区域性个人数据跨境流动制度构建的国

---

〔34〕 参见齐鹏：《数字经济背景下"一带一路"跨境数据传输的法律规制》，载《法学评论》2022 年第 6 期。

际经验。中国和"一带一路"共建国家在相关规则制定过程中，应重视对现行个人数据跨境传输规则的接洽与应对，谨防数字霸权。[35]杨鸿、陈斌寅详细介绍了我国数据分类分级制度的性质、划分标准和基础性立法框架，指出我国主要通过统一框架下各行业、领域的分地区、分部门监管实现数据分类分级，并以欧盟和美国作为代表性法域，深度研究其数据跨境的"分级分类"制度。[36]刘耀华详细介绍了《中华人民共和国网络安全法》第 37 条的立法背景，指出其对跨境数据流动管理作出的相关规定目的在于应对国际形势和互联网的发展所带来的挑战，认为相关部门应尽快细化具体要求，为跨境数据流动提供切实可行的法律依据。[37]孙祁则以《俄罗斯联邦宪法》及相关国际条约为基础，从俄罗斯数据管理法律体系入手，详细总结关于俄罗斯数据流动监管和个人数据的相关法律及其他规范性文件。《俄罗斯联邦宪法》是该国数据跨境流动监管的一般性基础原则，"内外双严"的法律规制主要针对涉及国家安全利益相关的数据。在数据主权背景下，俄罗斯数据跨境流动立法主要呈现出"本地化""有序性""保护性"的特点。通过对俄罗斯数据流动与监管机制的研究发现，俄罗斯采用孤岛式数据保护未必适合其他国家，个人信息保护与数据流动并不相互矛盾。[38]

（二）"一带一路"与数字经济

"一带一路"数字经济是在"一带一路"倡议框架下，利用数字技术和信息通信技术推动经济发展和合作的新兴领域。该领域涵盖了数字基础设施建设、数字贸易、数字金融、数字创新和数字治理等多个方面。"一带一路"数字经济借助数字技术和信息通信技术

〔35〕 参见齐湘泉、文媛怡：《构建"一带一路"个人数据跨境传输法律制度：分歧、共识与合作路径》，载《河南师范大学学报（哲学社会科学版）》2019 年第 6 期。

〔36〕 参见杨鸿、陈斌寅：《数据跨境的分类分级规制制度及其完善路径》，载刘晓红主编：《"一带一路"法律研究》（第 4 卷），中国政法大学出版社 2021 年版，第 207 页。

〔37〕 参见刘耀华：《我国跨境数据流动管理制度概论——兼析〈网络安全法〉第 37 条的制度构建及意义》，载刘晓红主编：《"一带一路"法律研究》（第 4 卷），中国政法大学出版社 2021 年版，第 241 页。

〔38〕 参见孙祁：《俄罗斯数据跨境流动的立法特点及趋势》，载刘晓红主编：《"一带一路"法律研究》（第 4 卷），中国政法大学出版社 2021 年版，第 256 页。

的发展，促进了经济合作和区域一体化。

赵骏提出数字经济治理面临以下困境：一是全球贸易治理改革由于多边主义遭受冲击而困难重重；二是全球贸易治理赤字逐步出现在人工智能、大数据和区块链等科技领域；三是发展中国家与发达国家之间"数字鸿沟"由于全球贸易秩序"南北差异"的扩大进一步加深；四是数字经济全球治理规则缺位，缺乏全球统一共识。"一带一路"数字经济治理应重点处理好经济和法律、科技和规则、竞争和合作、国际和国内四对关系。[39]安晓明认为"一带一路"数字经济合作面临六个方面的挑战，即"数字鸿沟"挑战、网络安全挑战、战略互信挑战、规则制定挑战、金融支持挑战和机会争夺挑战。应对上述挑战，应该完善数字经济治理、增强战略互信、积极参与国际规则制定、深化构建网络安全共同体、建立面向数字经济的金融支持体系和强化数字经济合作中的协调统筹。[40]李晶从"数字金融"角度出发，指出我国数字人民币具有"前台自愿，后台实名"、确保货币政策一致性和有效性、提升支付结算效率等特点。"一带一路"倡议背景下数字人民币的应用应考虑扩大共建国家多种国际支付手段的选择权、帮助共建国家抵御货币主权所面临的威胁和应对共建国家对数字支付的需求。然而"一带一路"共建国家货币主权行使的差异性、商业主体对货币财产需求的差异化和共建国家国内法对个人信息保护规定的不同，导致"一带一路"共建国家使用数字人民币可能面临诸多阻碍。[41]殷敏、鲍丹妮指出数字经济时代背景下，数字贸易规则制定刻不容缓。DEPA从数字经济供应链领域的规则化、数字技术推动贸易便利化、科技领域合作与规则的制定实现了数字技术和法规规则的统一。DEPA支持数据有限度自由流动，对特定数据给予必要保护，同时强调维护安全的数字交

〔39〕 参见赵骏：《"一带一路"数字经济的发展图景与法治路径》，载《中国法律评论》2021年第2期。

〔40〕 参见安晓明：《"一带一路"数字经济合作的进展、挑战与应对》，载《区域经济评论》2022年第4期。

〔41〕 参见李晶：《"一带一路"背景下数字人民币应用的特点、风险及法律应对》，载刘晓红主编：《"一带一路"法律研究》（第4卷），中国政法大学出版社2021年版，第350页。

易环境，DEPA 贯穿了包容性数字治理理念。〔42〕

五、"一带一路"涉外法治研究综述

在"一带一路"倡议实施过程中，涉外法治成为推动国际合作和促进中国特色社会主义法治体系建设的重要组成部分。其中，"一带一路"涉外法治人才的培养和专业化发展是专家学者关注的重点。

张丽英、肖怡婕指出推动"一带一路"和涉外法治建设，离不开国际法律服务人才的培养。当下中国籍国际律师执业和国际组织工作人数有待提高。我国现行国际法律人才培养存在课程及学科设置不合理、跨学科培养较为落后、多语言法律教学难度较大、实践教学参与程度低且缺乏体系、东西部国际法学教育发展不平衡等问题。加强国际法律人才培养可考虑通过优化国际法学科培养方案、创新研究生招生模式、优化多语言教学模式、强化实践教学和整合优质法学教育资源来实现。〔43〕张博指出"一带一路"倡议下涉外法治人才培养面临人才培养方案缺乏针对性、课程体系设置不合理、教学与考核方式较为单一、师资力量和结构分布极不均衡等问题，应从优化涉外法治人才培养方案、以应用复合型为导向完善课程设置、重视涉外法治实践教学环节、积极构建涉外法治人才培养共同体四个方面入手构建"一带一路"倡议下涉外法治人才培养体系。〔44〕王祥修、赵永鹏指出"一带一路"倡议下涉外法治人才应具备坚守传统美德的底色、强化法律技能的本色、发展多种语言的特色、弘扬法治文化的亮色等必备技能，"一带一路"倡议下涉外法治人才的培养应从优化课程体系、发挥比较优势和建立人才培养联盟等方面入手。〔45〕杨立民指出中国律师"走出去"，在"一带一路"

---

〔42〕 参见殷敏、鲍丹妮：《数字经济生态圈理念下 DEPA 先进性研究》，载刘晓红主编：《"一带一路"法律研究》（第 6 卷），中国政法大学出版社 2022 年版，第 179 页。

〔43〕 参见张丽英、肖怡婕：《国际法律人才培养现状及发展模式探析》，载刘晓红主编：《"一带一路"法律研究》（第 5 卷），中国政法大学出版社 2022 年版，第 167 页。

〔44〕 参见张博：《"一带一路"倡议下涉外法治人才培养模式探究》，载《民族高等教育研究》2022 年第 4 期。

〔45〕 参见王祥修、赵永鹏：《"一带一路"倡议下中国涉外法治人才培养目标及方案》，载杨宗科主编：《法学教育研究》（第 34 卷），法律出版社 2021 年版，第 18 页。

建设中面临法律环境复杂、法律文化多元和法律治理分化的挑战。"一带一路"共建国家法律市场存在高度开放、严格限制、相对开放和"双轨制"等机制。"一带一路"建设中我国律师业"走出去"可考虑通过设立境外分支机构或者跨境联盟、联营、合伙等形式实现。[46]郭永辉、李明提出维护国家的海外安全利益、为应对国际争端提供智力支持、打击恐怖主义活动和贯彻习近平法治思想是"一带一路"倡议下培养涉外国家安全法治人才的现实需求。当前"一带一路"倡议下涉外国家安全法治人才培养面临课程设置不合理、师资及科研力量薄弱等问题，可考虑从强化顶层设计、优化教材编写和增强国际视野等方面进行完善。[47]

综上，"一带一路"倡议提出的十周年对于世界各国来说，无疑是一个值得回顾和纪念的重要时刻。在过去十年间，"一带一路"倡议已经成为全球合作的重要平台，为参与国带来了无数的发展机遇。通过对"一带一路"十周年法律问题研究的综述和分析，可以更好地理解和评估这一倡议对国际法律秩序和全球治理体系的影响，同时也可以为未来发展提出合理的建议和指导。

（本文责编：殷敏）

A Review of the 10th Anniversary of the "Belt and Road" Research from the Perspective of Law

Xie Yaoqi

Abstract：Since the first proposal of the "Belt and Road" Initiative in 2013, ten years have passed. During these ten years, the "Belt and Road" Initiative has achieved many significant accomplishments in various

---

〔46〕 参见杨立民：《"一带一路"建设中我国律师业"走出去"问题研究》，载刘晓红主编：《"一带一路"法律研究》（第5卷），中国政法大学出版社2022年版，第197页。

〔47〕 参见郭永辉、李明：《"一带一路"倡议下涉外国家安全法治人才的培养》，载范九利主编：《法学教育研究》（第38卷），法律出版社2022年版，第192页。

fields, providing important opportunities for the economic development and regional cooperation of countries around the world. Research on legal issues related to the "Belt and Road" Initiative is an important component of its overall study. Global governance, economic and trade rules, digital rule of law, and foreign-related rule of law are the focal points of research on legal issues pertaining to the "Belt and Road" Initiative over the past decade, warranting significant attention.

Keywords: The "Belt and Road"; Global Governance; Economic and Trade Rules; Digital Rule of Law; Foreign-related Rule of Law